専門家が「やるべき順」に沿って教える

住宅ローンを賢く借りて無理なく返す32の方法

2024-25

はじめに

住宅ローンを組むなら、なるべく低い金利で借りて毎月無理なく返済していきたい――そう願わない人はまずいません。では、どうすればよいのでしょうか。

住宅ローンを賢く借りたければ、「ものごとの順番」を知ることです。これがゆくゆくは、無理なく返済していくための近道となります。ものごとの順番？ これから住宅ローンを組もうとしている皆さんに覚えておいてほしい順番には、大きく分けて次の二つがあります。

一つは、住宅ローンを選び、借り、返すまでの過程で起こす「アクションの順番」です。これから住宅を購入しようという人は、ほとんどが〝お金の素人〟でしょう。大きな金額の借金をするのは初めての経験に違いありません。そういう人が、いざ金融機関に融資を申し込もうとしても何をどうすればよいのやら……途方に暮れる人が大半です。そこで押さえておきたいのが、住宅ローンに関する全般的な流れ、金融機関と行うやり取りの流れです。住宅ローン選びをリアルな実作業として行うにあたり、何をどういう順番で行えばよいか、その大きな流れをひととおり頭に入れておけば、地に足の付いた行動が取れ、自信をもって的確な判断ができるはずです。

もう一つ大事な順番は、「検討の順番」です。住宅ローンの借入額・返済期間・金利のタイプなど、借り手の与条件に合わせて考えていく検討項目の順番のことです。「毎月の返済額」「借入れの総額」「借入期間」、この三つのうち何から先に決めればよいか、皆さんはお分かりでしょうか？ 検討事項に順番なんてあるの？と思われるかもしれませんが、実はあるのです。もし誤った順番で検討を進めてしまうと、返済に窮するほどたくさんのお金を借りてしまったり、毎月の返済は計画的に進むものの預貯金が増えず、老後の生活資金に不安を残してしまうなど、住宅ローン借入れ後の人生設計に根本的な弱点を抱えることになります。

本書はこうした失敗をなくし、賢く借りて無理なく返すことを目的とした、きわめて実務的な住宅ローンマニュアルといえます。

具体的には、第2章にあたる「住宅ローンを賢く借りて無理なく返す7ステップ」で詳しい解説を試みました。住宅を購入しようと思い立ったその日から、住宅ローンを完全に返し終わるまでに（返し終わってからも）やるべきことを7つの段階に分けて解説しています。現時点では住宅ローンに関する知識など何もないという人も、この順番で検討を進めていけば、「借りすぎ」「返済貧乏」「金利タイプの選択ミス」といった〝住宅ローン破綻者〟が犯しがちな過ちを、限りなくゼロに近づけることができるでしょう。それだけでなく、住宅ローンの借入れを契機に、今後の人生をより豊かに、より楽しく過ごせる可能性を大いに高めることができるはずです。

難解な金融用語や必要以上に難しい計算式は極力避けました。はじめて住宅ローンの勉強をされる人でも、最後まで気楽に読み通せることを第一に心がけています。本書をお読みいただくことで、一人でも多くの人が住宅ローンを賢く借りて無理なく返せる資金計画、人生設計を描かれることを、心より祈念しております。

淡河　範明

二〇二四年三月

住宅ローン耳寄りニュース

2024–2025

金利

変動金利は上昇前の最終局面
固定金利は２％超えもあり得る

住宅金融支援機構の「民間住宅ローン利用者の実態調査（２０２３年10月調査）」によると、住宅ローンを借り入れる際に変動型を選択した人の割合は、前回調査（２０２３年4月調査）より2.2ポイント増の74・5％でした。一方、全期間固定型を選んだ人は7.2％で、変動型が増加したぶん前回調査よりも減少しています。同調査内の「今後1年間の住宅ローン金利見通し」を聞くアンケートでは、「現状よりも上昇する」と答えた人が変動型利用者でも約4割に上ったものの、全期間固定型のシェアはむしろ縮小したかたちです。

たしかに、ここ数年の住宅ローン金利は日銀がイールドカーブコントロール（長短金利操作）を柔軟化した２０２３年以降、長期金利は上昇を始めたものの、短期金利はあまり変わりませんでした。むしろ、メガバンクの一部やａｕじぶん銀行などのネット銀行は金利の引き下げを行なっています。超低金利の最終局面で取引残高を積み増す経営戦略かもしれませんが、ネット銀行の変動金利は短期プライムレートに連動していないため、金利が上昇に転じればすぐに上がるおそれがあります。

一方、固定金利は長期金利の上昇に合わせて引き続き上がっており、全期間固定金利については今年中に２％超えもあり得るとの見方が広がっています（世界的な景気後退や機関投資家による債券需要などを考慮すると２％は超えても３％には届かないでしょう）。

マクロ経済的な視点でいえば、消費者物価指数の前年比上昇率はすでに２％を超えており、かつ、今後数年間は２％前後が続くと予想されています。住宅ローンの金利も例外ではなく、物価につられて上昇すると考えるのが通例でしょう。また、物価上昇に負けない預金金利の上昇を求める声が預金者から高まれば、各金融機関は収益確保のために金利を上げざるを得ません。

変動金利はいつ上昇してもおかしくない局面です。それでもなお、住宅ローン利用者の多くが変動型を選んでいるという事実は、筆者にはあまりに無防備な選択と映ります。「そうはいっても、まだまだ金利は上がらないだろう」という楽観論は、いますぐ見直すべきではないでしょうか。

フラット35の金利優遇制度

新制度「子育てプラス」が登場
条件次第では変動金利並みの低金利に

住宅金融支援機構が、フラット35の新たな金利優遇制度として２０２４年２月より「子育てプラス」を導入しています。これは、既存のフラット35「Ｓ」「維持保全型」「地域連携型」などにあった金利引き下げ制度に子育て支援の要素を追加・統合したもので、従来制度に比べて金利の優遇幅がより大きくなるよう設計されています。

具体的には、フラット35利用者の子供の

フラット35「子育てプラス」のポイント例

子供が3人いる家族。フラット35地域連携型（子育て支援）が利用できるエリアにZEHかつ長期優良住宅を取得する場合

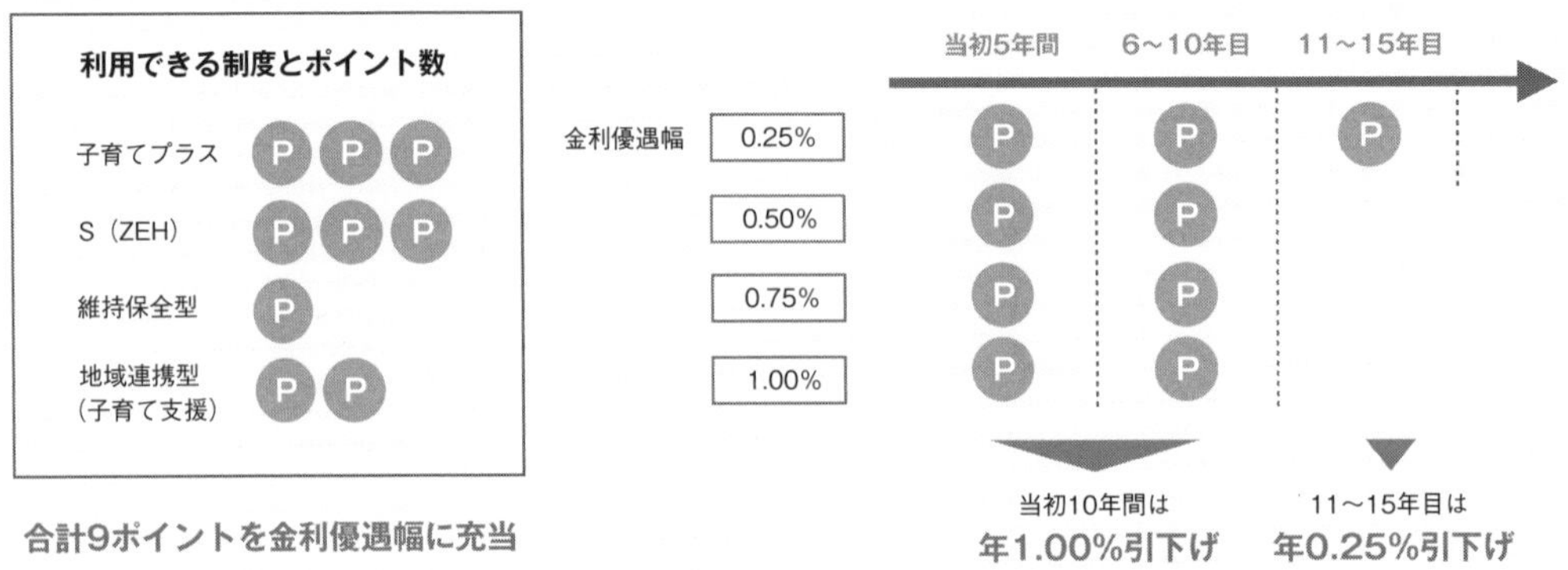

人数や建物の性能などをポイント化し、その合計数に応じて金利の引き下げを行う仕組みです。引き下げ幅は最大で1％、ポイント次第では最長で35年間優遇が続きます。

たとえば、**図**のようなケースでは合計ポイントが9ポイントになり、当初10年間は1％、11～15年目は0・25％金利が優遇されます。現在、フラット35（買取型）の最安金利は1・82％であるため、当初10年間は0・82％、11～15年目は1・57％、16年目以降は1・82％になる計算です（2024年2月現在）。仮に4千万円を35年、元利均等返済で借りたとすると、フラット35だけなら元利総返済額は5千411万円ですが、子育てプラスが適用されれば4千978万円です。433万円もお得になります。

借入期間が15年以上20年以下のフラット20の場合、現在の最安金利1・34％で考えると、1％の優遇で0・34％、団信への加入を控えればさらに0.2％優遇となり当初期間の金利は0・14％まで下がります。変動金利よりもはるかに安い金利です。

最近は金利が2％近くまで上がり、変動金利との比較で利用者が激減していたフラット35ですが、子育てプラスの登場により再び脚光を浴びるかもしれません。ご自身の条件がポイントを多く稼げるようなものなら、積極的な検討をお勧めいたします。

金利ランキング

auじぶん銀行が驚異の低金利
長期固定でSBI新生銀行が台頭

2023年12月時点で販売された住宅ローンを、APRを基準にランキングしました［**表**］。APR（Annual Percentage Rate）とは住宅ローンの借入利息だけでなく、借入れに際して必要となる諸費用（融資事務手数料、保証料、団体信用生命保険料など）まで考慮して算出する、実質的コストを示した参考指標（年換算利回り）です。APRを軸に比較すると、当初の金利は大幅に下げるものの半年後には大きく引き上げている金融機関、金利は低いけれど諸費用が高い金融機関など、さまざまな金融機関から提供される、条件の異なる住宅ローンを同じ基準で比べることができます。対象の金融機関は20社、2022年と2023年の12月時点で比較しました。

表は、一定の条件下におけるAPRのベスト1を金利タイプ別に並べたものです。

2023年ＡＰＲランキング１位の金融機関（金利タイプ別）

	2022年12月			2023年12月	
固定期間（年）	ＡＰＲ	金融機関		ＡＰＲ	金融機関
0.5	0.418%	auじぶん銀行	↘	0.298%	auじぶん銀行
1	0.850%	新生銀行	↗	0.857%	SBI新生銀行
2	0.544%	みずほ銀行	↗	0.559%	みずほ銀行
3	0.576%	みずほ銀行	↗	0.611%	みずほ銀行
5	0.615%	みずほ銀行	↗	0.695%	みずほ銀行
10	0.883%	みずほ銀行	↗	0.958%	SBI新生銀行
15	1.162%	新生銀行	↗	1.169%	SBI新生銀行
20	1.350%	新生銀行	↗	1.357%	SBI新生銀行
30	1.738%	三井住友信託銀行	↗	2.012%	住信SBIネット銀行
35	1.440%	りそな銀行	↗	1.567%	SBI新生銀行

ランキングの対象とした金融機関は20社。2022年と2023年の12月時点での金利を比較。借入金額3,000万円、借入期間35年、元利均等返済が前提条件、金利は最優遇金利を適用。当初固定期間終了後に適用される変動金利は最後まで金利が変わらないものとする

金融機関の顔ぶれは前年とほぼ同じですが、昨年は複数のタイプでＳＢＩ新生銀行が１位を獲得したのが特徴的でした。また、半年固定以外はすべてのタイプで金利が上昇しましたが、半年固定1位のａｕじぶん銀行だけは前年よりもさらに金利を引き下げています。０・298％という超低金利はこれまでにない驚きの低金利です。

保証会社

金融機関が提携する会社を増やす傾向 住宅ローン審査の選択肢が広がる

フラット35やネット銀行以外で住宅ローンを利用する際、関わることになるのが保証会社です。住宅ローン申込者の審査を行なったり、返済不能に陥った利用者に代わって残金の代位弁済を行なったりする会社ですが、そんな保証会社の選択肢がここ数年で広がりを見せています。

これまで保証会社といえば、住宅ローンを貸し出す金融機関から子会社やグループ会社を1、2社紹介される程度で、その選択肢は必ずしも広いとはいえませんでした。

しかし最近は、全国保証やＭＧ保証といった直接資本関係のない保証会社も含め３～４社と提携している金融機関も増えており、その数はさらに増えそうな見込みです。

保証会社による審査は、各社独自の基準にもとづいて行われます。一般的には銀行子会社系の保証会社よりも独立系の保証会社のほうが審査に通りやすい傾向にあり、保証会社の数が増えると審査基準も多様になるため審査に通る可能性が高まります。また、金利や保証料でより良い条件を引き出しやすくもなります。**表**は主要な保証会社の一覧です。今後、金融機関が提携する保証会社をさらに増せば、利用者にとって大きなメリットが期待できそうです。

保証会社の分類

銀行の子会社・関連会社	三菱UFJローンビジネス、みずほ信用保証、SMBC信用保証、りそな保証、横浜信用保証、三井住友トラスト保証
第二地銀系	かんそうしん、中国総合信用
信用金庫系	しんきん保証基金
農林中央金庫系	協同住宅ローン、各地の農業信用基金協会
その他	全国保証、ＭＧ保証

金利予測

各経済研究所が予測する２０２４年以降

日銀が２０１３年から始めた大規模な金融緩和、いわゆる異次元緩和が見直される兆しがようやく見えてきました。そもそもの目的であったデフレ脱却が実現しつつあるためで、早ければ数カ月以内に金融緩和の修正または解除が実現される見通しです。

各経済研究所も金融政策の変更を見越して、時期こそ違いますが大胆な金利予測を発表しています。大和総研は年内にマイナス金利の解除、来年にゼロ金利の解除。ニッセイ基礎研究所も年内にマイナス金利の解除、ゼロ金利の解除は２０２５～２０２７年中。三菱ＵＦＪリサーチ＆コンサルティングは予測が少し厳しめで、マイナス金利の解除は来年、ゼロ金利の解除は２０２６年と見ています。

こうした状況を踏まえ、筆者は２０２４年の住宅ローンは変動金利の金利設定において金融機関のスタンスが大きく２つに分かれるだろうと予測しています。すなわち、日銀の金融政策変更を受けて金利を少しずつ上げていく金融機関と、しばらく据え置く金融機関の二極化です。前者の代表がみずほ銀行や楽天銀行で、両行ともすでに住宅ローン市場からの撤退あるいは縮小モードに入っています。どちらも早い段階で金利の引き上げが行われそうです。

収益面だけを考えれば、金融機関は金融政策の変更に合わせて金利を引き上げるのが常道です。しかし、ａｕじぶん銀行や住信ＳＢＩネット銀行などのネット銀行は住宅ローン以外の収益基盤が弱いため、金融政策変更後も引き続き収益の多くを住宅ローンに依存せざるを得ません。そのため、年内は金利を据え置くか、上げるとしても小幅に留まるのではないかというのが筆者の見方です。いずれにしろ、超低金利時代が終わりに近づいているのは間違いなさそうです。

短期金利(無担保コールレート)の予測

(年)

<table>
<tr><th></th><th>2024</th><th>2025</th><th>2026</th><th>2027</th><th>2028</th><th>2029</th><th>2030</th><th>2031</th><th>2032</th><th>2033</th></tr>
<tr><td>大和総研</td><td>0.10</td><td>0.60</td><td>1.10</td><td>1.60</td><td colspan="6">1.80</td></tr>
<tr><td>みずほリサーチ＆テクノロジーズ</td><td colspan="3">0.00</td><td colspan="7">－</td></tr>
<tr><td>ニッセイ基礎研究所</td><td>－</td><td colspan="2">0.10</td><td colspan="7">0.25</td></tr>
<tr><td>三菱UFJリサーチ＆コンサルティング</td><td>−0.03</td><td>0.05</td><td>0.175</td><td colspan="7">0.25</td></tr>
</table>

長期金利(10年国債利回り)の予測

<table>
<tr><th></th><th>2024</th><th>2025</th><th>2026</th><th>2027</th><th>2028</th><th>2029</th><th>2030</th><th>2031</th><th>2032</th><th>2033</th></tr>
<tr><td>大和総研</td><td>1.20</td><td>1.40</td><td>1.90</td><td>2.60</td><td>2.90</td><td colspan="3">2.60</td><td>2.70</td><td>2.80</td></tr>
<tr><td>みずほリサーチ＆テクノロジーズ</td><td>0.65</td><td>0.90</td><td>0.75</td><td colspan="7">－</td></tr>
<tr><td>ニッセイ基礎研究所</td><td>0.80</td><td colspan="2">0.90</td><td colspan="2">1.00</td><td>1.10</td><td>1.20</td><td colspan="2">1.30</td><td>1.40</td></tr>
<tr><td>三菱UFJリサーチ＆コンサルティング</td><td>0.91</td><td>1.15</td><td>1.20</td><td>1.30</td><td>1.40</td><td colspan="5">1.50</td></tr>
</table>

(単位：%)

CONTENTS

キャラクター紹介

カメ田カメオ（35歳）

妻と1男1女の4人家族の大黒柱。子供が日々成長する姿を目の当たりにして、ささやかながら庭のある一戸建てを建てたいと考えている。真面目で何事にも手堅い性格。同僚だった妻は現在育児休暇中。

ウサ山ウサコ（35歳）

外資系の商社で働く独身のキャリアウーマン。流行に敏感でおしゃれなマンションを買いたいと思っているが、「一戸建てをもつ私」にも心引かれる。目先のお得感に弱い。新しモノ好きで浪費癖あり。逃げ足が速い。

本書掲載の情報は、原則として2024年3月現在のものです。

[編集協力] ホームプランニング　[イラスト] 加藤愛里 (asterisk-agency)
[本文デザイン] 大杉晋也　[カバー、表紙デザイン] 小松洋子

住宅ローンの全貌が分かる13の素朴な質問

Q1 収入が低い人でも住宅ローンは組めるの？

Q2 住宅ローンの相談はどこに行けばよい？

Q3 変動金利と固定金利はどちらがよい？

Q4 フラット35とは何か？

Q5 私にはいくら貸してもらえる？

Q6 2,500万円借りたら総返済額はいくらに？

Q7 返済期間は35年が普通？

Q8 元利均等と元金均等はどちらがよい？

Q9 借入れを断られるときってどんなとき？

Q10 ネットバンクで借りても大丈夫？

Q11 中古住宅を買う場合も新築と同じ住宅ローンでOK？

Q12 毎月の返済ができなくなったらどうなる？

Q13 住宅ローンで苦しむ人はどんな借り方・返し方をしている？

Q1

収入が低い人でも住宅ローンは組めるの？

収入が低ければ低いなりに

住宅ローンは、自動車ローンや事業ローンなど、ほかのローン（借入れ）とは一線を画す〝特別なローン〟です。年収の何倍にもあたる住宅の購入費を一般の人が無理なく調達できるようにと、ほかのローンよりも金利が低く抑えられ、家計を安定させるために返済期間も長く設定できるようになっています。

住宅ローンを借りられるかどうかは、収入額との相談になります。**「低所得だから借りられない」ではなく、収入に見合った借入れをするという考え方**です。ある金融機関では、住宅ローンを貸し出す最低年収を400万円としていますが、仮にあなたがその基準に達していなければ、基準をより低く設定している金融機関に相談したり、収入が低くても借りられるローンを選べばよいのです。収入が金融機関の基準に満たなくても、ほかの審査基準に合致していれば貸してくれる可能性があります。

契約・派遣社員、パート、育休の人は難しい

審査基準は、収入が多い・少ないだけではありません。審査の際は収入の安定も重視されますので、毎月決まった額のお給料が振り込まれる正社員は収入が安定していると見なされて審査上有利になります。逆に、アルバイトやパートのような収入が不安定な就業形態の人が住宅ローンを組むのは容易ではありません。

同様の理由で、自営業者、成果報酬型の正社員、契約社員、派遣社員、フリーランサーもやや不利な傾向にあります。ただし、ローンを組めないわけではありません。借入額を少なくしたり、過去3年間の納税証明書や確定申告書のコピーを提出するなどして、自分の返済能力を客観的に証明できれば問題ありません。

反対に、雇用上安定している正社員や公務員も、産休・育休、病気療養などで仕事をしていない間は、「収入の継続性がない」と判断され、お金を借りにくくなります。

収入の「高さ」も必要だが、「安定性」も重要

年収１億円の人でも住宅ローンを借りられないことがあります。反対に年収300万円台でも、借入額が収入と見合っていれば問題ありません。就業形態別にお金の借りやすさをランク付け（高い順からA、B、C、D）してみると——

プロ野球選手
〈年収１億円〉

現在の収入は多くても１年先はどうなるか分からない。現金での購入がおすすめ。

自営業者
〈年収300万円
（売上1,500万円）〉

安定経営の証拠を見せる必要あり。店舗併用住宅なら融資対象が住居部分のみになることも。

フリーランスのWEBデザイナー
〈年収400万円〉

売上げから経費を引いた金額が「年収」になる。３年間は額面が減らないように節税を控える。

正社員・公務員
〈年収500万円〉

毎月の給与を受け取れる公務員や企業の正社員は、収入が400万円台でもダントツに有利。

契約社員
〈年収500万円〉

原則３年以内に更新する直接雇用。専門職が多いので個人差はあるが、勤続年数・収入が多いほど審査に通りやすい。

派遣OL
〈年収300万円〉

原則３年以内の間接雇用なので、契約社員よりも不利。また、独身女性の借入れは難しいので「専用ローン」を検討したい。

フリーター
〈年収200万円〉

短時間・短期間労働のアルバイトやパートの人は厳しい。例外もあるが家を買うなら現金か就職を。

産休中の公務員
〈昨年時年収400万円〉

公務員は安定性抜群だが、休業中は収入がないので基本的にNG。

Q2

住宅ローンの相談はどこに行けばよい？

相談相手の「立場」を知る

いくらまで借りられる？　どこで借りればよい？――住宅ローンは高額で複雑な「商品」だけに、必ず誰かに相談したくなるものです。このとき、**相談相手によっては総返済額が500万円も変わることがある**ので、注意が必要です。相談相手の「立場」を知らなければ、的を射た質疑も、効率のよいローン選びもできません。

誰もが最初に思いつく相談相手は「金融機関」ですが、彼らはいってみれば住宅ローンを企画・販売する〝メーカー〟です。商品の中身や審査についての情報提供はお願いできても、住宅ローンの借入れにより影響を受ける将来の家計全般の相談相手として適任とはいえません。もちろん担当者によって差はありますが、そもそも金融機関とは、住宅ローンを貸せば貸すほど収益が上がる「利益相反」の立場にあります。たくさん貸してもらえれば借り手としてはうれしいでしょうが、その分、毎月の返済額も増えるので一概には喜べません。

不動産会社や住宅販売会社の営業担当者も、基本的には利益相反の立場になります。「それくらい年収があれば十分返済できますよ」「お得な提携ローンを紹介しますよ」という言葉に飛びつくと、あとで痛い目にあうかもしれません（必ずしもそうなるとは限りませんが）。

家計の状況を客観的に見られる人に

これに対し、ファイナンシャルプランナー（ＦＰ）や住宅ローン専門のコンサルタントは、顧客の利益を最大化するのが仕事です。家計の状況を把握し、いくら借りるか、どういう借り方が適正かを、長期にわたる計画を立てたうえで客観的にアドバイスしてくれます。相談内容に応じて相手を変えつつ、結果に疑問があれば別の人に意見を求めてみる。住宅ローンの相談は、多少の手間ひまをかけたほうがよいでしょう。

相談相手は「知りたい情報ごと」に選ぶ

住宅ローンについて相談したい内容は、たいてい以下の5点です。もちろん相談相手の力量も関係してきますが、基本的には内容に合わせて相談先を選ぶのがベターです。

	金融機関	不動産会社・住宅販売会社の営業	FP	住宅ローン専門のコンサルタント
住宅ローンを借りられるかどうか	◎	○	△	○
住宅ローンをいくら借りられるか	◎	○	△	○
いくら借りるのが家計にとって適切なのか	△	△	◎	◎
どのような住宅ローン商品を選ぶべきか	△	△	○	◎
住宅ローン商品やキャンペーンの情報	◎	○	△	○

住宅ローンの真の専門家を見分ける4大クエスチョン

「不明点は専門家に相談しましょう」といわれても、専門家の力量は素人には分かりません。そこで、次の質問を投げかけてみましょう。スムーズに答えられる人は、資金計画の経験と実績が豊富な専門家といえます。自分の利益ではなく、借り手の要望と状況を加味したアドバイスを期待できます。

質問に答えられずしどろもどろになったり、話を自分主導にしてごまかす人はNG

質問例1
将来にわたって返済可能な借り方にしたいのですが…

質問例2
土地、建物、諸費用に適正な予算配分ができるようにしたいのですが…

質問例3
わが家の家計に応じた住宅ローンを教えてください

質問例4
もし、家計が想定外の事態に陥ったら、私はどうすればよいでしょうか？

「それではあなたの家計の状況から教えてください…」と相手主導で会話を進める人ならOK

Q3

変動金利と固定金利はどちらがよい？

住宅ローンの金利は低いほどよいのだが……

住宅ローンには、「変動金利」と「固定金利」という2つの金利タイプがあります。変動金利タイプは、**金利が6カ月ごとに変更される**ものをいい、固定金利タイプは金融情勢にかかわらず**金利が一定**のものをいいます。

金利とは、金融機関からお金を借りるときに設定される利息のことです。借入額である「元金」に対する、いわばレンタル料金。金利が上がれば当然、返済額も増えます。住宅ローンは、20年、30年と長期で借り入れる人がほとんどで、必ず毎月返済していくものですから、金利タイプの選択には十分な検討が必要です。

具体的な住宅ローン商品としては、固定金利タイプでは借入れ期間中ずっと金利が変わらない「全期間固定」のほか、当初期間とその後の金利があらかじめ決められている「段階金利」などがあります。変動金利タイプは6カ月ごとに金利が見直されますから、借入れ当初の金利は低くても、その後、金利が上がれば返済額は一気にふくらみます。「○年固定」という名称の住宅ローンは、返済当初が固定金利というだけで、あとは金利が変動していくため、変動金利タイプの一種といえます。一般的には**固定期間が長いほど金利が高くなる**傾向にあります。

「適用金利」で差がつく変動タイプ

過去のデータを見ると面白いことが分かります。変動金利と全期間固定金利の値を比較すると、1983年以降は変動金利のほうが高い期間が長いのです。それも、40年10カ月中27年8カ月もです［20頁参照］。現在はどうでしょうか。変動金利はメガバンクの店頭金利、全期間固定金利は住宅金融支援機構によるフラット35（買取型）［22頁参照］の基準金利で比べると、変動金利は2・475％、フラット35は1・82％と、実は**現在も全期間固定のほうが金利が低い**のです（2024年2月現在）。しかし、一般的には「変動金利のほうが金利が低い」と思われています。それはなぜでしょうか？

住宅ローンには「店頭金利」や「基準金利」という表現があり、これらは金利のベースを意味します。実際に適用される金利はここから割り引かれることがよくあり、これを「適用金利」といいます。民間金融機関の「最優遇金利」（適用金利）を見ると、変動金利は０・169％、フラット35は1・82％です。**金利の低さが逆転するのは、この割引の幅によってです。**注意したいのは、当初の金利は低くても、金利優遇のキャンペーン期間が終わるなどして、しばらくするともとの店頭金利に戻る住宅ローン商品が結構あるということです。

変動金利は「最悪の場合」を想定しておく

金利の低い変動金利は、金利上昇のリスクが常につきまといます。半年に1度金利が見直されるということは、35年の返済期間なら69回、金利の上昇があり得るということです。にもかかわらず、一見お得に見えるので、変動金利を利用する人は少なくありません。変動金利で借りるときは最悪の場合を想定した試算をして、無理のない資金計画を立てる必要があります。金融機関のウェブサイトなどで提供している「住宅ローンシミュレーター」を利用すると、金利ごとに総返済額がはじき出されます［92頁参照］。

変動金利で借りる場合は、金利の変化を常にチェックすることも条件になります。そして、金利が上昇しそうな兆しをとらえたら、すばやく「条件変更」や「借り換え」をして、金利上昇の影響を最小限にくい止めてください。こうした努力ができる人、また、リスクを受け入れる準備と習慣ができている人でなければ、変動金利の恩恵を享受するのはなかなか難しいでしょう。

固定金利も「変動する」

当初は変動金利で借り、金利が上がったら固定金利のローンに借り換えようという人がいます。確かにそれは可能ですが、そのときの固定金利は、おそらく予想以上に高くなっていることでしょう。**固定金利とは契約時の金利に固定されているだけで、金利自体は毎月変動しているものだからです。**いま契約すれば2％の固定金利が、5年後に契約するときは3％になっていたとしても不思議ではありません。固定金利2％は、契約者以外もずっと2％という意味ではないのです。

金利が変わらない固定金利と“とりあえず”の変動金利

全期間固定金利は契約したときの金利が契約期間中ずっと続きます。一方、金融情勢に合わせて半年ごとに金利が見直される変動金利は一見お得に見えますが、将来どうなるかについてはまったく予測できません。

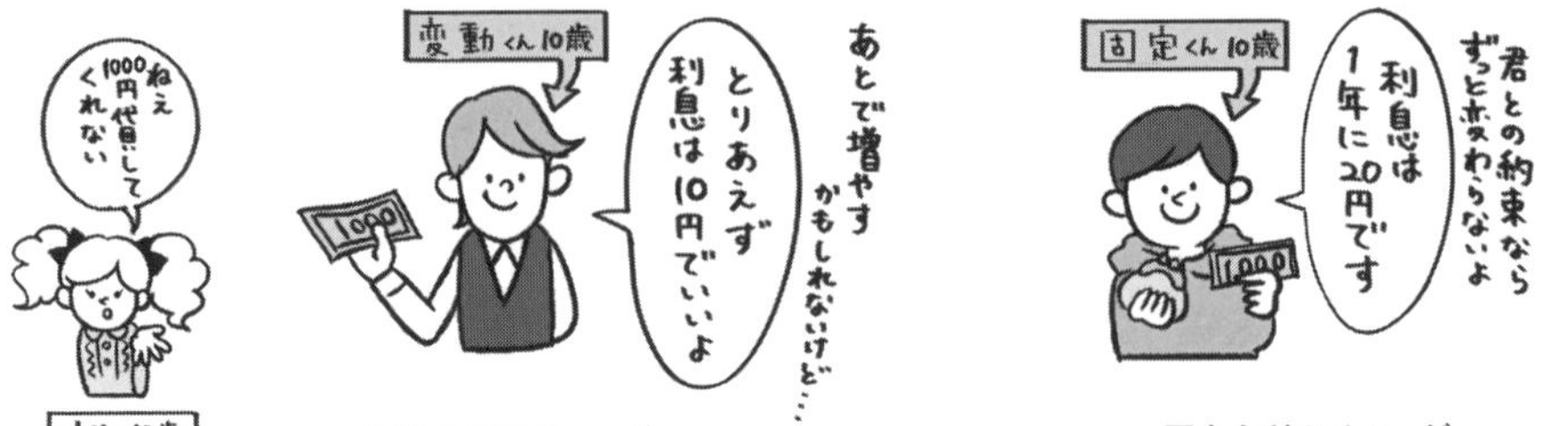

変動金利のイメージ　　　　固定金利のイメージ

過去 40 年の金利の変動

変動金利の住宅ローンが登場した 1983 年から金利が変動した幅を振り返ってみると 6.125%以上もあります。もちろん固定金利も変動しています。

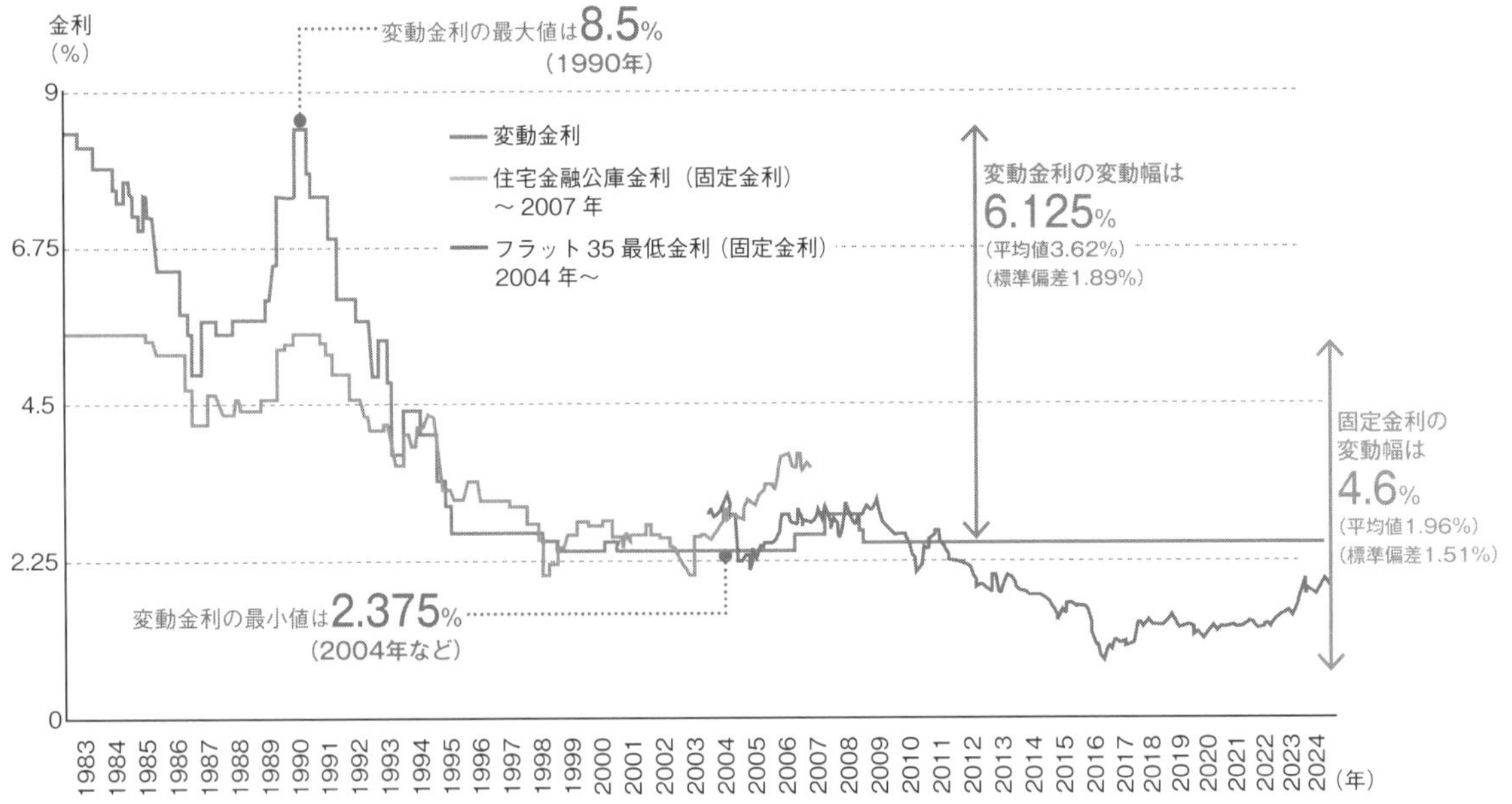

注：すべて各年の1月時点の金利

まとめ

- ●変動金利はここ20年くらい安定している。平均値より約1.1ポイント低い最低水準をキープ
- ●変動金利は上昇時には固定金利より高くなるリスクがある
- ●変動金利のほうが変動幅が大きい

変動金利で借りたときの返済額のパターン

借入額 3,000 万円、借入期間 35 年、変動金利・当初 0.875%で住宅ローンを組んだとします。仮に 6 年目に金利が 4 %上昇し、その金利が残りの返済期間までずっと続いたとすると、総返済額は 2,000 万円以上も高くなります。

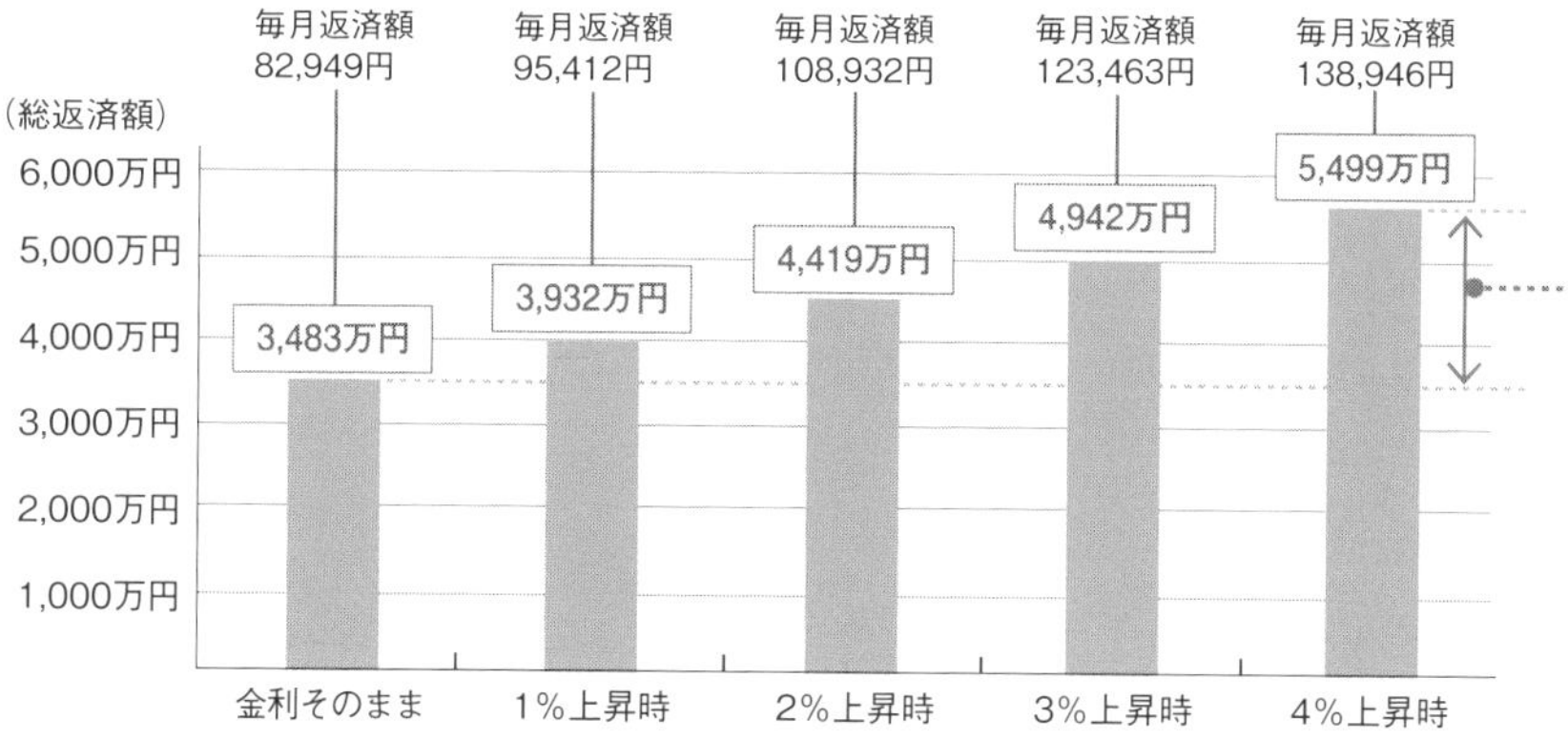
金利が4%アップしたら2,000万円増！

フラット35S（金利Aプラン）で借入れた場合（基準金利1.99%として）は、当初毎月返済額は94,672円、総返済額は4,118万円になります

「金利が上がったら固定に乗り換えればいい」の難しさ

変動金利の住宅ローンから固定金利の住宅ローンへの借り換えには、かなり高度な判断が求められます。変動金利が上がれば、当然、固定金利も上がっていることをお忘れなく。

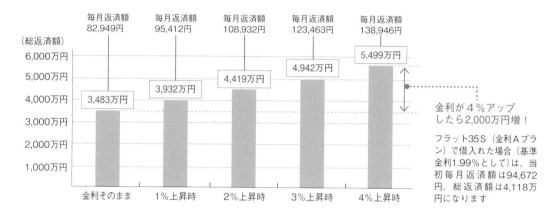

Q4

フラット35とは何か？

母体は国、窓口は金融機関の〝コラボ〟ローン

フラット35とは、独立行政法人である住宅金融支援機構（旧住宅金融公庫）と民間の金融機関が提供している住宅ローンのことです。その名のとおり、借り入れ後の金利が変わらず（フラット）、最長50年という長期間でローンを組めるのが最大の特徴です。国民の住宅取得を支援するために創設されたローンともいえ、万一フラット35を貸し出した金融機関が倒産しても、当初の契約条件が完済まで守られるという安全性も利点です。

新築住宅以外にも、中古住宅、リフォーム、借り換え用など用途別にフラット35があります。多くの金融機関で扱っていますが、金利や手数料は金融機関ごとに少しずつ異なります。

ちなみに、**フラット35の現在（2024年）の最低基準金利は1・82％**。ここ数年は少しずつ金利が上昇しています。

「人」よりも、「建物」の審査のほうが厳しい

フラット35は、借り手に厳しい審査基準を設けている民間の住宅ローンとは異なり、ある意味では〝開かれた〟住宅ローンといえます。年収400万円未満の人でも、すべての借入れの年間合計返済額の割合を年収の30％以下に抑え、手持ちの資金を10％以上用意するなどの対策をとれれば十分審査の対象になります。

その一方で、良質な住宅を普及させたいという意図から、借入れ対象の建物にはいろいろと「注文」が付けられます。たとえば、戸建住宅なら延床面積が70㎡以上あることが融資の条件です。また、耐久性や耐震性などに独自の技術基準があり、建設途中・竣工後に検査が行われ、基準をクリアすることが確認できたのちに融資がおりる仕組みです。そのため注文住宅では、建設開始時や建設途中に施工会社に支払う**「着工金」**や**「中間金」**などは、**別途「つなぎ融資」を利用するのが一般的**です。

フラット35は「証券化」の仕組みにより、契約時の金利が変わらないローン

民間の金融機関が実行した住宅ローンの債権を住宅金融支援機構が買い取り、その債権を担保として証券（住宅金融支援機構債券）を発行するという仕組みにより、市場金利がどんなに変動してもフラット35の金利は影響を受けません。

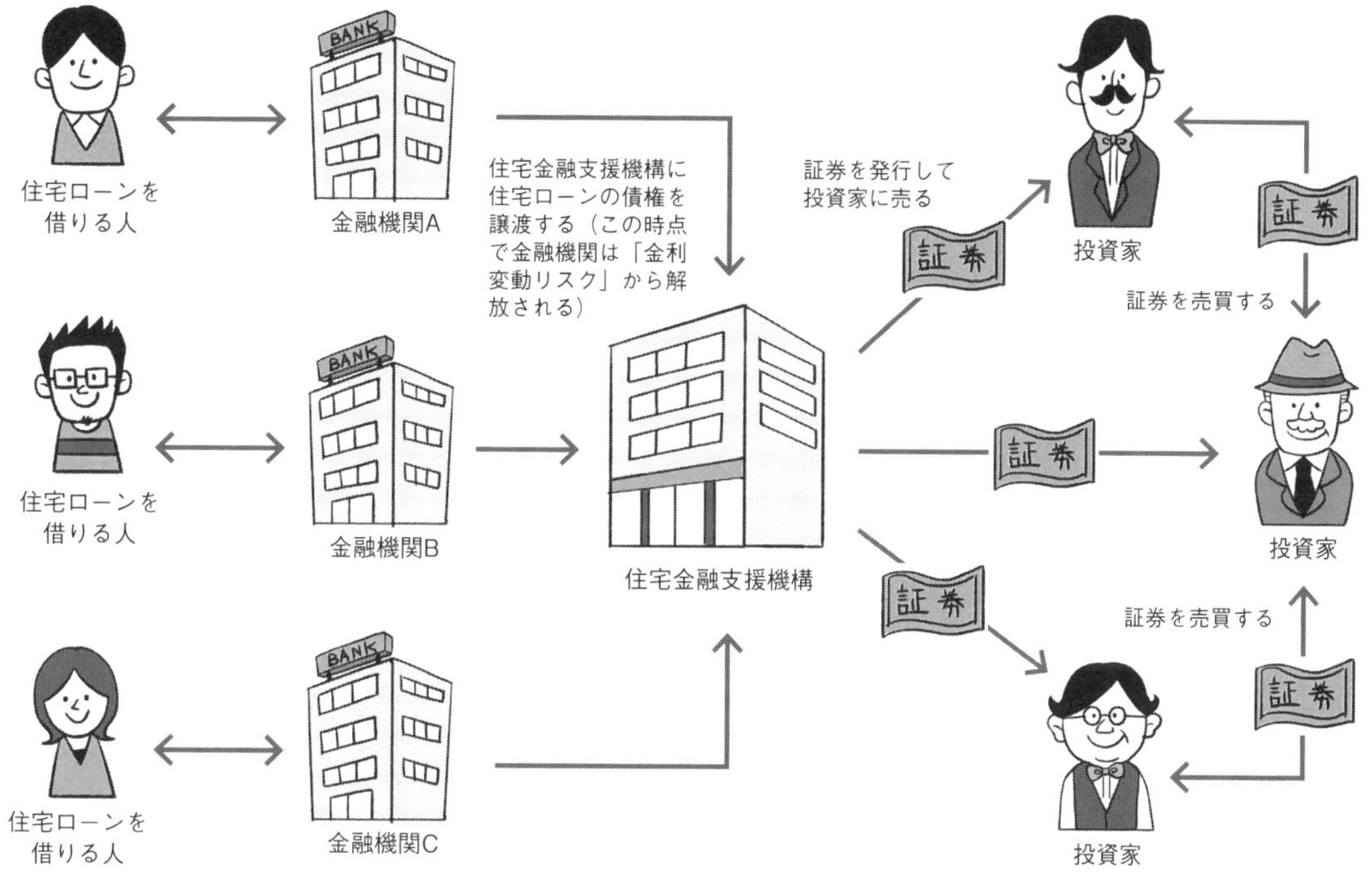

フラット35で住宅ローンを組むと「つなぎ融資」が必要になる場合もある

つなぎ融資とは、金融機関から融資金が下りるまでの数カ月間、一時的に借りるローンのことです。自分の預貯金だけでは施工会社に工事代金を支払いきれない場合は、つなぎ融資を使ってひとまずその代金を支払います。通常の住宅ローンより金利が高く、つなぎ融資のためだけの諸費用もかかるので、計画の際はつなぎ融資分の費用も計算に入れておく必要があります。

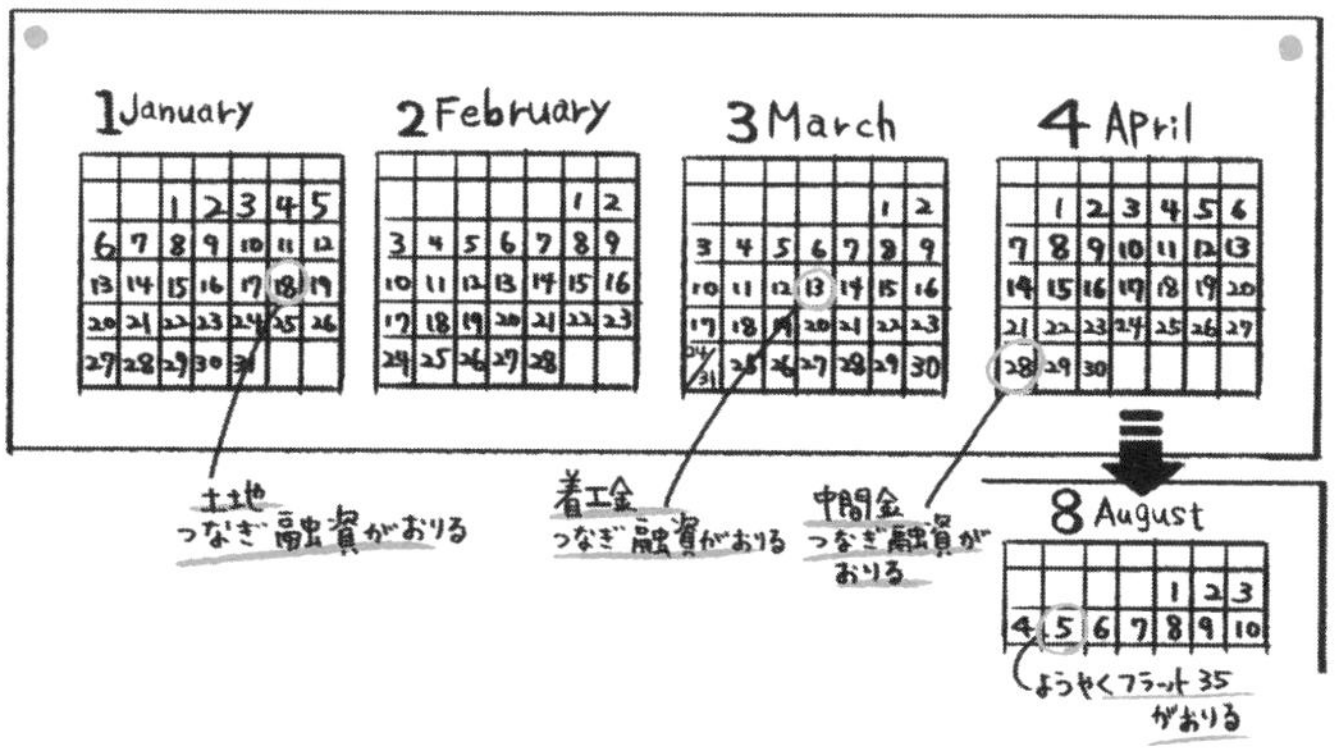

つなぎ融資はどこへ申し込む？

金融機関により金利や手数料、団体信用生命保険の有無などがかなり違うので留意しましょう。金融機関に用意がなければアプラスのブリッジローンが使えますが、施工会社の審査があるので、事前に確認しておきましょう

Q5

私にはいくら貸してもらえる？

特に根拠がない「年収の5倍まで」

金融機関は、私にいくらまで貸してくれるのか――住宅ローンの借入れを検討し始めた人にとっては、とても気になる疑問でしょう。しかし、この疑問は非常に「危険」な疑問といえます。

「年収の5倍まで」「返済負担率［※］が年収の25％までなら」という〝基準〟をよく耳にしますが、これはあまり当てになりません。この基準をクリアしていても、借入可能額の上限まで借りられないことはありますし、たとえ借りられたとしても、返済が苦しくなるリスクと無縁でいられるわけではありません。

貸してもらえるリミットまで借りるのは危険

住宅ローンの借入可能額は、現在の年収からおおよその見当がつけられます。金融機関のウェブサイトにある「住宅ローンシミュレーター」を利用すれば、毎月の返済額、返済期間、金利などの条件から、あなたの借入可能額を予測できます［92頁参照］。ただし、この借入可能額は、あくまで「**銀行が貸してもよいと判断した上限の金額**」です。あなたの家計にとってベストの金額というわけではありません。子供がいる家庭は、彼らが高校生や大学生になると多額の教育費が必要になります。早いうちから教育費をコツコツ積み立てて、住宅ローンの返済に影響が出ないようにすることも、借入額を決めるうえでの重要な判断材料となります。

「いくら貸してもらえる？」という疑問は、「いくらまでなら借りても大丈夫？」という疑問に変換しなければなりません。借入額の適否については、月々の住宅ローン返済後の家計に、毎月の収入（額面）の5～10％くらいゆとりが出れば、その借入額は適正といえます（あくまで概算ですが）。それ以下のゆとりしか出なければおそらく借りすぎといえるでしょう［41頁参照］。

※：年収に占める住宅ローンの年間返済額の割合［74頁参照］

「借入れできるお金」と「返済できるお金」を混同してはいけない

金融機関に「いくらまで貸してもらえますか？」と聞いてはいけません。金融機関は「お金をたくさん貸したい」という立場なので、尋ねられれば返済負担率にもとづく最大の金額「借入可能額」を答える傾向にあります。

金融機関の「貸していい額」をそのまま借りるとレッドゾーンに足を踏み入れるかも？

借入可能額を簡単に算出できる「住宅ローンシミュレーター」はとても便利です。ただし、シミュレーターを使うときは、月々無理なく返済できる金額を「毎月返済額」の欄に入れて試算を行いましょう。そして、年収から算出される借入可能額との差を確認してみなければなりません［92頁参照］。

(1)「現在の年収」から算出された借入可能額（年収500万円で試算）

①フラット35（住宅金融支援機構）の住宅ローンシミュレーターを使用［※］	4,527万円
②民間金融機関の住宅ローンシミュレーターを使用	4,010万円

シミュレーターが違うだけで借入可能額にこんなに差が出る

(2)「毎月の返済額」から算出された借入可能額（返済額９万円で試算）

フラット35（住宅金融支援機構）の住宅ローンシミュレーターを使用［※］	2,794万円

レッドゾーン
「毎月の返済額」から試算された2,794万円より約1,733万円も多い。本当に返済できる？

イエローゾーン
フラット35のシミュレーターで試算された4,527万円より517万円も少ない。しかし、「毎月の返済額」から試算された2,794万円よりは1,216万円も多い。今後、確実に給与が上がるのならこのくらい借りてもよさそうだが……

グリーンゾーン
毎月安心して返済できる「安全な」借入額

※：借入金利1.82%、返済期間35年

Q6

2500万円借りたら総返済額はいくらに？

総返済額は、借入額＋100万～1100万円

住宅ローンを完済するまでに返済する金額、すなわち総返済額は、返済期間、金利、返済方式の組み合わせによって変わります。左頁の表は、2500万円を某メガバンクの最優遇金利で借り入れ、元利均等［30頁参照］で返済していく場合の返済額の一覧です。変動金利0・875％・返済期間10年の総返済額が最も少なく2611万円。固定金利2・25％・返済期間35年が最も多い3614万円。実に1000万円以上の差になります。

これだけを見ると、**低い金利で借りて短い期間で返したほうがお得になるのは明白**です。しかし、このような借り方をすると、月々の返済額は大幅に増えます。

毎月の返済額は8万～21万円台に変動

毎月の返済額は、変動金利・返済期間10年の場合は約21万7000円です。通常、これだけの金額を返済できる人はまずいません。逆に、全期間固定金利・返済期間35年の毎月返済額は約8万6000円。約13万円も少なくなります。総返済額は多くなりますが、毎月の返済は楽になるというわけです。

変動金利の場合でも、返済期間を35年まで延ばせば、毎月の返済額は6万9124円になります。実に14万8532円の減額です。しかも、総返済額は292万円しか増加しません（左頁の表の右上）。だとするなら、変動金利0・875％を返済期間35年で借りるのが最もお得なようですが、ここに大きな落とし穴があります。いま試みた変動金利での試算は、**返済期間中の金利が最後まですっと変わらないという前提**です。35年間、0・875％の金利のままであればよいのですが、その保証は誰にもできません［19頁参照］。左頁の表は総返済額の傾向をつかむうえでの参考にはなりますが、実際このとおりになるというわけではありませんのでご注意ください。

借入額は 2,500 万円だが、総返済額は 3,614 万円になる

金利タイプ、返済期間などによって大きく変わる

2,500 万円借りた場合の総返済額

返済期間を延ばすと総返済額が高くなり、返済期間を短くすると毎月の返済額が高くなります。両者のほどよいバランスをさぐるのが上手な返済計画の秘訣です。

上段は毎月の返済額
下段は総返済額

変動金利が上昇しなければ最低額の2,611万円に。しかし、毎月の返済額が高すぎるので、もっとゆるやかな返済期間を設定すべき

	返済期間					
	10年	15年	20年	25年	30年	35年
変動金利 0.875%	21万7,656円 2,611万円	14万8,253円 2,668万円	11万3,584円 2,726万円	9万2,810円 2,784万円	7万8,982円 2,843万円	6万9,124円 2,903万円
2年固定 1.0%	21万9,010円 2,628万円	14万9,623円 2,693万円	11万4,973円 2,759万円	9万4,218円 2,826万円	8万409円 2,894万円	7万571円 2,963万円
5年固定 1.05%	21万9,533円 2.634万円	15万174円 2,703万円	11万5,532円 2,772万円	8万4,785円 2,843万円	8万985円 2,915万円	7万1,155円 2,988万円
10年固定 1.35%	22万2,829円 2,673万円	15万3,503円 2,763万円	11万8,919円 2,854万円	9万8,231円 2,946万円	8万4,492円 3,041万円	7万4,722円 3,138万円
20年固定 2.15%	–	–	12万8,254円 3,078万円	10万7,798円 3,233万円	9万4,291円 3,394万円	8万4,753円 3,559万円
35年固定 2.25%	–	–	–	–	–	8万6,059円 3,614万円

総返済額500万円ダウンをとるか、毎月の返済額15万円ダウンをとるか?

全期間固定金利の場合は、あらかじめ借入額プラス1,100万円という数字が見える。総返済額は多くなるが、毎月の返済額は少なく安定する

注:総返済額は金利が変動しない前提で計算

Q7

返済期間は35年が普通？

「定年までに完済」には、とらわれなくてよい

住宅ローンの返済期間を検討するとき、まず頭に思い浮かぶのは、現在の年齢から定年退職まで残りあと何年あるかということでしょう。65歳を定年とすると、35歳の人ならあと30年、40歳の人ならあと25年。多くの人が、「収入のある退職時までに返済を終えなければ」と強迫観念にとらわれてしまいます。しかし実際には、住宅ローンの返済期間に、「○年が一般的」という〝常識〟も、**定年までに返済すべしというルールもありません**。あなたの家の家計に適した返し方をすればよいだけです。

定年までの残り年数で完済しようとすれば、毎月の返済額が高くなります。当然、家計への負担は増えます。住宅ローン商品の融資条件にある「完済時年齢」を調べてみると、借入れ時の年齢は「65歳まで」としているものもありますが、完済するまでの期限は79〜81歳くらいまでのものが多いはずです。だからといって、返済期間を上限いっぱいまで引き延ばす必要はありませんが、少なくとも、**定年時年齢にこだわる必要はない**ことが分かります。大切なのは、毎月の返済額が無理のない金額になるように返済期間を設定することです。

借金ゼロと預金ゼロ、どちらが安心か？

それでも、「定年退職以降も住宅ローンを返済し続けるのはなんだか不安」という人がいるかもしれません。では、65歳の退職時点であと1200万円返済しなければならないが、その分、預金も1200万円ある人と、返済はすべて終わっているが預金が1円もない人では、どちらがよいでしょうか。預金がなければ現金が急に必要になった場合、新たに借金をしなければなりません。大切なのは、**借入金と預金のバランスを取るという考え方**です。適正な返済期間は、暮らしのあり方全体を見据えたうえで決めなければならないのです。

返済期間は、自分の都合で決める

住宅ローンの返済期間は通常、1年単位で決められます。

返済期間は「老後の安定」を考えて

「定年までの完済」を目標にすると、老後の生活資金に不安が生じがちに。ある程度の貯蓄額を確保するためには返済期間を延ばすのも一策です。手元に現金があれば資産運用も可能になります。

Q8

元利均等と元金均等はどちらがよい？

元利均等返済のほうが初期の返済額が少ない

住宅ローンの返済方式には、「元利均等返済」と「元金均等返済」の2つがあります。どちらの方式を選ぶかで、月々の返済額と総返済額が変わってきます。一般的には元利均等返済を選ぶ人が多いのですが、この方式の特徴はどんなところにあるのでしょうか。

住宅ローンの毎月の返済額は、**元金と利息という2種類のお金から構成されます。**元利均等返済は元金と利息(元利)の合計額が毎月同じになるように設定しているもので、金利が変動しなければ返済が終了するまでの返済額は変わりません。そのため、返済計画の見通しが立てやすく、家計の管理がしやすくなります。後述する元金均等返済よりも返済当初の金額が低くなりますので、共働きが可能、教育費がかからないなどの理由から、返済当初は家計にゆとりができる家庭であれば、その間に預金や積立てを行うこともできます。ただし、返済当初は利息の割合が多くなりますので、元金の減りが遅く、総返済額が多くなるというデメリットがあります。

元金均等返済は総返済額が少なくなる

一方の元金均等返済は、元金を返済期間で均等に割り、そこに残りの元金の利息を載せていくという方式です。返済当初の返済額が多くなるというデメリットはありますが、総返済額は元利均等返済より大幅に下がります。共働きをしている間に多く返済したい、定年までの期間が少ないので早めに多く返済しておきたいという人は［28頁参照］、元金均等返済を選ぶとよいでしょう。

金融機関によっては元金均等返済を扱っていないところもあります。また、こちらから申し出ないかぎり、**通常は元利均等返済で返済方式が設定されます。**どちらを選ぶかはケースバイケース。あなたの経済状況などに合わせて選択してください。

「元利均等返済」と「元金均等返済」の違い

毎月の返済額の内訳は元金＋利息です。この２つの組み合わせ方により返済方式は２通りになります。「元利均等返済」は、毎月の返済額が同じなので家計の管理がしやすいのが利点。元金部分に残高に対する利息分を上乗せする「元金均等返済」は、当初の返済額は元利均等返済より多くなりますが、総返済額は少なくなります。

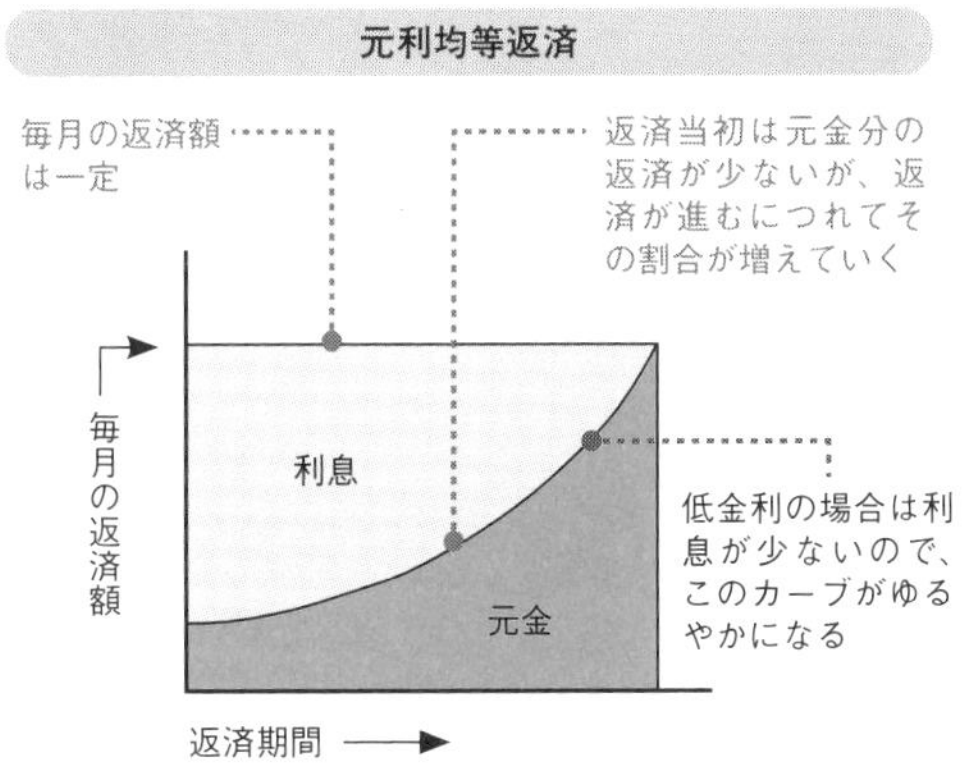

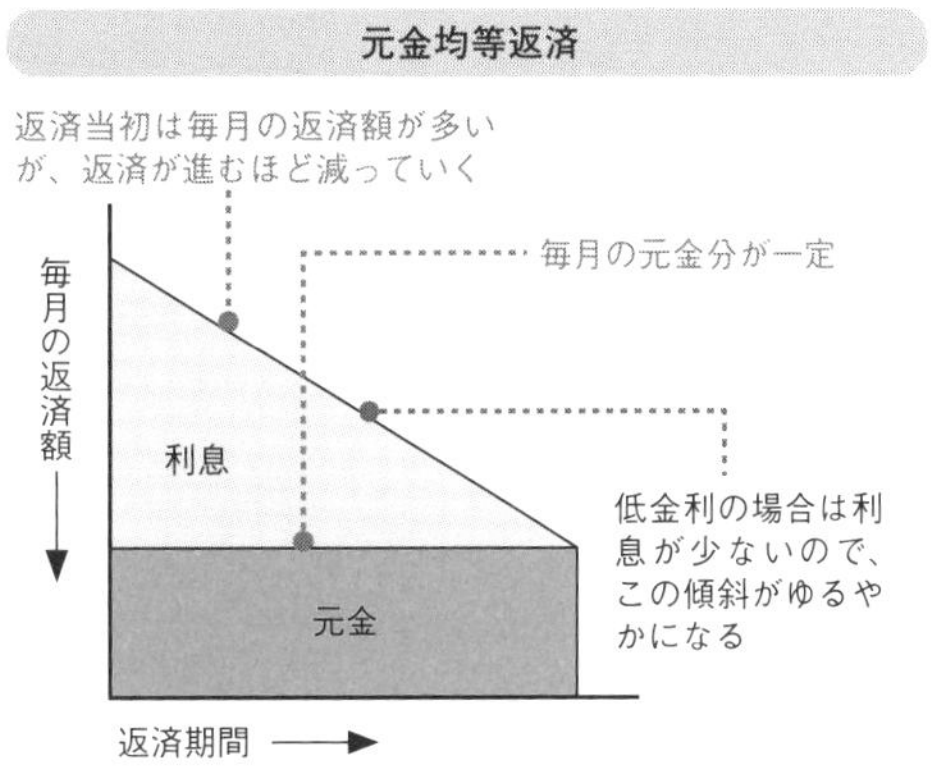

返済方式の選択次第で総返済額が変わる

金利が低ければ、元金均等返済でも毎月の返済額は元利均等返済とそれほど変わらなくなります。たとえば、当初10年間の金利が1.51％の場合、元金均等返済のスタート時の毎月返済額は、元利均等返済より約１万4,000円高い程度です。この差額は徐々に減り、その後逆転。総返済額は72万円少なくなります。毎月１万4,000円の負担に耐えられる家計ならば、元金均等返済を選ぶことで総返済額を大幅に減らせます。

【条件】 借入希望額：2,500万円　返済期間：35年　フラット35S（金利Aプラン）：当初10年間1.51％、11年目以降1.81％

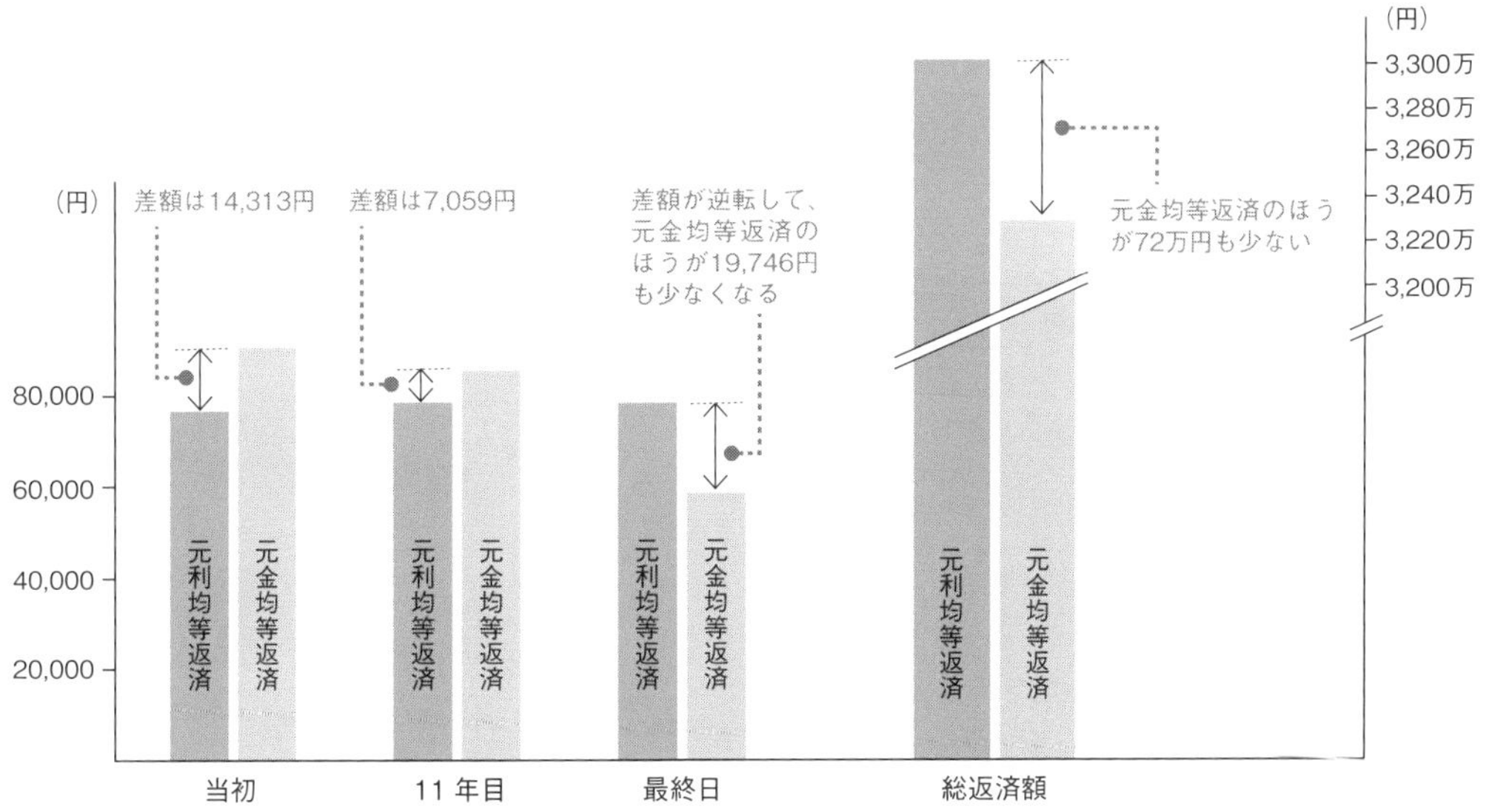

Q9

借入れを断られるときってどんなとき？

金融機関がお断りしたい相手

住宅ローンを借りるためには、金融機関の「審査」を通過しなければなりません。しかし最近は、この審査に通らない人が増えています。

住宅ローンを申し込んできた人に、金融機関側が融資の可否を判断する基準はどこにあるのでしょうか。全国1016の金融機関が回答した結果が左頁の表です。1位の完済時年齢、2位の健康状態、3位の借入時年齢、5位の勤続年数、8位の年収は、**返済が継続的に行われるかどうかを見きわめる**項目です。

4位・担保評価、6位・連帯保証は、万一ローンの返済が不可能になった場合のリスクヘッジとして重視されるものです。9位の金融機関の営業エリアは、地方銀行や信用金庫に多く見られる傾向で、住宅ローンの利用者を地域の居住者や物件に限定していることから判断の対象となります。

ほかに債務がある人・延滞履歴がある人

筆者の経験上、**融資を断られる人の8割以上は、ほかの債務の状況や返済履歴に問題があった人**です。カードローン、フリーローン、キャッシング、消費者金融などからの借入れの合計額が年収の3分の1以上あると、そもそも審査の土俵にすら上げてもらえません。また、借入金やクレジットカードの支払いなどが2～3カ月以上遅れた、1年以内に延滞をしている、延滞回数が通算で5回を超えているなども断られる可能性が高くなる要因です。3カ月以上の延滞経験があると、その後に完済していても5年間は借入れを断られます。さらに、延滞を解消できずに代位弁済、任意整理、民事再生、自己破産などの手続きがとられた場合は、その後5～10年間は住宅ローンの借入れができなくなります。本人に問題がなくても、まれに連帯債務［82頁参照］の相手が引っかかるケースもありますので、事前の確認をお勧めします。

金融機関は、住宅ローン申込人のどこを見ているのか？

審査基準は金融機関によってさまざまで、貸出しの可否はあくまで総合評価でなされるものです。しかし、以下のトップ10の項目に難があると断られる確率が急上昇します。

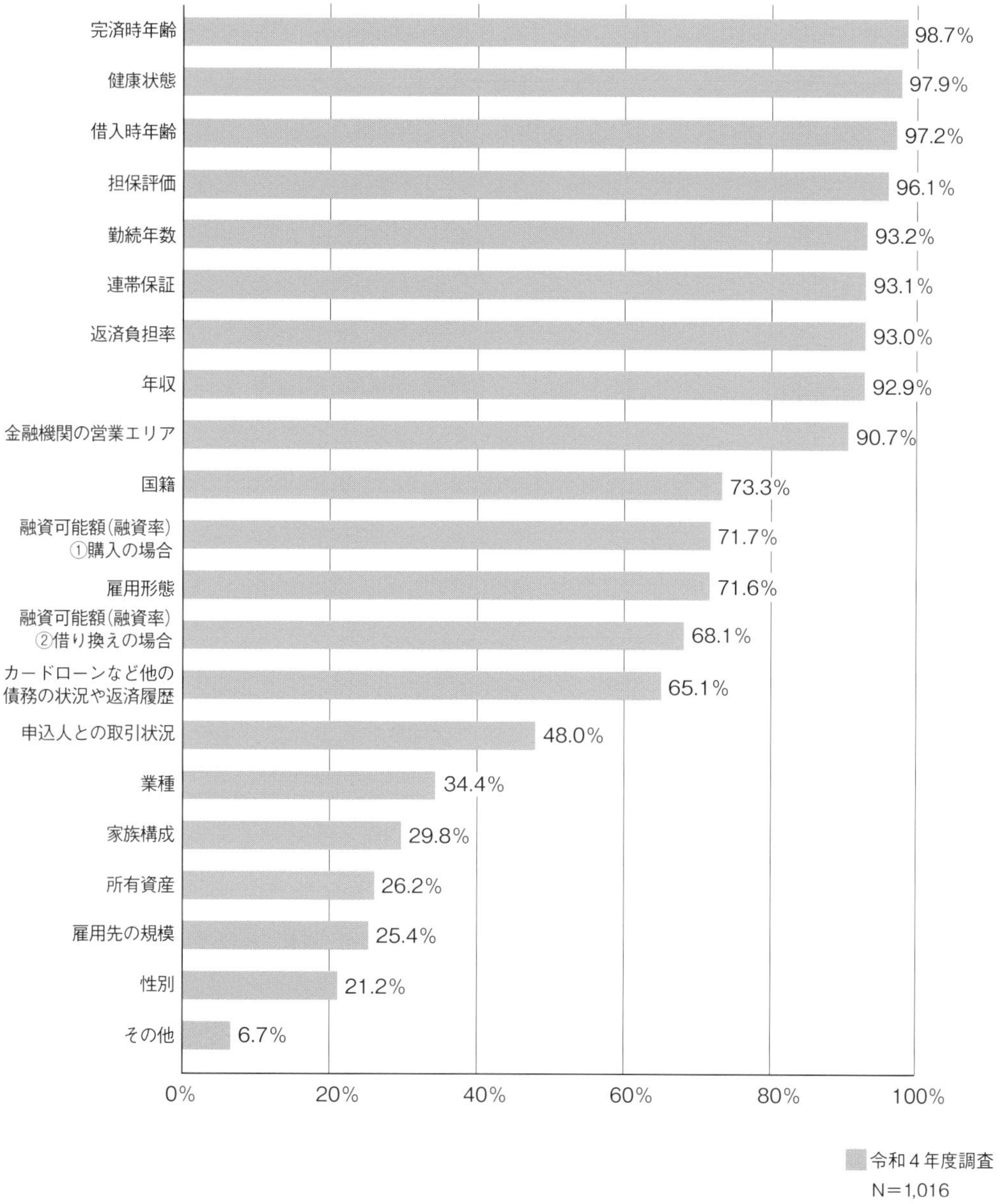

出典：国土交通省住宅局「令和４年度民間住宅ローンの実態に関する調査　結果報告書」

Q10

ネットバンクで借りても大丈夫？

オンライン手続きに抵抗がなければメリット大

近年、インターネット上で取引を行うネットバンクが増えています。低金利の住宅ローンを用意している会社も多いため、借入れ先としては気になるところでしょう。ネットバンクは、実店舗をもたないか最小限しかもたないため、業務の運営にかかるコストが大幅に圧縮されます。そのため、金利が低く抑えられたり、保証料や繰上げ返済手数料などの諸費用が安く抑えられるというメリットがあります[※]。預金通帳が発行されないことや、一部のクレジットカードには対応していないことなどがデメリットかもしれませんが、それ以外の点では一般の金融機関と何ら変わるところはありません。

ネットバンクが倒産したらどうなる？

老舗の金融機関がもつ長い歴史や実店舗数と、健全な経営とはまったく関係がありません。メガバンクでもネットバンクでも、安定収益が確保できているかが重要です。もちろん、金融機関も一民間企業ですから、経営破綻のリスクは当然あります。ただし、これまで金融機関の破綻でペイオフが発動されたのは、２０１０年の日本振興銀行の1事例のみです。それ以外は経営が悪化すると、ほかの金融機関に営業譲渡されたり、吸収合併されてきました。このとき、住宅ローンの返済がどうなるかといえば、取引き先の金融機関が変更になるだけで、**借入残高の全額返済をいきなり求められるようなことは、まずありませんでした**。ただし、その住宅ローンが全期間固定金利以外なら、移譲先の条件に合わせて金利が変更される可能性はあります。

なお、金融機関が経営破綻してペイオフとなった場合、保護される預金は１０００万円＋利息までです。経済系の雑誌などで金融機関の評価ぐらいはチェックしておいてもいいかもしれません。

※：一般的な銀行でもネットバンク以上にお得な金利を用意することもあるので、実際には個別に判断することが大切です

ネットバンクは“普通の銀行”がオンライン上にあるだけ

店舗はなくても会社はリアルにあるのでご安心を。契約から融資実行の手続きまでをウェブ上で済ませられる会社もあります。各種優遇が充実している会社も多いので、検討の価値は十分あります。

1　インターネット専業のネットバンク

ソニー銀行、住信SBIネット銀行、セブン銀行、楽天銀行、auじぶん銀行など

2　店舗を有しながらもオンライン上での取引をメインとする銀行

SBI新生銀行、東京スター銀行、イオン銀行など

ネットバンクの経営の安定度を調べるには？

下表は住宅ローンを扱う主なネットバンクの2023年のディスクロージャーです。ディスクロージャーとは、企業が財務諸表や有価証券報告書などで財務内容の情報を投資家などに公開することをいいます。証券取引法および商法により投資家や債権者を保護するために義務づけられているもので、健全な経営を確認するうえで欠かせない資料です。

セブン銀行は住宅ローンを代理店として取り扱っているため、不良債権のリスクが少ない

	経常利益［どれだけ稼いでいるか］	貸付残高［お金をどれだけ貸しているか］	預金残高［お金をどれだけ預かっているか］	資本金［会社の規模はどれくらいか］
ソニー銀行	191億円	30,097億円	34,909億円	385億円
住信SBIネット銀行	290億円	66,066億円	79,777億円	310億円
セブン銀行	315億円	356億円	8,248億円	307億円
楽天銀行	406億円	37,691億円	91,299億円	260億円
auじぶん銀行	95億円	23,288億円	27,303億円	835億円
PayPay銀行	65億円	6,245億円	16,669億円	722億円

資本金は6行ともそれほど差はない

auじぶん銀行とPayPay銀行はまだ設立間もない金融機関なので、ここだけで判断するのは早計

貸付が少ないのに利益を上げていることを意味する

預金残高に対して貸付残高がかなり低い。お金を集めている量のわりには儲けが多く出ているということ

Q11

中古住宅を買う場合も新築と同じ住宅ローンでOK？

古い物件は住宅ローンが適用されにくい

中古物件の担保評価は、戸建てなら築20年超でほぼゼロになります。そのため住宅ローンの融資対象として、中古マンションは取り扱うが、中古の戸建住宅は取り扱わないという金融機関があります。

また、融資対象とはするものの、担保評価の観点から借入額の上限を低く設定する、あるいは、築年数が20年以上、旧耐震基準、再建築不可など、物件の条件によっては融資の対象外とされるケースもあります。購入を希望する中古物件に出合ったら、まずは不動産会社や金融機関に融資の可否を確認するとよいでしょう。

中古住宅に関するお金のやり取りは、**リフォームの有無が大きく影響してきます。**最近は、「中古住宅の購入費用」と、それに伴う「リフォーム工事に必要な費用」をセットで貸してくれるパッケージ型ローンも出てきました。ひと昔前に比べると選択肢は増えています。

外観を見ただけではいくらかかるか分からない

中古物件の購入は、ある種の〝バクチ〟といえます。周辺の似たような物件から物件価格の相場は把握できても、その中古住宅に快適に住めるようにするためには実際どれくらいの費用（リフォームなど）がかかるかは、外観を見ただけでは分かりません。リフォーム済みの物件で内装は新築同様にきれいでも、断熱材が十分に入っていなかったり、床下が腐ったりしていれば改修工事が必要になります。素人判断で事を進めると、のちに想定外の工事が発生して資金計画が破綻する危険もあります。購入前は、建築士などにプロの視点で必ずチェックしてもらうようにしてください（売主が調査を嫌がる場合もありますが、必ず行ってください）。

なお、中古住宅の売買は、物件購入時に価格交渉できる場合があります。売主が売り急いでいるなどの事情があれば、かなりの確率で減額に応じてくれます。

中古物件のパターン別にみる、住宅ローンの借り方

中古物件を購入してそのまま住む場合と、古い手付かずの物件をリフォーム前提で購入するのとでは住宅ローンの組み方が異なります。

リフォーム済み物件を購入する

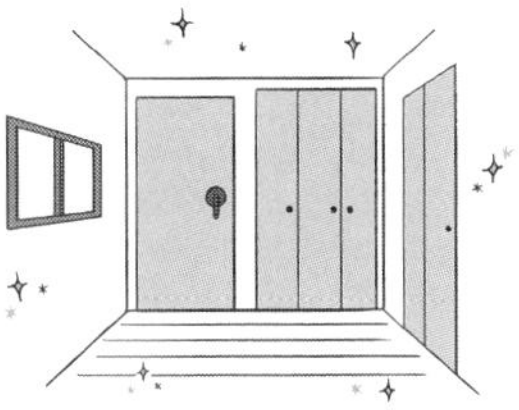

住宅ローンを利用する

購入後そのまま住む場合は、マンションや建売住宅の購入と同じように住宅ローンを借り入れ、一括で支払います。想定外の工事が発生することのないように、購入前のチェックは入念に行いましょう

中古物件を購入して、リフォームする

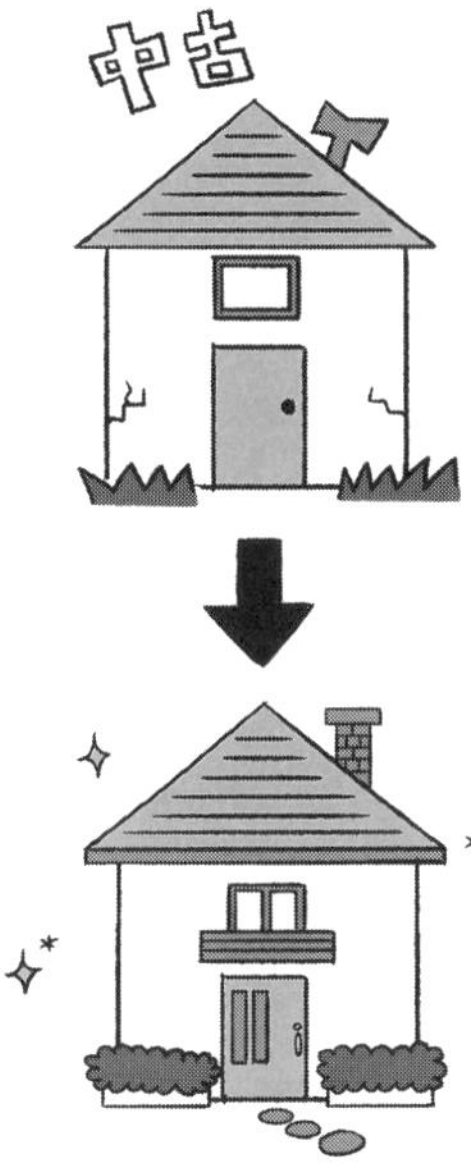

住宅ローンを利用する

物件の購入用に住宅ローンを組み、リフォーム費用は手持ちの現金で支払う方法。リフォーム費用が少額の場合、もしくは手持ちの資金が多い場合はこの方法で。耐震、バリアフリー、省エネなどの要件を満たすリフォームなら現金での支払いも減税対象になります

住宅ローン＋リフォームローンを利用する

物件の購入用に住宅ローンを組み、リフォーム資金としてさらに「リフォームローン」を組む方法。リフォームローンには銀行系（最長15年のものが多く、融資額500万円程度、無担保の場合もある）と、クレジット会社系（借入期間10年程度、融資額300万円程度、審査手続きが比較的簡単）があります

リフォーム用パッケージ型ローンを利用する

物件の購入とリフォーム工事に必要な資金を、1回の手続きで借りるパッケージ型ローンを利用する方法。たとえば「フラット35（リノベ）」なら、通常の住宅ローンと同じように最長35年で組むことができます。フラット35Ｓの条件に適合させる場合や、水廻りなどを大幅にリフォームする場合にお勧めです

リフォームにはどれくらいの費用が必要？

リフォームの費用は水廻りなど最低限の工事を行い、普通に住めるようにするだけでも400万～500万円くらいかかります。間取りなどにも手を加えて新築ライクな快適さを求めるなら1,000万円くらいは必要です。

一見きれいに見えても
床下や壁の中は…

Q12

毎月の返済ができなくなったらどうなる？

返済が1回でも遅れるとペナルティー

住宅ローンの返済が滞ると、どうなるのでしょうか。

返済が遅れると、まず金融機関から電話や書面で催促の通知が届きます。この時点で応じられれば問題ありませんが、その催促時に提示された予定日に**1回でも返済が遅れれば、即「延滞」とみなされます。**延滞が発生すると、金融機関によっては契約時の優遇金利が適用されなくなるなどの措置がとられ、毎月の返済額が増えてしまいます（優遇がなくなるというのは、金利が上がるということです）。より有利なローンに借り換えたくなっても、延滞が1年以内にあればそれが認められないケースも出てきます。返済を続けるために、家計の大幅な見直しを迫られることになるでしょう。なお、いわゆる金融円滑化法の実施（２００９～13年）を契機に、返済の遅れに関しては金融機関に相談すれば返済期間に猶予を与える柔軟な対応がいまは一般的になっています。

返済が半年遅れたら「差し押さえ」

正当な理由がなく、２カ月以上返済が遅れた場合は、「事故」扱いとなります。そこからさらに３～６カ月間経過すると「差し押さえ」となり、物件を勝手に売ったりしないよう裁判所から命令がきます。おそらくこの時点で、金融機関からは「ただちに返済をするか、さもなくば競売にかけるかを選んでください」といわれるでしょう。ここで滞った借入金を全額返済できなければ、家を手放さなければならなくなります。

任意売却という、物件を第三者に売却して債権の一部の返済に充当する方法もあります。全額返済できない場合は一部債権を放棄してもらったり、未返済分について新たな返済計画を立てて返済を続けることになります。

競売は、金融機関が融資を回収するために、物件を裁判所を通じて競りにかけ売却することで、考え得る最悪のケースといえます。

返済不能に陥った住宅ローンの行く末

返済が滞った住宅ローンは、貸し手にとっては「不良債権」です。早く整理したいというのが本音ですが、フラット35と民間のローンではその対応が異なります。

フラット35の場合

住宅金融支援機構に相談できる

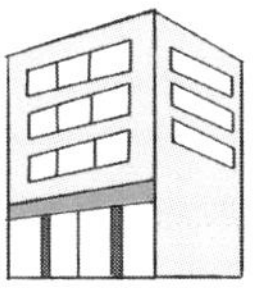

仕組み

不況による勤務先の倒産などで、次の条件に1つでも該当する人は、返済期間を最大15年間延長して毎月の負担を減らすことができる

- 年間の総返済額が年収の4分の1以上
- 月収が世帯人数×6万4,000円以下
- 他のローンを含む返済額が一定［※］の割合を超えたとき

さらに失業中の人、または収入が20%以上減少した人は最長3年間利息のみの支払いとすることができる

※：年収400万円未満で30%、400万円以上で35%

民間の住宅ローンの場合

返済先が保証会社に代わる

仕組み

住宅ローンの債権が保証会社に移り、保証会社が住宅ローンの残債を一括弁済する。これで金融機関に対する返済義務はなくなるが、以降は肩代わりしてくれた保証会社に返済していかなければならない。なお、連帯保証人を設定している場合は、連帯保証人に全額返済するように要求がいく

それでもうまくいかない場合は、任意売却か競売を迫られる！

任意売却と競売の違いを知っておこう

	任意売却とは？	競売とは？
売却価格	市場価格とほぼ同じ金額で売却できるので、残債を減らせる可能性がある	裁判所が決定した売却価格（市場価格の約70%程度）で落札されるため、任意売却に比べて残債が多く残る可能性が高い
条件	手元に資金が残る。引越し代・生活資金として、30万～50万円が残せるよう、債権者と交渉可能。場合によってはさらに多額の再出発資金を残せることがある	売却代金はすべて債権者への支払いにあてられるため、手元には資金が残らない。強制退去の場合は引越し代なども残せない。退去が遅れると、状況によっては不法侵入で訴えられる
残債	残債を無理なく返済できるように、金融機関と返済計画を交渉する余地がある	売った後も残債は残る。残った債務の取り扱いについては、自分で返済の方法を模索しなければならない

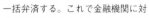

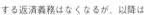

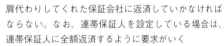

Q13

住宅ローンで苦しむ人はどんな借り方・返し方をしている？

金利が低いと、つい借りすぎてしまう

住宅ローンで失敗する人の多くは、金利の低さにつられて、ついたくさんのお金を借りています。金融機関が提示する貸出額の限界「借入可能額」と、本当に無理なく返済できる「返済可能額」には大きなギャップがあるにもかかわらずです［25頁参照］。そして、無理な返済を強いられ、家計が破綻していきます。金融機関によっては、住宅ローンの「適用金利」をベースに貸出額を決めるところもあります。この場合、金利が低ければ低いほど貸出額は多くなりますので、借り手にとっては返済の負担が重くなります。変動金利を選択する際は、十分注意しなければなりません。

短めの返済期間と繰上げ返済の落とし穴

借入額に問題はなくても、日々の生活でいろいろなことを我慢しながら毎月の返済分を捻出しているようなら、その借り方も失敗といえます。**毎月の家計で何に使ってもよい「自由に使えるお金」が、収入（額面）の5％以上確保できないようなら問題です。**

住宅ローンで失敗しないためには、返済期間の設定も重要です。毎月15万円を20年間で返済するより、8万円を35年間で返済したほうが家計はずっと楽になります。同時に、貯蓄もしっかり行えます。貯蓄に余裕があれば、繰上げ返済による期間短縮でローンを完済できる可能性も出てきます。とはいえ、「繰上げ返済至上主義」は考えものです。少しでも早く返済したいからと、お金が貯まるとすぐ繰上げ返済にまわす人がいますが、教育費などの備えができるまでは早まらないほうが賢明です［134頁参照］。ほかのローンより金利が低く条件がよいというのが住宅ローンの特徴ですが、手元のお金がなくなって、金利の高いほかのローンを借りなければならないほどばかばかしいことはありません。

安全な借入れかどうかは「自由に使えるお金」でチェック

たとえば年収 650 万円の人が、金融機関のホームページにある住宅ローンシミュレーターを使用すると、おそらく借入可能額は 4,000 万円程度と算出されます。だからといってそのまま満額を借りては危険。毎月の「自由に使えるお金」に注目してください。

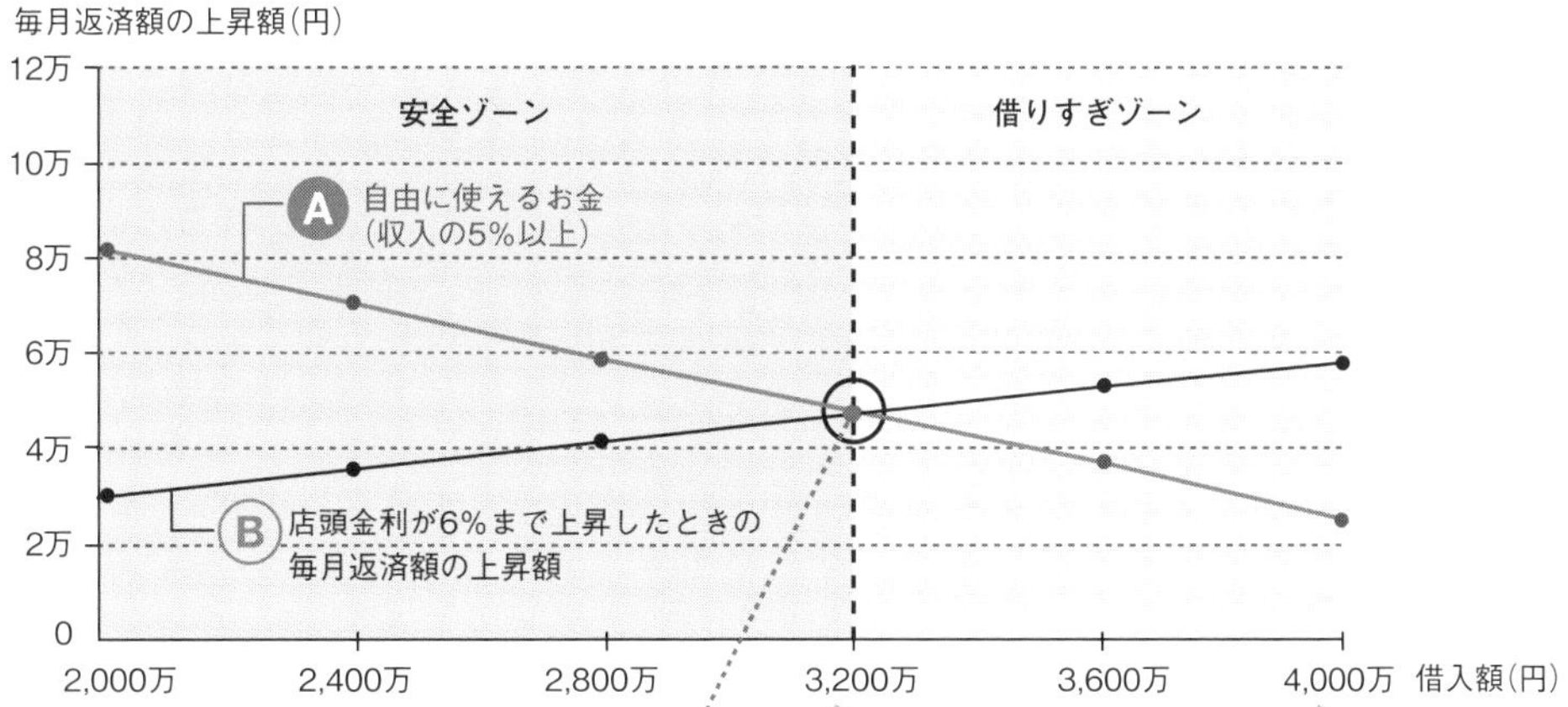

変動金利で借りる場合、家計の安定という観点からは、毎月「自由に使えるお金(余剰資金)」と、金利が上昇した際に増加する毎月返済額の増加額の交差ポイントが、安全な借入額の最大値と考えられます

	安全な借入額の最大値	シミュレーターが算出した借入可能額
借入額	3,220 万円	4,000 万円
返済期間	35 年	35 年
借入金利	0.85%	0.85%
毎月返済額	88,662 万円	110,139 万円
A 自由に使えるお金	47,171 円	25,694 円
金利優遇が終了し店頭金利が 6%まで上昇した場合の金利の上昇幅［※ 1］	3.525%	3.525%
B そのときの毎月返済額の上昇額	47,072 円	58,420 円
家計の安全性から考えた借入当初の理想的な毎月返済額［※ 2］	88,806 円	77,413 円

(計 135,833 円)

店頭金利が 6 %まで上昇しても、自由に使えるお金の範囲内であれば返済は可能

金利の上昇にともない返済額が上がると、毎月の収入から返済ができなくなる

※1：シミュレーターで算出
※2：74頁の方法で、無理のない金額を算出

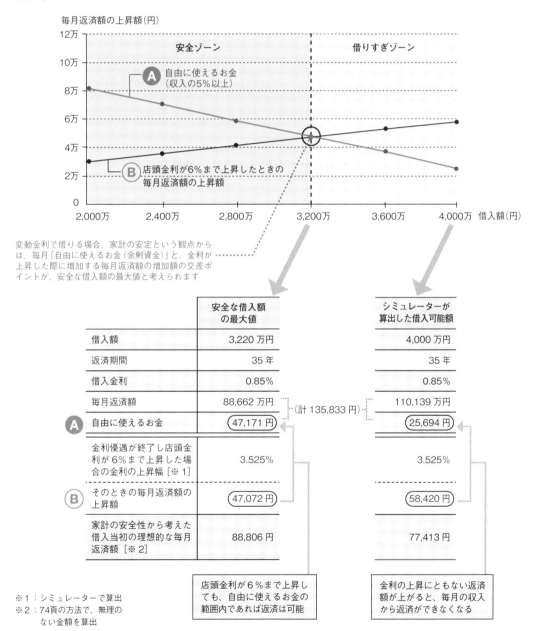

Column

住宅ローンを借りると決めたら銀行にはすぐ行かないほうがよい

「そんなばかな」とおっしゃるかもしれませんが、「自分は金融の話にうとい」と自覚している人ほど、住宅ローンを借りたくなっても金融機関の店舗にはすぐに出向かないほうが賢明です。〝住宅ローン初心者〟が金融機関と上手にお付き合いする方法をお教えしましょう。

〝初心者〟が窓口にいきなり行くと不幸な結果を招きかねない

金融機関を敷居の高い場所だと思っている人は少なくありません。そういう人たちが緊張の面持ちで金融機関の窓口に出向くと、たいてい舞い上がった状態のまま、先方の話についつい引き込まれてしまいます。しかし残念なことに、あなたの前に現れる窓口の担当者には「当たり外れ」があります。経験年数が浅い人はもちろんのこと、そうでない人もマニュアルに記載されていない事柄にはうまく対応できません。あなたにベストな提案をしてくれるとは限らないのです。

そもそも金融機関の担当者は、住宅ローンを企画・販売する〝メーカー〟の社員であって、販売のプロフェッショナルでありません。お金のことやローンのことを詳しく知らない一般の人に、その商品を分かりやすく説明する訓練を十分に受けていません。にもかかわらず、彼らはたいてい住宅ローンの販売ノルマを課せられているので、人によってはあの手この手でローンを組ませようとしてきます。たとえば、金融機関の店頭に赴いたあなたと担当者との間には、こんなやりとりが想定されます。

あなた　すみません、住宅ローンの検討をしているのですが……

担当者　いらっしゃいませ。金額や期間、融資時期など、どのような条件でご検討ですか？

あなた　金額は2500万円、35年返済、再来月には土地を購入し、半年後には家が完成している予定です

担当者　それなら現在、人気の変動金利のローンはいかがでしょうか

あなた　そのローンが人気なのですか？

担当者　そうです。現在は優遇制度により総返済額がかなりお安くなります。もちろん、審査の結果にもよりますが、1％を切るような低金利をご提供できる可能性がありますので

あなた　でも現在の金利が低いと、逆に金利が上がるのが怖いのですが……

担当者　変動金利には5年特約［102頁参照］がついているので、金利が上昇しても5年間は返済額が変わりません。また、5年目以降にもし金利が上昇したとしても毎月の返済額はそれまでの最大25％しか上昇しないと決められています。大きなご負担にはならないかと思いますが……

あなた　……そうなんだ。本当に、変動金利が上がってもそんなに支払いは増えないのですか？

担当者　もし、ご心配であれば、金利が上昇した時点でそれ以上上昇しないよう、固定金利のものに借り換えることも可能です［20頁参照］

あなた　だったら安心ですね。でももっとよいローンはないのですか？

担当者　おそらくこのローンがいちばんよいでしょうね

こんなふうに窓口の担当者のペースに巻き込まれ、小

難しい金融用語を並べた説明を延々と聞かされるおそれがあります。住宅ローン商品の候補を選ぶプロセスでは、金融機関に出向いての相談はあまりお勧めできません。

コールセンターなら知りたいことがキャッチボールのように返ってくる

筆者のお勧めは、同じ金融機関でもコールセンターを利用する方法です。住宅ローン商品を調べて、借りたい有力な候補が出てきたら、自分は借入れが可能かどうか、優遇条件が適用されるか否かなど、さまざまなことを確認したくなるものです。そんなときはコールセンターに直接尋ねるのです。

あなた　すみません、住宅ローンを借りられる条件について確認したいことがあるのですが、教えてもらえませんか？

コールセンター（以下、コール）　はい、どのようなことでしょうか

あなた　ホームページに載っているキャンペーンの適用条件なのですが、すべて満たさないと優遇は受けられないのでしょうか

コール　適用条件として4つの条件を挙げておりますが、この条件を満たした数によって優遇幅が異なります。お客様はこれらのなかでどれか適用が可能なものはございますか？

あなた　えーっと、公共料金、カードローンは大丈夫だと思うのですが、給与振込口座が会社指定なので変更できないかもしれません

コール　そうですか、その場合は最優遇金利が使えない可能性がございます。おそれいりますが、支店やローンセンターで直接お申込みいただき、ご確認いただけますでしょうか

あなた　分かりました。あと、不動産屋さんに支払う仲介手数料や固定資産税の精算金はローンの対象となりますか？

コール　少々お待ちください（2分くらい音楽が流れる）。大変お待たせいたしました。ご質問の内容につきましては、どちらもローンの対象となっており、住宅ローンとして借入可能でございます

あなた　よかったぁ

コール　お問い合わせありがとうございました。ご検討よろしくお願い申し上げます

こんなふうに、電話口のスタッフは応対の品質がある程度一定です。営業的なトークはほとんどなく、専門のスタッフがその場でマニュアルを見ながら回答してくれるので安心です。分からなければ調べて折り返し電話をしてくれるなどの利点もあります。フリーダイヤルや割安なナビダイヤルで電話をかけられるうえ、夜9時まで受付をしていたり、土日も対応してくれるところが多いのも魅力です。

ただし、コールセンターでは、審査通過の可能性や結果についての質問などにはたいてい答えてもらえません（個別の対応については、実際に融資を申し込んでみなければ分からないのは店頭でも同じですが……）。

金融機関に足を運ぶのは最低限の回数でよいのです。融資の申し込み時、契約時の2回、もし必要であれば融資の実行日を入れて、合計3回に抑えることです。

万年町駅

住宅ローンを賢く借りて無理なく返す7ステップ

STEP **1** なにはなくとも資金計画を立てよう

STEP **2** 頭金を決めましょう

STEP **3** 借入額は自分で決めます

STEP **4** 借りる人は誰ですか？

STEP **5** 借りたいローン商品を選ぶ

STEP **6** 金融機関へ融資を申し込む

STEP **7** 住宅ローンを返済する

お金カレンダー

1月1日に家を買うぞ！と思い立った人の場合

パターン❶ 設定 フラット35を利用
注文住宅の場合（土地から探す）

月/日	主な流れ・行うこと
1/1	家を建てることを決める
2	家計の収支を見直す
10	「絶対予算」を決めて土地・建物に配分する
11	設計・施工の依頼先、借入先探しを始める
13	土地を見に行く
14	土地を見に行く
17	金融機関の住宅ローン商品の資料を集める

1日～10日：資金計画を考える期間

不動産会社、建物の依頼先に費用の目安や、どんな諸費用がかかるかを確認します

パターン❷ 設定 フラット35を利用
建売住宅、分譲マンションの場合

月/日	主な流れ・行うこと
1/1	家を建てることを決める
2	家計の収支を見直す
10	「絶対予算」を決める
11	物件・借入先探しを始める
13	物件を見に行く
17	金融機関の住宅ローン商品の資料を集める

1日～10日：資金計画を考える期間

不動産会社などに費用の目安や、どんな諸費用がかかるかを確認します

店頭に行かなくても、ホームページ上で資料請求したり資料をダウンロードできます。質問があればコールセンターに電話するとよいでしょう

パターン❸ 設定 フラット35リノベを利用
中古住宅を買ってリフォームする場合

月/日	主な流れ・行うこと
1/1	家を買うことを決める
2	家計の収支を見直す
10	「絶対予算」を決めて物件費用・リフォーム費用に配分する
11	物件・借入先探しを始める
13	物件を見に行く
14	物件を見に行く
17	金融機関の住宅ローン商品の資料を集める

1日～10日：資金計画を考える期間

上記のカレンダーは一例です。実際は異なる場合が多々ありますので、あくまで目安として捉えてください

19	20	21	22	23	24	25	26	27	28	29	30	31	2/1	2	3	4	5	6	7	8	9	10	11	12	13	14

設計・施工の依頼先・土地・借入先の情報収集をする期間 ← → 不動産会社と取り引きする・金融機関にコンタクトをとる期間

日	内容
20	気に入った土地を再び見に行く
21	気に入った土地を再び見に行く
30	値引き交渉するならこれより前のタイミングで！
31	土地を決める
1	**不動産会社に土地の買付を出す**
1	手付金を支払う(@売主)／代金の約10％
3–4	土地を設計・施工の依頼先候補に見せてラフプランと見積りをとる
7	借りるローン商品を決める
8	**事前審査申込書を金融機関に提出する**
10	**事前審査の承認を受ける**
11	売買契約・本審査用の書類を集める
13	**土地の売買契約を結ぶ**
13	印紙税を支払う(@国)

物件・借入先の情報収集をする期間 ← → 不動産会社と取り引きする・金融機関にコンタクトをとる期間

日	内容
20	気に入った物件を再び見に行く
21	気に入った物件を再び見に行く
30	値引き交渉するならこれより前のタイミングで！
31	物件を決める
1	**不動産会社に物件の買付を出す**
1	手付金を支払う(@事業者)／代金の約10％
3	借りるローン商品を決める
4	**事前審査申込書を金融機関に提出する**
6	**事前審査の承認を受ける**
7	売買契約・本審査用の書類を集める
9	**物件の売買契約を結ぶ**
9	印紙税を支払う(@国)
6–11	承認が受けられなかった場合は、原因を探ってから他の金融機関をあたります

物件・借入先の情報収集をしながら、リフォームの依頼先候補にコンタクトをとる期間

日	内容
20	気に入った物件を再び見に行く
21	気に入った物件を再び見に行く
28–29	リフォームの依頼先候補に物件を見せて見積りをとる
9–10	見積り結果などからリフォームの依頼先を決める
11	値引き交渉するならこれより前のタイミングで！
12	物件を決める
13	**不動産会社に物件の買付を出す**
13	手付金を支払う(@売主)／代金の約10％

19	20	21	22	23	24	25	26	27	28	29	30	31	2/1	2	3	4	5	6	7	8	9	10	11	12	13	14

3

13 12 11 10 9 8 7 6 5 4 3 2 1 28 27 26 25 24 23 22 21 20 19 18 17 16 15

設計・施工会社とのやりとりから必要な費用が見えてくる期間

設計事務所に依頼する場合は、設計契約を結び設計料の一部を支払うことがあります

ラフプラン・見積りの結果から依頼先を決める

設計・施工の依頼先と本プランの打ち合わせを始める

ここからプランが決まるまでの期間はケースバイケース。間取りにこだわりたい人は長く見込んでおきましょう

住宅ローンの本審査 〜 契約のための準備期間

本審査申込書を金融機関に提出する

公的証明書代を支払う（@国、自治体）

本審査の承認を受ける

契約用の書類を集め始める

つなぎ融資の契約を金融機関と結ぶ

印紙税、公的証明書代を支払う（@国、自治体）

住宅ローンの本審査 〜 契約ための準備期間

本審査申込書を金融機関に提出する

公的証明書代を支払う（@国、自治体）

本審査の承認を受ける

「適合証明書」が交付されるので金融関係に提出する

住宅ローン契約 〜 決済 〜 引渡しまでの期間

フラット35の融資契約を金融機関と結ぶ

印紙税、公的証明書代を支払う（@国、自治体）

物件の決済（フラット35）以下、同日に行う

所有権移転登記を行う

抵当権設定登記を行う

不動産会社と取り引きする・金融機関にコンタクトをとる期間

借りるローン商品を決める

事前審査申込書を金融機関に提出する

事前審査の承認を受ける

売買契約・本審査用の書類を集める

物件の売買契約を結ぶ

印紙税を支払う（@国）

承認が受けられなかった場合は、原因を探ってから他の金融機関をあたります

住宅ローンの本審査の期間

本審査申込書を金融機関に提出する

公的証明書代を支払う（@国、自治体）

購入予定の中古物件、つまりこれから融資を受けて抵当がつく物件をリフォームしてよいか、このあたりで金融機関にお伺いを立てましょう

本審査の承認を受ける

現況検査を検査機関に申請する

13 12 11 10 9 8 7 6 5 4 3 2 3/1 28 27 26 25 24 23 22 21 20 19 18 17 16 15

9	8	7	6	5	4	3	2	4/1	31	30	29	28	27	26	25	24	23	22	21	20	19	18	17	16	15	14

つなぎ融資の契約 ～ 土地の決済までの期間

土地の決済（つなぎ融資）以下、同日に行う

所有権移転登記を行う

土地のつなぎ融資を受けて、残金（@売主）と仲介報酬（@不動産会社）を支払う／融資事務手数料や金利は融資金から差し引かれる

登記関係の費用を支払う（@司法書士）

土地の地盤調査を行う

地盤調査費用を支払う（@地盤調査会社）

調査後に軟弱地盤と判明した場合は、改良工事や杭による補強工事に数十万～数百万円かかります

設計・施工会社とプランを詰めながら予算オーバー分を調整していく期間

返済期間

融資金が口座に振り込まれるので、お金を支払う（@事業者）

事務手数料、金利は融資金から差し引かれる

団体信用生命保険や火災保険、地震保険などに加入する

登記関係の費用を支払う（@司法書士）

引渡し。カギやその他書類を施工会社から受け取る

引越し&入居

融資の条件である物件検査の期間

検査機関により現況検査が行われる

もし不適合個所があった場合は、そこを直さないと融資がおりません

現況検査の結果が出る

「現況検査に関する通知書」が交付されるので金融機関に提出する

中古物件のつなぎ融資契約を金融機関と結ぶ

印紙税、公的証明書代を支払う（@国、自治体）

6	5	4	3	2	5/1	30	29	28	27	26	25	24	23	22	21	20	19	18	17	16	15	14	13	12	11	10

工事請負契約 ～ 工事への準備期間

予算オーバー分を削減したプランの完成。このプランで、工事にかかる総費用の概算が分かります

建物の最終プランを固める

設計・施工会社と工事請負契約を結ぶ

設計・施工会社を通じて建築確認申請を提出する

フラット35の設計審査を申請する

返済期間

その後の予定

毎月	指定日にローンの引き落としが行われる
年度末	確定申告を行う (サラリーマンは1回だが自営業者などは毎年)
半年後くらい	不動産取得税の請求が来る
毎年	都市計画税、固定資産税を支払う 団体信用生命保険料なども毎年かかる

中古物件のつなぎ融資契約 ～ 決済までの期間

中古物件の決済（つなぎ融資）以下、同日に行う

所有権移転登記を行う

中古物件のつなぎ融資を受けて、残金（@売主）と仲介報酬（@不動産会社）を支払う

火災保険、地震保険などに加入する

登記関係の費用を支払う（@司法書士）

引渡し。カギやその他の資料を売主から受け取る

リフォーム瑕疵担保保険を申し込む

リフォーム工事の着工

瑕疵担保保険料を支払う（@保険会社）

7	8	9	10	11	12	13	14	15	16	17	18	19	20	21	22	23	24	25	26	27	28	29	30	31	6/1	2

着工金のつなぎ融資の申し込み ～ 上棟までの期間

- つなぎ融資の必要書類を集める
- 建築の確認済証を受け取る
- 「設計検査に関する通知書」を受け取る
- 地鎮祭
  - 玉串料などを現金で用意する
- 工事の着工
- **着工金のつなぎ融資を金融機関に申し込む**
- **着工金の決済**（つなぎ融資）
  - 着工金のつなぎ融資を受けて、工事着工金、地鎮祭費用、解体工事費を支払う（@施工会社）／工事費用の30％

工事期間は工法やプラン、途中の追加工事によって異なりますが、ハウスメーカーのプレハブ工法だと2カ月前後、一般的な木造住宅なら4、5カ月くらいをみておきましょう

工事費用の支払い時期は工事請負契約時に決めますが、着工時・中間金・残金の3回に分けるのが一般的です

中古物件のつなぎ融資を受けたリフォーム工事の期間

- 適合検査を検査機関に申請する
- ＋リフォーム瑕疵保険の検査
- リフォーム工事の完了
- 適合検査が行われる
- 「適合証明書」が交付されるので
- 金融機関に提出する
  - 適合証明書の費用を支払う（@検査機関）
- 竣工検査で住まいの仕上がりをチェックする
- 駄目工事（竣工前の手直し）

7	8	9	10	11	12	13	14	15	16	17	18	19	20	21	22	23	24	25	26	27	28	29	30	31	6/1	2

29	28	27	26	25	24	23	22	21	20	19	18	17	16	15	14	13	12	11	10	9	8	7	6	5	4	3

着工金のつなぎ融資の申し込み ～ 上棟までの期間

- 21：**上棟**
  - ご祝儀などを現金で用意する
- 23：**確認検査機関、フラット35の中間検査を受け取る**
- 27：**中間検査の合格証を受け取る**
  - つなぎ融資申込みの必要書類になる
- 28：**中間金のつなぎ融資を金融機関に申し込む**

返済期間

住宅ローン契約 ～ 決済の期間

- 3：**フラット35リノベの融資契約を結ぶ**
- 5：印紙税、公的証明書代を支払う（@国、自治体）
- 9：**中古物件の決済**（フラット35リノベ）以下、同日に行う
  - **抵当権設定登記を行う**
  - 融資金が口座に振り込まれるので、つなぎ融資の相殺をしてリフォーム工事費用を支払う（@施工会社）
  - 団体信用生命保険や火災保険、地震保険などに加入する
  - 登記関係の費用を支払う（@司法書士）
- 20：引越し＆入居

返済期間

29	28	27	26	25	24	23	22	21	20	19	18	17	16	15	14	13	12	11	10	9	8	7	6	5	4	3

4	3	2	9/1	…	19	18	17	16	15	14	13	12	11	10	9	8	7	6	5	4	3	2	7/1	30

中間金のつなぎ融資の申し込み ～ 竣工までの期間

中間金の決済（つなぎ融資）

中間金のつなぎ融資を受けて、中間金を支払う（@施工会社）／工事費用の30％

表題登記を行う

確認検査機関の完了検査を受ける

その後の予定

毎月	指定日にローンの引き落としが行われる
年度末	確定申告を行う （サラリーマンは1回だが自営業者などは毎年）
半年後くらい	不動産取得税の請求が来る
毎年	都市計画税、固定資産税を支払う 団体信用生命保険料なども毎年かかる

月	日	予定
	5	
	6	建築の検査済証を受け取る
	7	フラット35の竣工検査を受ける
	8	竣工検査で住まいの仕上がりをチェックする
	9	
	10	駄目工事（竣工前の手直し）
	11	
	12	
	13	フラット35の適合証明書を受け取る
	14	
	15	竣工
	16	
	17	
	18	
	19	
	20	
	21	
	22	フラット35の融資契約を結ぶ
	23	印紙税、公的証明書代を支払う（@国、自治体）
	24	
	25	
	26	
	27	
	28	
	29	物件の決済（フラット35）以下、同日に行う
	30	抵当権設定登記を行う
10	1	所有権保存登記を行う

フラット35の必要書類になります

返済期間

返済期間

10/1 30 29 28 27 26 25 24 23 22 21 20 19 18 17 16 15 14 13 12 11 10 9 8 7 6 5

				11																				
5	4	3	2	1	…	20	19	18	17	16	15	14	13	12	11	10	9	8	7	6	5	4	3	2

住宅ローン契約 ～ 決済 ～ 引渡しまでの期間

返済期間

融資金が口座に振り込まれるので、残金などを支払う(@施工会社)／工事費用の40%

融資事務手数料などは融資金から差し引かれる

外構などの別途工事費を支払う(@それぞれの施工会社)

団体信用生命保険や火災保険、地震保険などに加入する

登記関係の費用を支払う(@司法書士)

引渡し。カギやその他書類を施工会社から受け取る

引越し&入居

…	20	19	18	17	16	15	14	13	12	11	10	9	8	7	6	5	4	3	2

1 なにはなくとも資金計画を立てよう

1 予算が決まってから家を見に行く

真っ先に土地や家を見に行かない

家を建てる、あるいは購入するうえで最も大切なことは、予算を決めることです。当然といえば当然ですが、実際に予算をきちんと決めてから家を買う人はほとんどいません。洋服などの買い物では予算を立てるのに、年収の何倍にもあたる住宅の購入でそうしないのはなぜでしょうか。おそらく、**どういう計算をすればよいかが分からないから**でしょう。

「土地や建物がまだ決まっていないうちから、適切な判断などできるはずがない」と思うかもしれません。だからといって、予算の見当をつけるべく住宅展示場に出掛けたり、不動産会社に出向いたりすると、そこから歯車が狂い始めます。素敵な住宅を目にすれば、多少値が張ってもつい購入したくなるものです。そこへ現れた営業担当者。きっと彼（彼女）は、あなたの年収を聞いて、「お客様なら十分に買えるお値段です」と言うでしょう。

それを真に受けてあれこれ夢ばかり膨らませていくと、いつの間にやら、自ら予算アップに加担しているという事態になりかねません。気づけば身の丈を超えた住宅ローンを組んでいる――というわけです。

絶対的な予算を決めて死守する

こうした失敗を防ぐには、しっかりとした予算を立て終わるまで、土地や建物を見に行かないことです。そして、一度予算を決めたら、必ずその金額を守ることです。筆者はこれを「絶対予算」と呼んでいます。さらに注文住宅の場合は、絶対予算のなかから土地・建物の配分も考えなければなりません。たとえ魅力的な土地があっても、予算配分が崩れそうならあきらめます。建物のコストを削ればよさそうですが、現実にはやはり建物にもお金をかけたくなるものです。**絶対予算を守れば、住宅ローンのトラブルの8割は回避できます。**

「絶対予算」を決めてから、土地・建物を検討する

家を買いたくなったら、まずは住宅購入にあてられる予算を決めることです。土地代も建物代も各種諸費用もそのなかからすべてまかないます。絶対予算を 3,000 万円と決めたら、それ以上お金を使ってはいけません。

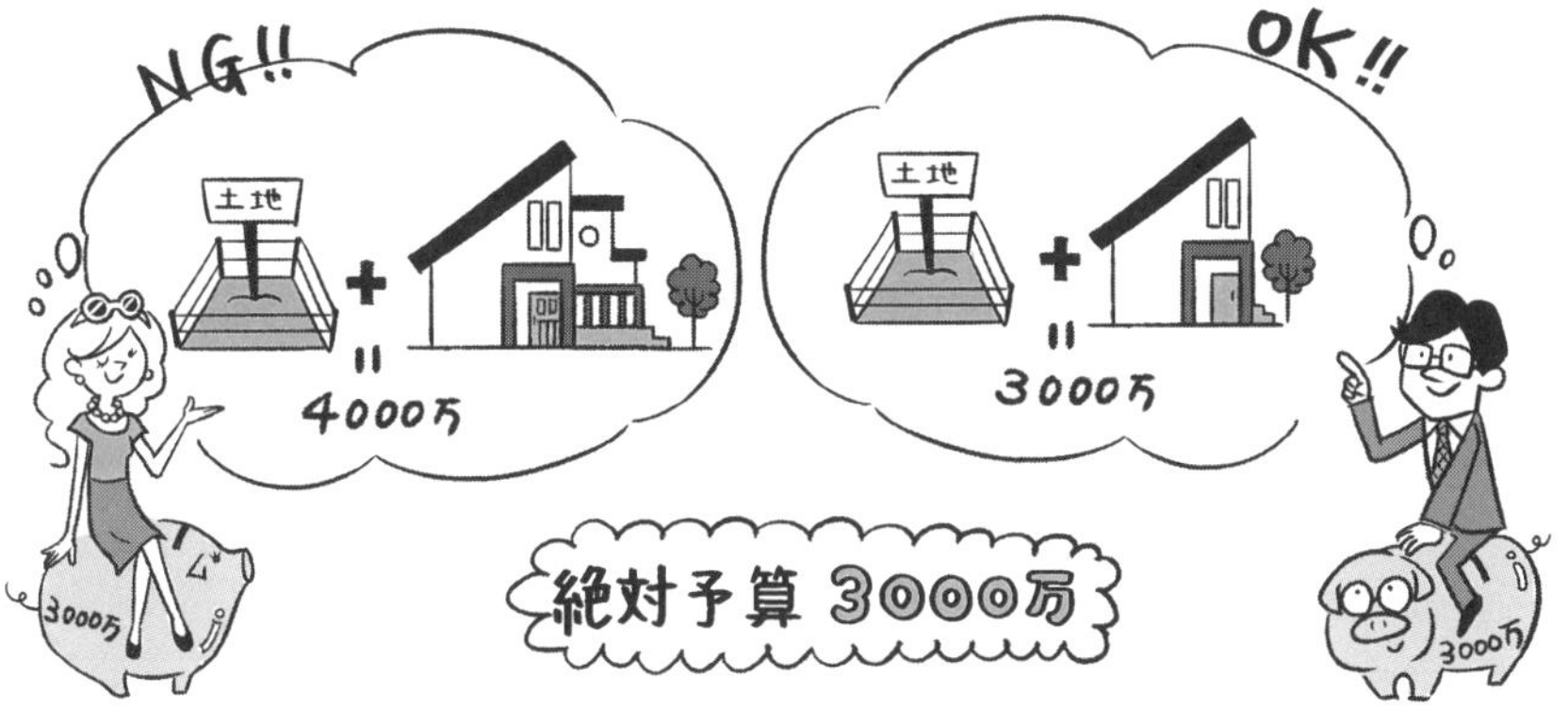

ローンに追われるも、人生を謳歌するも、あなたの予算組み次第

下の４つのイラストは、住宅購入にあてる予算のイメージです。「家にいくら払おうが個人の自由」といわれればそれまでですが、基本はローンの返済が無理なく行え、毎日の生活をしっかり楽しめるお金の配分を考えることです。

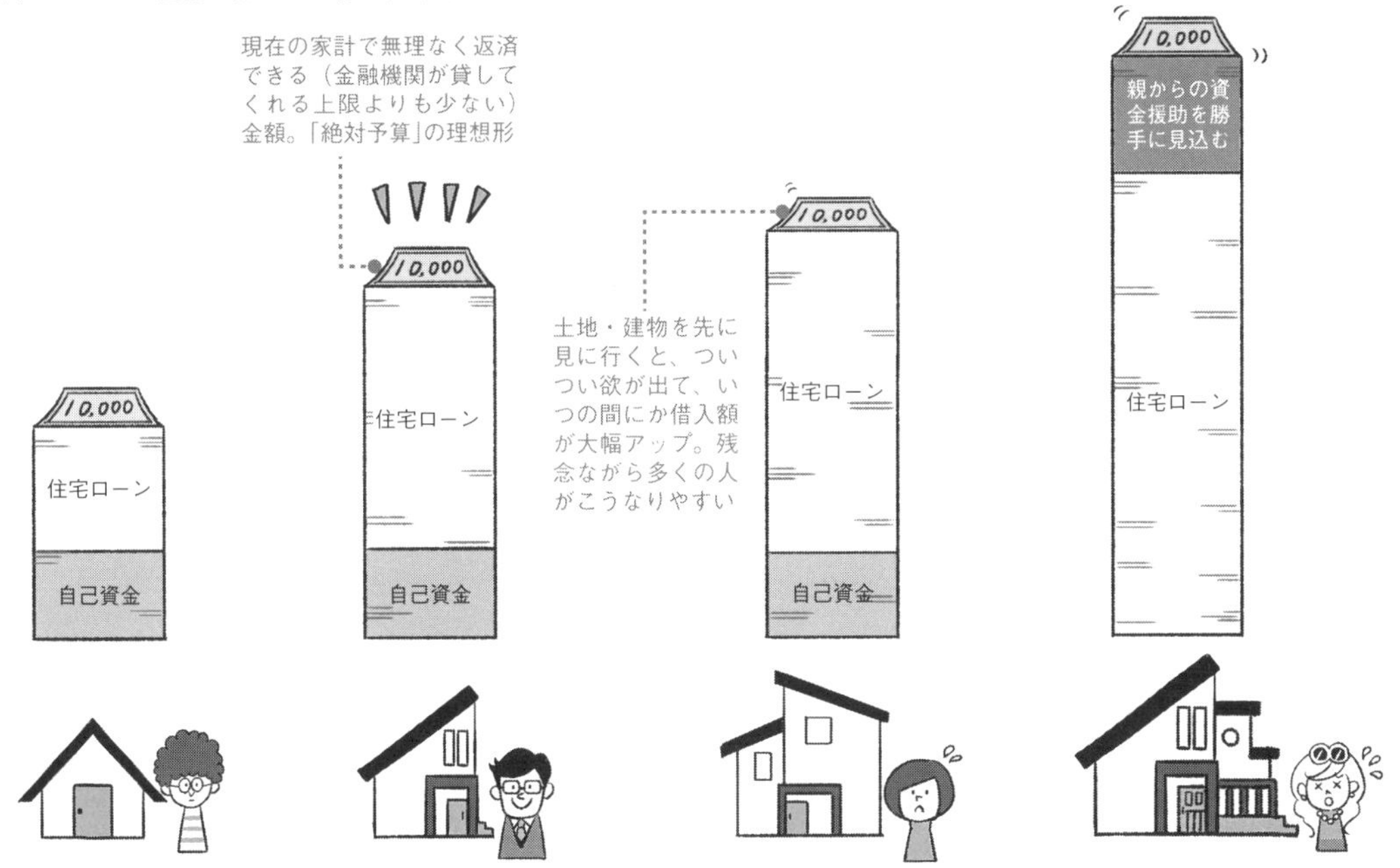

ローン返済は余裕だが家はそれなり（安普請）の予算組み

ローン返済と上手に付き合いながら、生活にゆとりがある予算組み

生活カツカツ！住宅ローンに追われる人生となりやすい予算組み

住宅ローンのために人生を棒にふるかもしれない予算組み

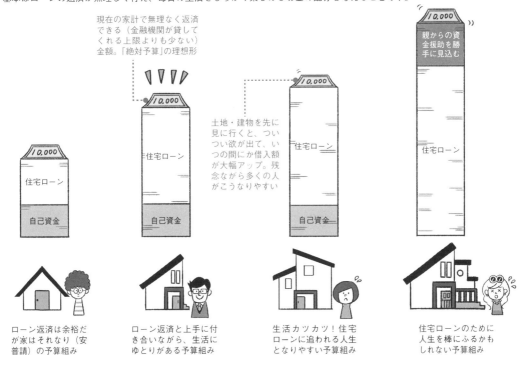

1 なにはなくとも資金計画を立てよう

2 住宅購入にかかる総額を知る

「その他の費用」を忘れがち

たとえば2500万円の住宅を購入したいと思っても、現実には2500万円では買えません。おそらく最終的に3000万円近い金額が必要になるでしょう。

住宅の購入にあたっては、建物の「本体工事費」以外に、「別途工事費」や、手続きに必要な「諸費用」までみておく必要があります。建売住宅や分譲マンションであれば販売価格とその他の費用が詳細に分かりますが、注文住宅の場合は工事内容や建物のグレード、仮住まいの要不要などから、別途工事費や諸費用に大きな差が出るため概算も難しくなります。だからこそ、**「総額ではいくらになるのか」を先に確認しなければなりません。**施工会社などに、「諸費用の明細は契約時にお出しします」といわれたら、「見積りの段階でお願いします」と返してください。契約の場で予算オーバーが発覚すれば、綿密な資金計画も一気に破綻してしまいます。

別途工事費や諸費用は最大25%も膨張する

「本体工事費」とは、基礎、屋根・外壁、建具、内装など建物本体をつくる工事にかかわる費用のことです。

「別途工事費」とは、地盤の改良、給排水や電気の引き込み工事、外構工事などのことで、通常これらは本体工事費には含まれず、別扱いとなります。設計を設計事務所に依頼する場合は、さらに「設計料」も必要になります。そして「諸費用」とは、契約の手続きや登記などにかかる費用、税金、保証料、団体信用生命保険料、火災保険料などのことで、地鎮祭や上棟式の費用、引越し費用もこれに含まれます。その目安として、住宅雑誌などには「建物費用の5%」と書いてありますが、これはおそらくマンションの場合。**戸建住宅なら諸費用は6%、なかでも注文住宅は10%程度と考えておく**必要があります。「絶対予算」の内訳でいえば、本体工事費は75%、残りの25%はそれ以外の費用というイメージです。

「建物代」と「土地代」のほかにかかる費用

諸費用や別途工事費の概算は専門家でもなかなか難しいものです。土地なら不動産会社、建設関連なら設計・施工の依頼先、融資関連なら金融機関に確認して、それぞれの費用をできるだけ正確に把握します。

数百万～数千万円に対する消費税だけに金額も大きくなる

見積書のなかにすでに合算されていることもある

ひどい軟弱地盤なら工事費が高額になる

○：必ず対象となる
△：取引条件次第で対象となる

対象	内容(金額の目安)	注文住宅	建売住宅 分譲マンション	中古住宅 中古マンション
土地関連	仲介報酬(土地代の10%ほど)	△	△	△
	固定資産税・都市計画税の清算金	△	△	○
建築関連	工事請負契約の消費税	○	○	△
	設計料(工事費の5～15%)	△	―	△
	地盤改良費用(数十万～数百万)	△	―	―
	水道・電気・ガスなどの引込み費用(～60万円)	△	―	△
	外構工事費用	○	△	△
	追加工事費用	△	△	△
	検査費用	○	△	△
融資関連	融資事務手数料/保証料[150頁参照]	○	△	△
	つなぎ融資費用[23、150頁参照]	△	―	△
	火災保険料/地震保険料/家財保険料[150頁参照]	△	○	○
	登記関係費用[150頁参照]	○	○	○
その他	引越し費用	○	○	○
	仮住まい費用	△	―	―
	家電製品・家具などの購入費用	△	○	○

住宅性能表示制度など、任意の検査・評価制度を利用する場合にかかる

建替えの場合はここがかさむ

火災保険は必須、地震保険・家財保険は任意

住宅ローンの融資がおりるまでに発生する支払いをまかなうための融資。着工金・中間金などの支払いのタイミングで、その都度手数料もかかる

絶対予算の配分

諸費用を考慮すると、建物にかけられるお金は相当少なくなります。しかしこれ抜きで予算を組んでしまうと、あとで資金計画がショートするおそれがありますのでご注意ください。

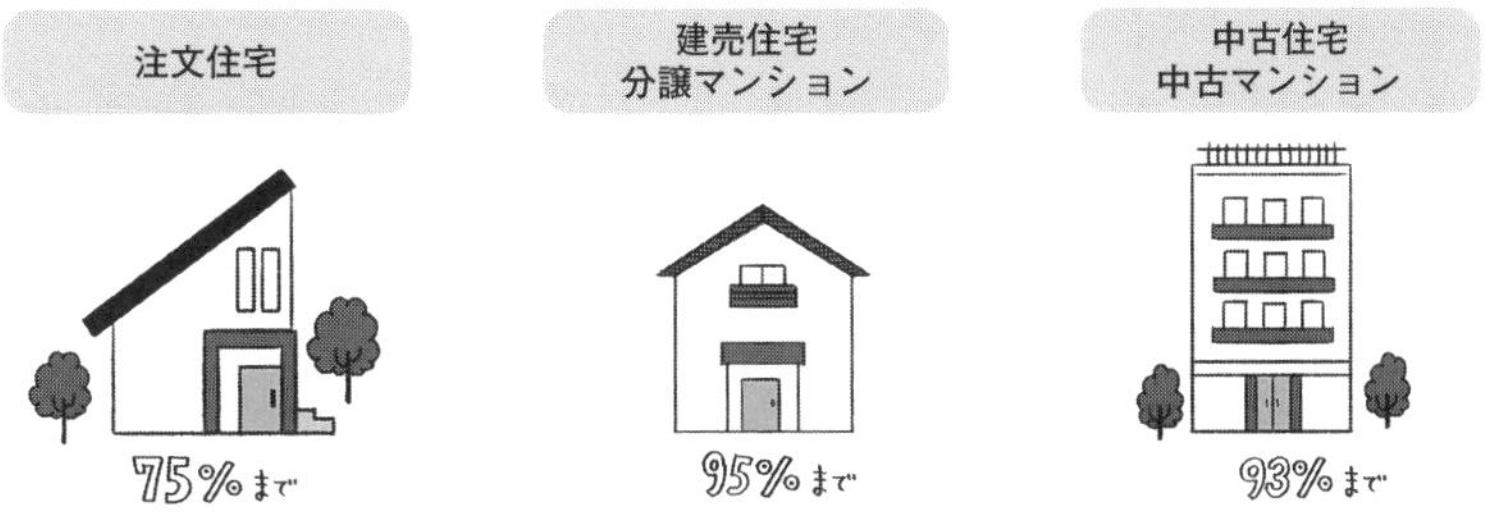

絶対予算が3,000万円なら、建物にかけられる金額は…

注文住宅	建売住宅・分譲マンション	中古住宅・中古マンション
～2,250万円[※]	～2,850万円	～2,790万円

※：土地費用も含む

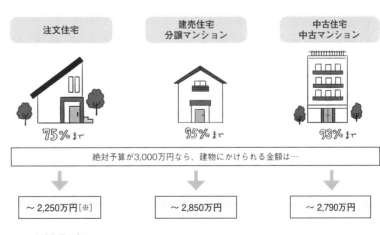

1 なにはなくとも資金計画を立てよう

3 いつ、誰に、いくら支払うのか

支払いは1回では終わらない

家づくりにはさまざまな種類のお金がかかります［58頁参照］。しかも、それらの支払いが1回で終わることはまずありません。手続きや契約を行う先々で手数料が発生し、請求元も個々に分かれてきます。支払いのタイミングと具体的な金額を正確に把握しておかなければ、思わぬところで慌てることになりかねません。

支払いのスケジュールは、建売住宅・分譲マンションと注文住宅では若干異なります。建売住宅や分譲マンションの支払いは、一般的には手付金と売買契約後に本体価格を支払うときの2回です。対する注文住宅の場合は、「工事請負契約」のなかで取り決めた回数分、請求が発生してきます。着工時に「着工金」、工事途中に「中間金」、引渡し時に「残金」を支払うのが一般的です。土地を購入する場合は、土地の売主に対する支払いも発生します。

このように、住宅関連の支払いは、「資金繰り」が重要なポイントです。支払うべきタイミングに合わせ、必要な現金が手元になければ、それはお金を用意できていないのと同じことです。

見積りの中身をしっかり確認

家づくりの計画が具体化してくると、工務店やハウスメーカーから提出される「見積り」の確認も重要になります。見積りの段階では予算内に収まっていたのに、いざ工事が始まってみると想定外の費用がかかることが発覚した、という類いのトラブルを防ぐためです。見積りが提出されたら、あとから追加の支払いが必要にならないよう、あらゆる項目に目を配ってください。見積り内に含まれる費用・含まれない費用は、会社によって異なります。外構（門や庭など）の工事費用や細かい諸費用などが見落としやすいポイントです。

必要な支払い額とタイミングは建物ごとに違う

「絶対予算」を3,000万円としたとき、建物ごとに、どんな支払いがどのタイミングで発生するかを時系列で整理しました。

注文住宅

手持ち資金か、つなぎ融資でまかなう

土地の売主へ
土地代：920万円
諸費用は別途：80万円

手持ち資金か、つなぎ融資でまかなう

建設会社へ
着工金：550万円
諸費用は別途：7万円

手持ち資金か、つなぎ融資でまかなう

建設会社へ
中間金：550万円
諸費用は別途：6万円

住宅ローンがおりる

建設会社へ
建設残金：760万円
諸費用は別途：127万円

建売住宅　分譲マンション

手持ち資金でまかなう

販売会社へ
手付金：100万円

住宅ローンがおりる

販売会社へ
残金：2,750万円
諸費用は別途：150万円

中古物件（購入後リフォーム）

手持ち資金でまかなう

不動産会社へ
手付金：50万円

住宅ローンがおりる

不動産会社へ
購入代金：1,762万円
諸費用は別途：120万円

リフォームローンがおりる

建設会社へ
リフォーム代金：1,150万円
諸費用は別途：58万円

1 なにはなくとも資金計画を立てよう

4 住宅を購入したあとの計画も立てておく

返済しながら人生を楽しむ資金計画

「絶対予算」をはじめとする住宅購入全体の資金計画は、住宅ローンを返済し終わるまでの長いスパンで考えておく必要があります。住宅ローンの借入れは、住宅を購入してからローンの返済が完全に終わるまでの数十年間、その間の人生を安定的に過ごせなくては、上手に計画できたとはいえません。ローン返済のために極端な節約生活を強いられたり、老後の貯えに不安を残したりする返済プランはナンセンスです。人生を楽しめない予算組みにならないよう、ご注意ください。

そのために必要なのは、現時点での「毎月の生活費」を確認したうえで、ローンの安定的な返済を脅かすかもしれない「将来の大きな支出」を予測しておくことです。たとえば、子供の教育費や老後の生活資金は、それらが必要になるその日までしっかり貯蓄できるよう、毎月の支出分に積立金を計上しておかなければなりません。もちろん、趣味、旅行、イベントなど、生活に潤いをもたらす費用も確保しておきます。

毎月返済額が家賃並みだと少々キツい

「毎月の返済額が現在の家賃並みなら、家を買ったほうがお得」というフレーズをよく目にします。しかし、これはまったくの誤りです。問題がないのは住宅購入後、たった数カ月間だけの話。持ち家は賃貸住宅とは異なり、毎年、固定資産税が発生します。また、マンションなら毎月、管理費や修繕積立金が預金口座から引き落とされます。戸建住宅は修繕積立金がない代わりに、外壁を塗り替えたり、古くなった設備を取り替えたりするためのお金を自分で用意しなければなりません。その額は、15年サイクルで100～200万円。これらの金額を毎月の家計から安心して差し引くためには、月々の返済額が現在の家賃と同じでは難しくなるのです。

資金計画に影響を与える将来の支出予測

数十年という長い返済期間の間には、家計にもさまざまな変化が起こります。将来どれだけのお金がいつ必要になるかという予測をしておかなければなりません。

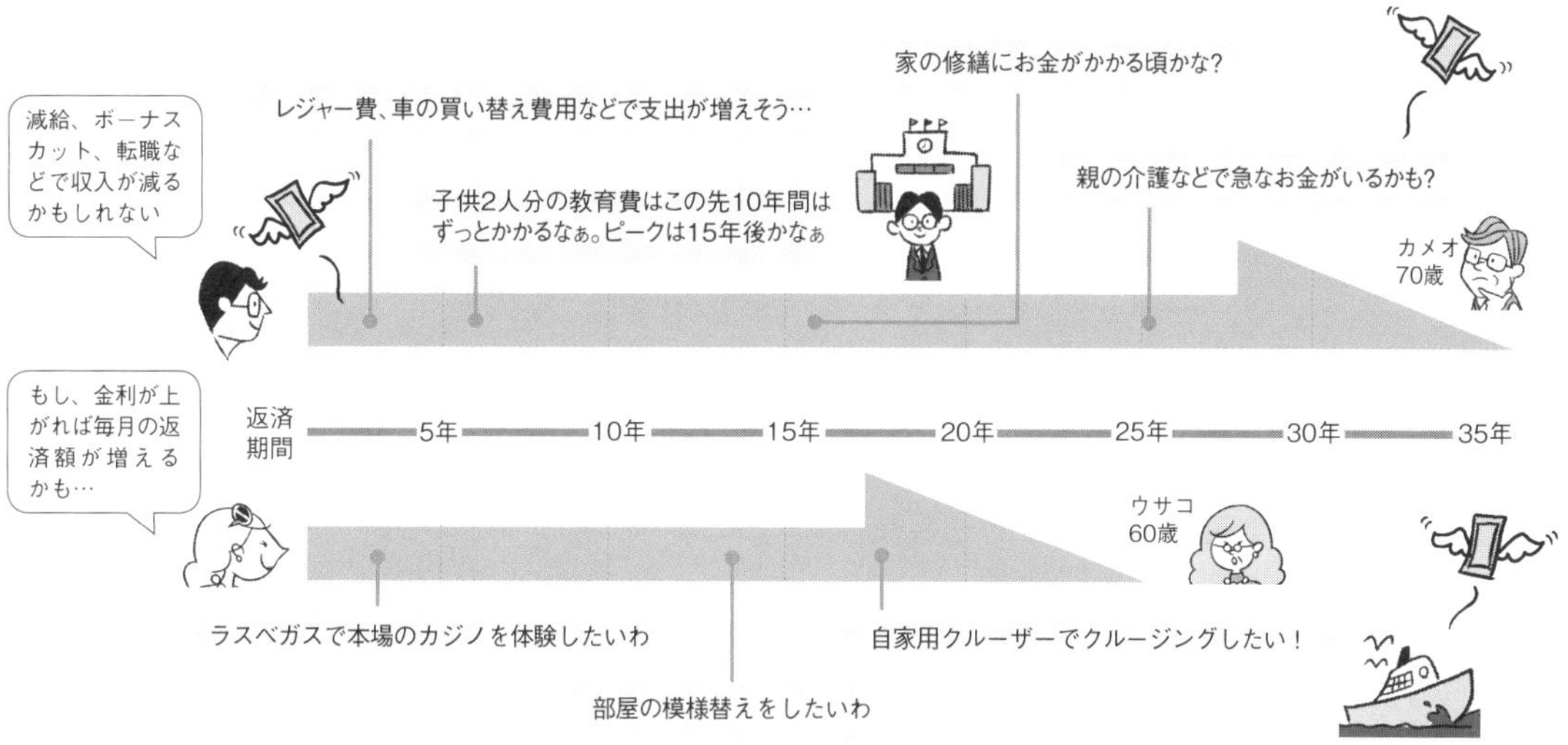

家賃並みの返済額は失敗の元

持ち家には固定資産税などの税金や、修繕のための積立金がかかります。毎月の返済額を家賃と同程度に設定していると、何かをあきらめざるを得ない状況に追い込まれます。

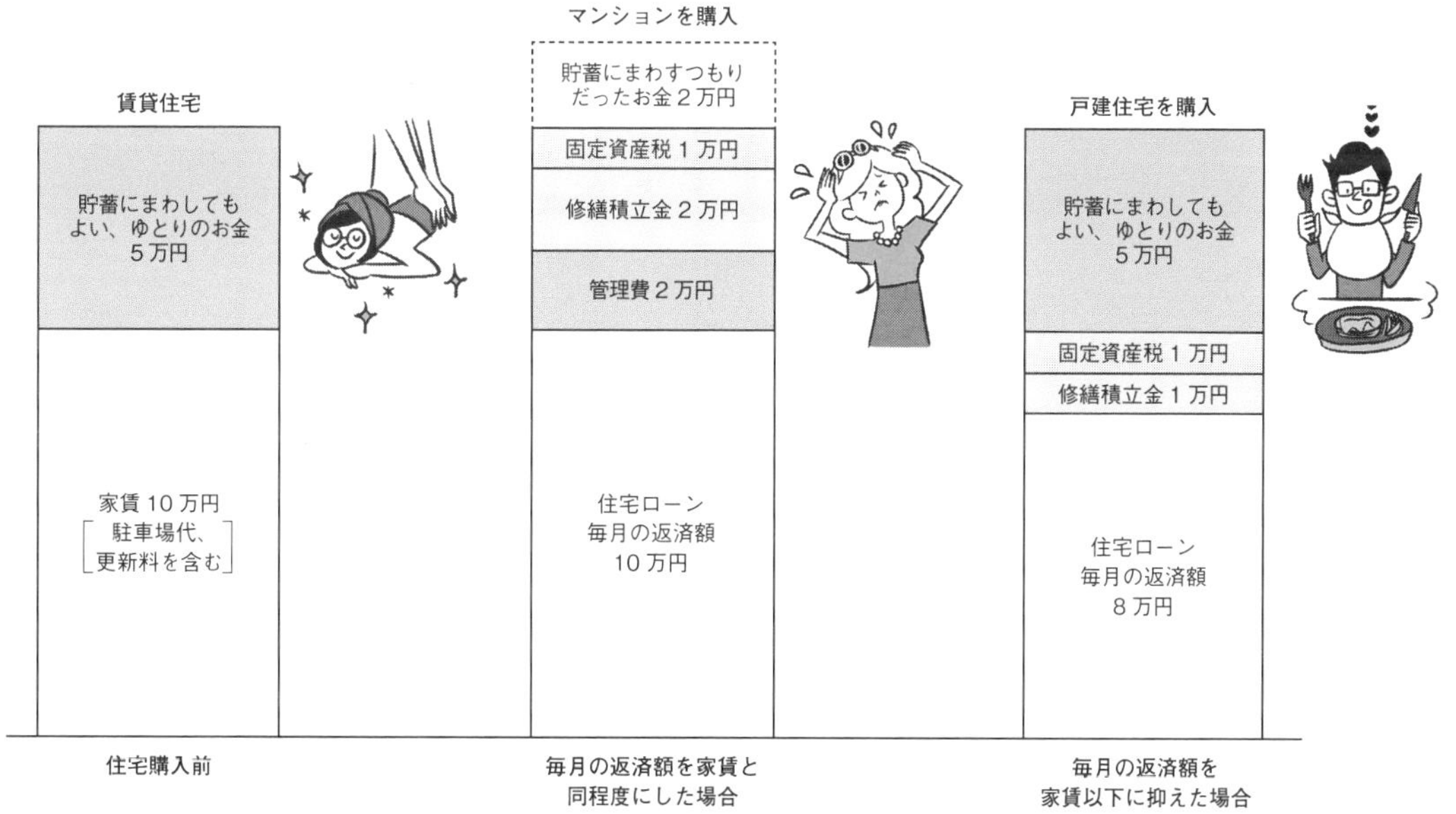

2 頭金を決めましょう

1 「頭金」の意味を理解する

「頭金に全体の20～30％必要」は昔の話

頭金とは住宅の購入にかかる費用のうち、**住宅ローン以外でまかなう「借りないお金」のこと**です。多くの人は、その金額を現時点での貯蓄額などから決めているようですが、事はそう単純ではありません。頭金の金額には次の2点が深く関わってきます。

①手元にいくら現金を残すか――「頭金は物件価格の20～30％が妥当」と解説している本がありますが、これは住宅ローンが普及し始めた頃の前時代的な原則です。現在は、ほとんどの商品が頭金ゼロでも借りられるように改定されています。自分の貯金から20～30％もまかなうと、万一の備えが不十分になるリスクがあります。手元にはできるだけ現金を残し、将来の支出に備えたほうが賢明でしょう。預貯金を目一杯はたくような頭金の設定には要注意です。

②住宅ローンの融資条件がどうなっているか――住宅ローンの各商品には、住宅購入費の何割までを融資するかという規定があります。土地・建物の合計額の7～9割、あるいは10割など、住宅ローンごとに条件が異なりますので事前にご確認ください。

売却を考えているなら、頭金は多めに

頭金の設定は、「将来、その家を売るかどうか」によっても考え方が変わります。将来的に売却を視野に入れているなら、頭金はある程度多めにしておくのがベターです。住宅の市場価格は、竣工後、日を追って下がります。しかも、その影響は単なる損得勘定に留まりません。**物件の売買価格が住宅ローンの借入残高を下回ると、その土地・建物に抵当権を設定している金融機関が売却に応じてくれなくなるのです**。借入残高を減らし、売却できる自由を確保するためには、値下がり幅まで考慮して、頭金の割合は40％程度まで上げておきたいところです。

頭金の割合は各家庭の事情に合わせて

A さん：この先 1 ～ 2 年は教育費がたくさん必要になりそうなので、頭金を少なめに設定。第一希望の銀行では貸出条件に満たなかったが、2 行目で無事借りられた

B さん：頭金 20％で申し込みをしたら「中古物件で担保価値が低いから無理」と断られ、頭金を 40％まで増額。これで審査をクリア

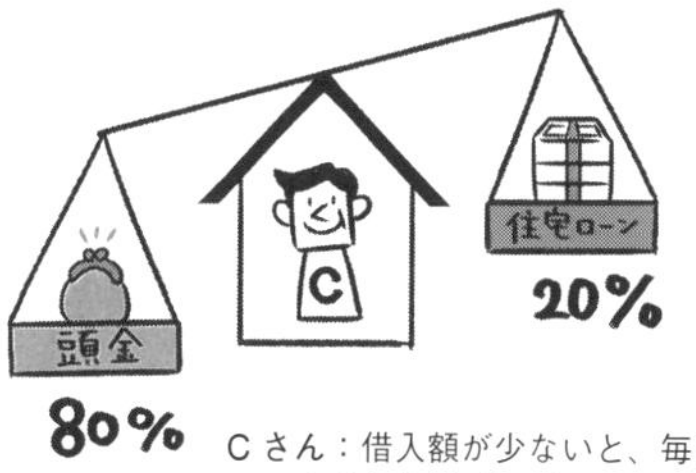

C さん：借入額が少ないと、毎月の返済が軽い。ただし貯蓄がほぼないので、入院などで急な出費がないことを祈る毎日

20 年後の売却から逆算する「必要な頭金」

以下は頭金の割合に応じた 20 年後の借入残高です。金利や物件の状態もあるので一概にはいえませんが、物件価格の下落はある程度見込んでおかなければなりません。

戸建住宅の場合

購入時：建物 1,800万円
土地 900万円
諸費用 300万円

頭金の割合	当初の借入額	20年後のローン残高
0%	2,700 万円	1,389 万円
10%	2,430 万円	1,250 万円
20%	2,160 万円	1,111 万円
30%	1,890 万円	972 万円
40%	1,620 万円	833 万円
50%	1,350 万円	694 万円

戸建て物件は建物の資産価値が激減し、土地のみの価格と同程度になる可能性大（売却価格約900万円）。ローン残高とのバランスを考えると30％以上の頭金は準備しておいたほうがよさそう

マンションの場合

購入時：建物 2,850万円
諸費用 150万円

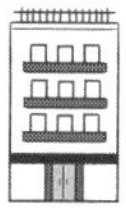

頭金の割合	当初の借入額	20年後のローン残高
0%	2,850 万円	1,467 万円
10%	2,565 万円	1,320 万円
20%	2,280 万円	1,173 万円
30%	1,995 万円	1,026 万円
40%	1,710 万円	880 万円
50%	1,425 万円	733 万円

マンションの資産価値は一度でも住めば購入時より2～3割下がり、20年後は約3分の1に（売却価格約950万円）。30％以上の頭金は準備しておいたほうがよさそう

中古住宅の場合

購入時：土地・建物 2,300万円
リフォーム代 500万円
諸費用 200万円

頭金の割合	当初の借入額	20年後のローン残高
0%	2,800 万円	1,441 万円
10%	2,520 万円	1,297 万円
20%	2,240 万円	1,153 万円
30%	1,960 万円	1,008 万円
40%	1,680 万円	864 万円
50%	1,400 万円	720 万円

中古物件は新築とは異なり予想外の減額は少ない。リフォーム費用と合算して、仮に半分程度の売却予定額を見込んだとしても（売却価格約1,400万円）、頭金は10％で十分

【条件】返済期間は 35 年、金利は 2％とする

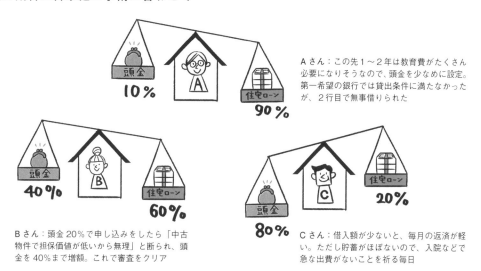

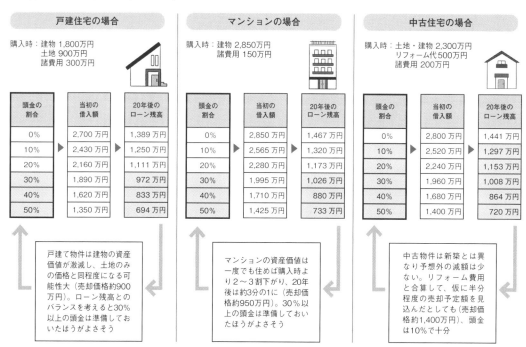

2 頭金を決めましょう

2 資産の全貌を把握する

すべての保有資産を洗い出してみる

現在、あなたの家庭にはどれだけの資産があるでしょうか？「資産」と聞くと、お金持ち相手の話のように思われるかもしれませんが、要するに**「どれだけお金を持っているか」ということ**です。即答できる人はまずいないでしょう。自分は答えられるという人、「だいたい〇万円くらい」ではいけません。頭金を決める際の「資産」は、正確に把握しなければ意味がないのです。

まずは、タンス預金から証券まで、現在保有している金目のものをリストアップし、種類別に1円単位で書き出してみましょう。給与振込みや生活費などを頻繁に出し入れする口座は大丈夫でしょうが、定期預金や自動積立預金の残高は意外と知らないものです。株式や投資信託、外貨預金などは、現時点でいくらに換金できるかを確認します。この作業を行うことで、頭金を検討するベースが出来上がります。へそくりや結婚前の貯蓄など、秘密の預金口座もあとから役立つときがくるかもしれません。一応確認だけはしておきましょう。

どの口座から、いくら現金化できるか

資産のリストができたら、次に金融商品の性質を考えながら住宅購入費に使えるものを選んでいきます。普通預金は必要額をいつでも下ろせますが、定期預金は一定期間払い戻しをしないことを条件に金利が高く設定されている預金なので、満期前に解約すると手数料を要求される場合があります。それでも引き出すか、やっぱりそのままにしておくか、思案のしどころです。株式や投資信託も、「あと〇年は様子見しよう」「損が出てもいいから現金化しよう」と、銘柄ごとに選択していきます。

資産の把握は、家計を見直す絶好の機会です。ローンの返済をする数十年間、家計をいかに安定させるかを念頭に置いて頭金への配分を検討しましょう。

現金、預貯金、保険 ･･･ 保有する資産を調べる

自分がどれほどの資産を保有しているか、実際には分からない人がほとんどです。資産総額が分かれば、住宅購入以外に配分する資産の見通しもよくなります。

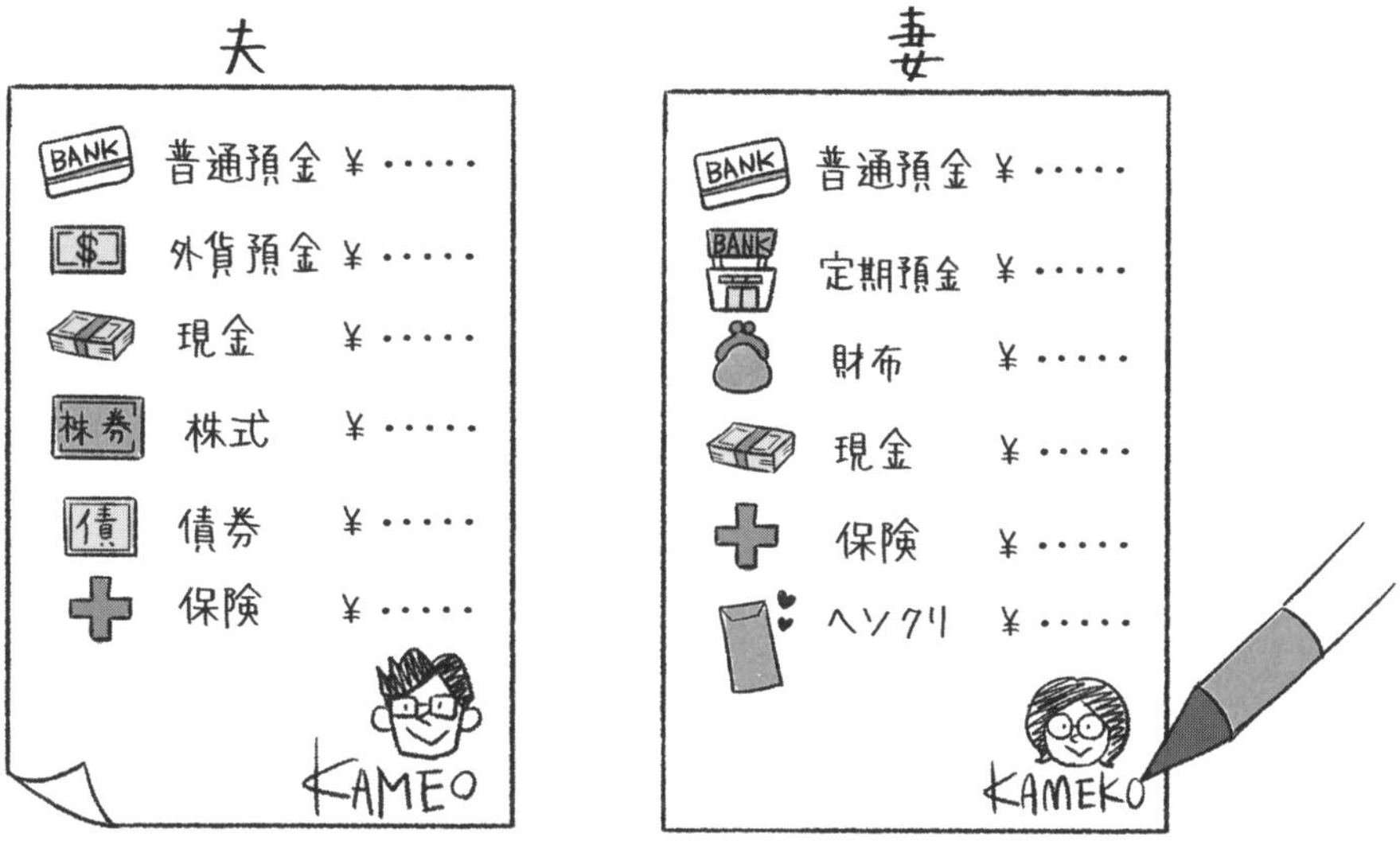

金融商品の性質と現金化すべきタイミング

金融商品の種類		頭金に入れられるかどうか検討するポイント
預貯金	普通預金	いつでも出し入れできる
	定期預金	原則、満期にならないと出し入れできない
	外貨預金	普通預金・定期預金と同じ。ただし、外国為替の影響を受ける
債券	日本国債	途中売却は損失が出る可能性あり。満期保有は元本保証
	その他	途中売却による損失の可能性と、発行体の信用力による損失リスクあり
投資信託	債券型	途中売却は損失が出る可能性があるのでタイミング次第
	バランス型	
	株式型	
株式	国内の株式	損失が出る可能性があるのでタイミング次第
保険	個人年金	取り崩すべきではない
	学資保険	取り崩すべきではない
	生命保険	住宅ローン借入れ時に入る団体信用生命保険で代用できるか検討の余地あり
	医療保険	取り崩すべきではない

↑ 現金化しやすい

3 手元には○万円残しておこう

住宅購入に使わないお金は？

資産の全貌を把握したら、次に、そこから住宅購入費にあてられる金額（頭金）を考えていきます。逆にいえば、**手元に残しておく金額を短期的、長期的視点から検討していく**わけです。短期的な視点から、手元に残しておくべきお金の種類と金額は次の2つです。

①いざというときのために備える費用――病気やケガなどで収入が減少する場合や、解雇・倒産などで一時的に収入が断たれる局面に備えるお金です。サラリーマンであれば生活費の6カ月分、自営業者であれば12～24カ月分が一つの目安です。

②この先1年間にかかる一時的な費用――車検代や入学金など、生活費以外で一時的に支払いが必要な費用です。住宅購入時は、引越し代や新しい家電の購入費などが予想以上にかかります。50万～150万円程度は覚悟しておきましょう。

将来の家計から考える「毎月残すべき金額」

長期的視点から検討すべきは、人生の三大支出といわれる住居費・教育費・老後資金への備えです。教育費と老後資金については、住宅ローンの返済と同時進行で毎月少しずつ積み立てていかなければなりません。

①教育費――高校までは公立、大学は一般的な私立の場合、1人あたりの目安は約2000万円（複数の習い事や塾、下宿代などは別）です。大学の準備資金に的を絞り、ひとまず500万円をめどにします。それから、大学卒業までに必要となる金額を積み立てていきます。

②老後資金――理想とされる退職時点の純資産3000万円は無理としても、せめてその半分は目指したいところです。**現在の年齢が35歳、定年を65歳とすると、毎月4万2000円の積み立てが必要です。**負担に感じる人は、頭金の額を抑えて貯蓄を増やしたり、運用するなどの対策を取らなければなりません。

毎月の生活費が 25 万円なら、手元にはいくら残しておけばよいか

まずは「毎月の生活費にいくらかかっているか？」を把握しなければなりません。ここでは 1 カ月 25 万円と設定しました。今後 1 年間にかかる大きな出費を仮に 90 万円と見積もると、合計 240 万円が必要になります。

いざというときのための生活費のストックは？

- 家賃
- 食費
- 水道光熱費
- 通信費
- 医療費
- 趣味費
- 交際費
- 被服美容代

etc……

×6カ月

トータル 150万円

＋

この先 1 年で必要になる一時的な費用

- 引越し代
- 家電購入費
- 家具購入費
- 車検代
- 入学金

etc……

トータル 約90万円

＝ **240万円**

住宅購入後の返済計画や教育費・老後の備えを考慮する

家族のパターン別でシミュレートしてみました。子供の教育費は人数と教育方針により大きく異なりますが、基本は子供 1 人あたり毎月2万5,000円の積み立てで計算しています。医科歯科系への進学や留学・下宿を見込む場合はもっと多めに設定しましょう。

パターン1 「夫婦＋子供2人」の場合

条件
- 家族構成：夫（35）＋妻（35）＋子供 2 人
- 年収 500万円
- 預金残高 500万円
- 毎月の生活費 25万円

頭金にあてずに残すべき金額

- いざというときの費用
  25万円×6カ月＝150万円
- この先1年で必要になる一時的な費用
  50万円

家を買うまで出費を抑えるぞ！

▶ **合計200万円は手元に残しておこう**

今後の家計を考えて毎月貯めておくべき金額

- 教育費の準備
  2万5000円×2人＝5万円
- 老後資金の積み立て
  3万円

▶ **合計8万円を毎月積み立てていこう**

パターン2 「ひとり」の場合

条件
- 家族構成：本人（35）
- 年収 650万円
- 預金残高 400万円
- 毎月の生活費 20万円

頭金にあてずに残すべき金額

- いざというときの費用
  20万円×6カ月＝120万円
- この先1年で必要になる一時的な費用
  120万円

家具を新調したいから多めに

▶ **合計240万円は手元に残しておこう**

今後の家計を考えて毎月貯めておくべき金額

- 老後資金の積み立て
  6万円

優雅に暮らしたいから多めに

▶ **合計6万円を毎月積み立てていこう**

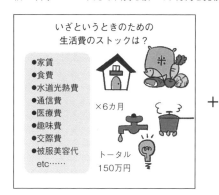

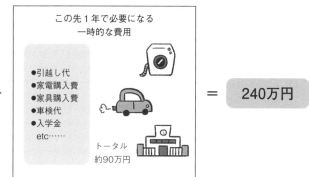

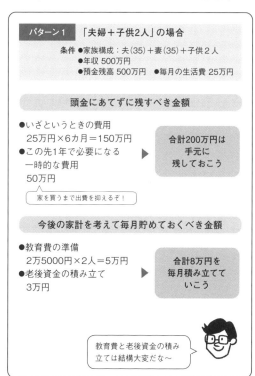

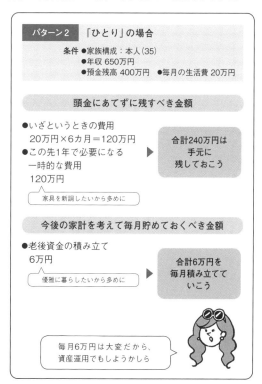

2 頭金を決めましょう

4 予算不足なら、がんばって増やすか計画を縮小

家計をもう一度見直す → 親の協力を仰ぐ

資産を把握し、手元に残す金額を確保したところで、「頭金として用意したい金額が絶対的に足りない」と判明した場合はどうしたらよいのでしょうか。

まずは「いまは使わないでおこう」と、いったんは残しておいた金融資産を取り崩し、そこから補填ができないかを検討します。定期預金を解約したり、投資性のある金融商品を売って現金化するというやり方です。

それでも足りない場合は、親御さんに相談して資金を援助してもらえないか尋ねてみます。運よく援助してもらえることになったら、手続きをきちんと踏んだうえでお金を受け取ってください。資金援助の際は贈与税のことが気になりますが、**現在は一定額まで非課税になる優遇制度があります**〔142頁参照〕。とはいえ、最初から親の援助をあてにして立てる資金計画はあまりお勧めできません。

無理のない計画にリサイズする

資金援助が無理な場合は、住宅購入の計画そのものを見直す必要があります。現在用意できる頭金に見合った予算に組み直すためには、次の3つのポイントを再考します。

①建物のグレード――広さ、工法、材料、設備などを見直してコストが下がらないかを検討します。

②土地の予算――駅からちょっと遠い地域も検討するなど、目当ての土地以外に対象エリアを広げます。

③新築から中古への方向転換――新築へのこだわりを捨てます。中古住宅を購入してリフォームすることで望んでいた住環境が手に入ることがあります。

計画変更には勇気がいりますが、**無理のある予算を組んで返済に苦労するような人生は、誰も望んでいないはずです**。身の丈に合った、これからの数十年が豊かに暮らせるような計画を考えましょう。

「どうしてもお金が足りない」というときの思考フロー

頭金を考えると、家づくりにかけられるお金の全体像が見えてきます。足りないときは資金計画が安定するように、家計や建物の計画を調整していきます。

資産を見直す
- 当初は予算に入れていなかった金融商品を現金化する

別の場所からもってくる
- 親に資金を援助してもらう
  - もらう
  - 借りる

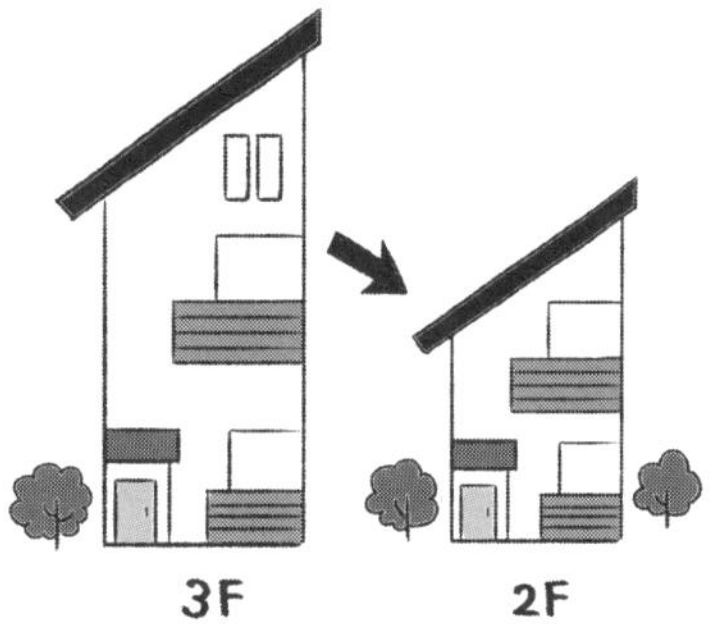

予算を増やすのに限界があったら…

計画を縮小する
- 建物のグレードを下げる
- 土地の費用を下げる
- 中古物件も検討する

そもそも、こんな人は家を買わないほうがよい

以下の２点は予算不足以前の問題。無理をすると地獄が待っています。今はあきらめてじっくりお金を貯めましょう。

現在の資産がゼロ、またはマイナス

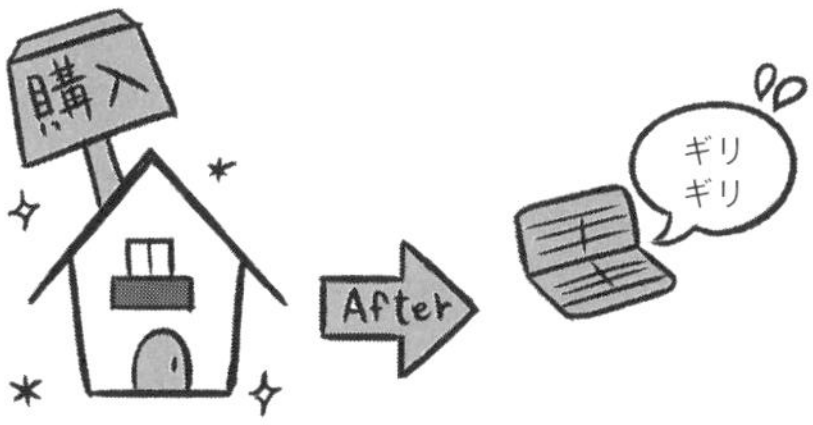

住宅購入後の家計の収支を相殺すると年収の5%未満しか残らない［40頁参照］。年収500万円の人が、毎月の家計で「自由に使えるお金」（貯蓄）が１年間に25万円を切る水準なら再考を

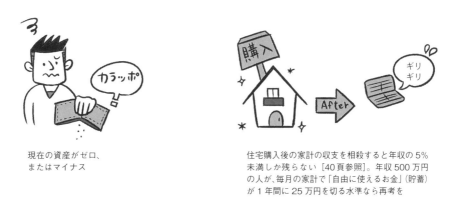

3 借入額は自分で決めます

1 借入可能額を満額で借りてはいけない

借入額を他人に決めさせない

住宅ローンとは、言い方を換えれば「大きな借金」です。借金の金額は、普通ならお金を借りる当人が決めるものですが、**住宅ローンに限っては他人に決めさせる人が少なくありません。**もちろん適切な金額であれば問題ありませんが、金融機関の担当者のなかには、あなたに十分な返済能力が備わっていることが分かると、若干多めに貸そうとする人もいます。

金融機関は、お金をたくさん貸せばそれだけ利益が大きくなります。あなたとは利益相反の立場です［16頁参照］。彼らの立てるプランが自分にとって適切なものかどうかは、多少疑ってかかる必要があります。

銀行は儲けるために必要以上のお金を貸す

「でも結局は、金融機関がいくら貸してくれるかで借入額が決まるのでは？」という人がいるかもしれません。確かに、自分が貸してほしいと考えている金額までは貸してくれない場合もあるでしょう。

しかし、その逆は前述の理由から危険です。住宅ローンは金融機関にとって非常に「安定した商品」で、住宅購入希望者はとても優良な融資先の一つです。優良な融資先にはたくさんお金を貸したい。これが金融機関の本音です。いくらまで貸してくれるかという「借入可能額」は、いわば金融機関が貸したいお金の上限。**あなたの資金計画から導き出される「必要額」とは何の関係もありません。**金融機関は、「この金額なら確実に返済できます」とは言ってくれません。いくら借りるかという主導権は自分がもっていなければならないのです。

ただ、借入額を検討するといっても、実際には何から手をつけてよいか分からないと思います。間違いのない借入れをするための考え方や知っておくべき情報を、次頁より順を追って解説していきましょう。

金融機関の儲けの仕組み

金融機関は公共性の高い一面をもちますが、基本的には一営利企業です。超低金利で預かったお金を桁違いの金利で運用する、そんなビジネスモデルで動いています。

預金者から運用資金をお預かりする

一方で、借入希望者に“高利で”貸し出す

金融機関が“お返し”するときの金利は0.04～0.2%

金融機関に“お返し”するときの金利は1～4%

金融機関にとって、住宅ローンは手堅い商品

住宅ローンは金融機関が行う融資のなかでは、貸したお金が返ってこなくなる「信用リスク」が極端に低い商品です。現金と利息を“確実に”回収できる優良な商品なのです。

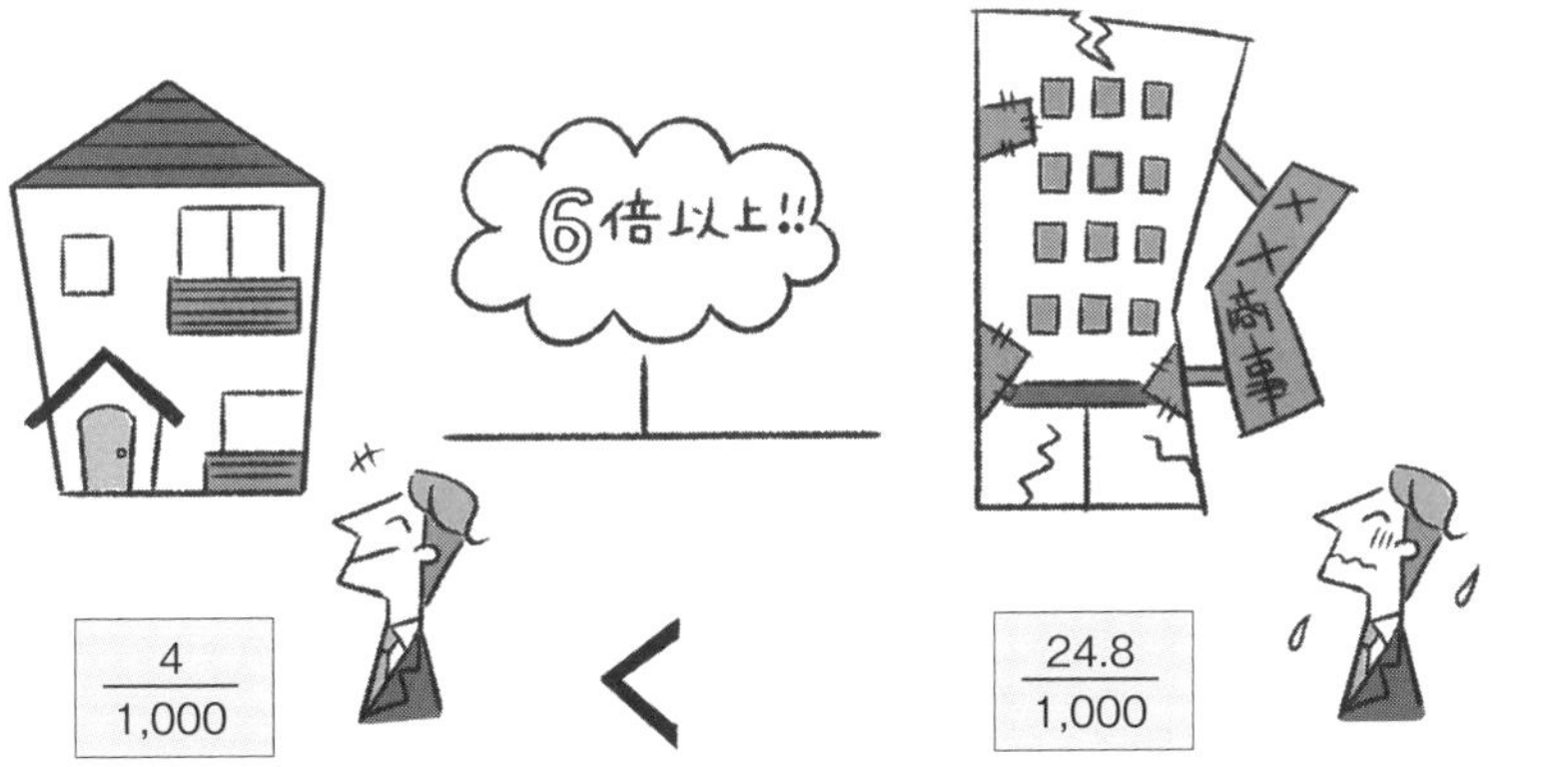

住宅ローンが返済不能に陥る確率

出典：日銀発表(2009年)

中小企業への貸付が返済不能に陥る確率

出典：RDB企業デフォルト率[2010年11月期]
(日本リスクデータ・バンク)

3 借入額は自分で決めます

2 毎月の返済額を決める

1カ月単位で考えると見えてくる

何千万円という借入額の数字を、いきなり決められる人はまずいません。身の丈を超えた住宅ローンを組んでしまう人が多いのは、借入れの金額が大きすぎて、数字に実感が湧かないからなのかもしれません。では、その借入額を「月々いくら」で分割するとどうでしょうか。毎月の返済額に落とし込んでみると、少しは冷静な判断ができるようになります。

安全な返済額の設定方法

毎月の返済額を考える際のポイントは、次の3つです。①返済額を家賃並みにしない〔62頁参照〕、②金融機関の店頭や「住宅ローンシミュレーター」で提示される「借入可能額」から逆算しない〔25頁参照〕、③「返済負担率」にしばられない。返済負担率とは、住宅ローンの年間返済額が年収全体に占める割合のことで、この値が小さいほど毎月の返済は安定していきます。ただし、返済負担率は目安の一つであって、絶対的な数値ではありません。たとえば年収500万円の人の年間返済額が100万円なら、返済負担率は20％という低い値になりますが、そのほかの支出額が多ければ毎月の返済は焦げつきます。本当に安定した返済計画は、収入だけでなく支出まで考慮した「収支」で見なければ分かりません。

まずは、現在住んでいる住宅の家賃や駐車場代、管理費などを合計して、毎月の住居関連費用を把握してみましょう。それから、毎月の貯蓄がいくら出来ているかを計算してみます。次に住宅購入後の家計を想像します。住宅取得と同時に発生する費用（修繕積立金、各種税金）に、教育費などの長期的な積み立て、さらに毎月「自由に使えるお金」（貯蓄）を月収の5％分確保したうえで、住宅購入前と後で、それぞれの費用を差し引きします。そこで出た金額が毎月の返済額の目安となります。

返済負担率は「目安の一つ」でしかない

返済負担率（返済比率）とは、借入金の返済額が収入全体の何割を占めているかを示す割合のことです。低いほど家計に余裕が生まれますが…

返済負担率から概算する毎月の返済額

返済負担率を35%（フラット35の上限）としたときの年間の合計返済額

500万円×35%＝175万円

175万円÷12カ月 ＝ 毎月の返済額 **14万5,833円**

今の家賃よりかなり高いので
明らかにしんどいなぁ

毎月の返済額は「収支」をベースに検討するのが正しい

毎月の家計から住宅関係の費用をリストアップしてみましょう。そこから将来への積立て分を考慮しながら差し引きすると、毎月の返済可能額が割り出されます。

家計から毎月「自由に使えるお金」を算出してみよう

「自由に使えるお金」の目安：収入（額面）の５％以上

カメオは年収500万円なので
1カ月あたりの「自由に使えるお金」は
500万円÷12カ月×５％＝２万833円

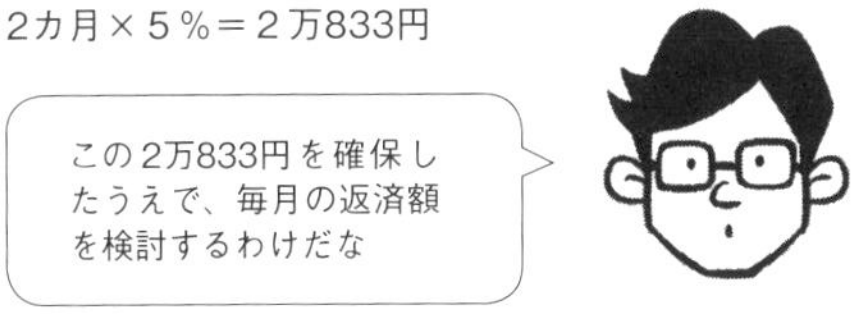
この2万833円を確保したうえで、毎月の返済額を検討するわけだな

収入
支出
収入だけでなく、支出も考えることが大切

「自由に使えるお金」から逆算する毎月の返済額は？

■住宅ローン借入前の「住居費」と「貯蓄」（月換算）

住居関連費用	100,000円	賃料	80,000円
		管理費・更新料	10,000円
		駐車場代	10,000円
自由に使えるお金（貯蓄）	80,000円		

▶

■住宅ローン借入後の「住居費」と「貯蓄」（月換算）

住居関連費用	？円 ＋ 20,000円	毎月の返済額	？円
		修繕積立て（目安）	10,000円
		固定資産税（目安）	10,000円
将来への積立て	50,000円	子供2人分の教育費	
自由に使えるお金（貯蓄）	20,833円	収入の5%	

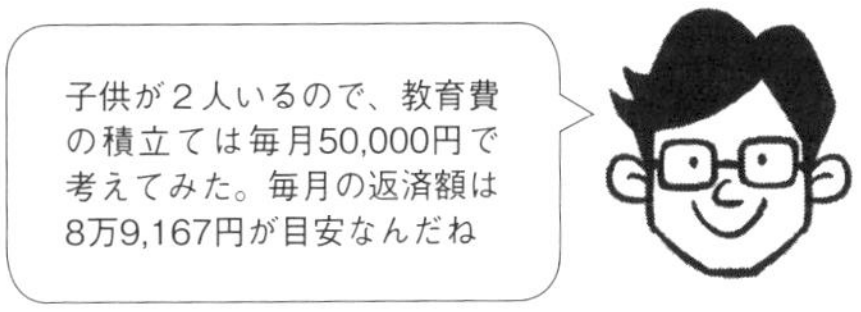
子供が２人いるので、教育費の積立ては毎月50,000円で考えてみた。毎月の返済額は8万9,167円が目安なんだね

毎月の返済額

＝ **8万9,167円**

注：固定資産税や管理費・修繕積立金（マンションの場合）の金額については、購入候補の物件にアタリをつけたら不動産会社に目安を聞いてみましょう

3 借入額は自分で決めます

3 返済期間と金利は適正か

返済期間は日々の暮らし向きに直結する

マンションや建売住宅の広告を見ると、必ず住宅ローンの返済例が掲載されていますが、そのほとんどは返済期間を35年に設定しています。返済期間が長ければ毎月の返済額は少なくなりますので、「これなら買えそう」という気にさせられるものです［28頁参照］。返済期間を何年にするかは、毎月の返済額と総返済額にダイレクトに関係してきます。自分にとってベストな返済期間は、どのように見つければよいのでしょうか。

手掛かりは、毎月の返済額にあります。まずは、**STEP3-②でアタリをつけた返済額を基準に、「住宅ローンシミュレーター」で試してみましょう**［24頁参照］。ここで導き出されるのは、現在の家計の収支がコンスタントに続いた場合の返済期間です。これから数十年、家計にはさまざまな変化が起こります。長期的な支出まで見越して内容を吟味し、調整をしていきましょう。

金利を生半可な知識で選ぶのはバクチ

金利のタイプについては、大きく「固定金利」か「変動金利」の2つから選ぶことになります。それぞれの特徴については18～21頁の解説をご確認いただければと思いますが、ここで大切なのは「金利リスク」について理解しておくということです。

住宅金融支援機構の調査によると、2023年の新規住宅購入者の7割以上が変動金利を選択していました。これが変動金利のリスクを十分踏まえたうえでの判断なのか、筆者は大きな疑問を抱いています。金融機関や不動産会社からの提案に、「素直に」したがっただけのものだとしたら少々問題です。左頁の表のように、**変動金利は「固定」しておく期間が短ければ短いほど最終的な総返済額が大きく変わります。**自分は金利変動によるリスクをどこまで取れるだろうか――これが、金利選択時の大きなポイントになります。

ベストな返済期間は十人十色

「私はとにかく早く返し終わりたい！ 完済したら優雅に船旅でもしたいわぁ」とウサコ。対するカメオは、「子供の教育費の準備もあるし、僕は少しずつ返済していきたいんだ」とマイペース。返済期間に正解はありません。

金利タイプの違いによるコストとリスクのイメージ

全期間固定金利を選ぶと、一定のコスト高を受け入れなければならないというデメリットの一方、これ以上総返済額が増える心配がないというメリットがあります。変動金利は、金利を固定しておく期間が短くなるほど最終的な返済額の変動幅が大きくなります。変動金利のメリットを生かしつつ固定金利の安心も得たい場合は、「固定10年・変動25年」「固定25年・変動10年」というようにバランスを取りながら金利を設定していくのも一つの方法です。

【条件】借入額 2,500 万円、変動金利 0.375%、全期間固定金利 1.82%

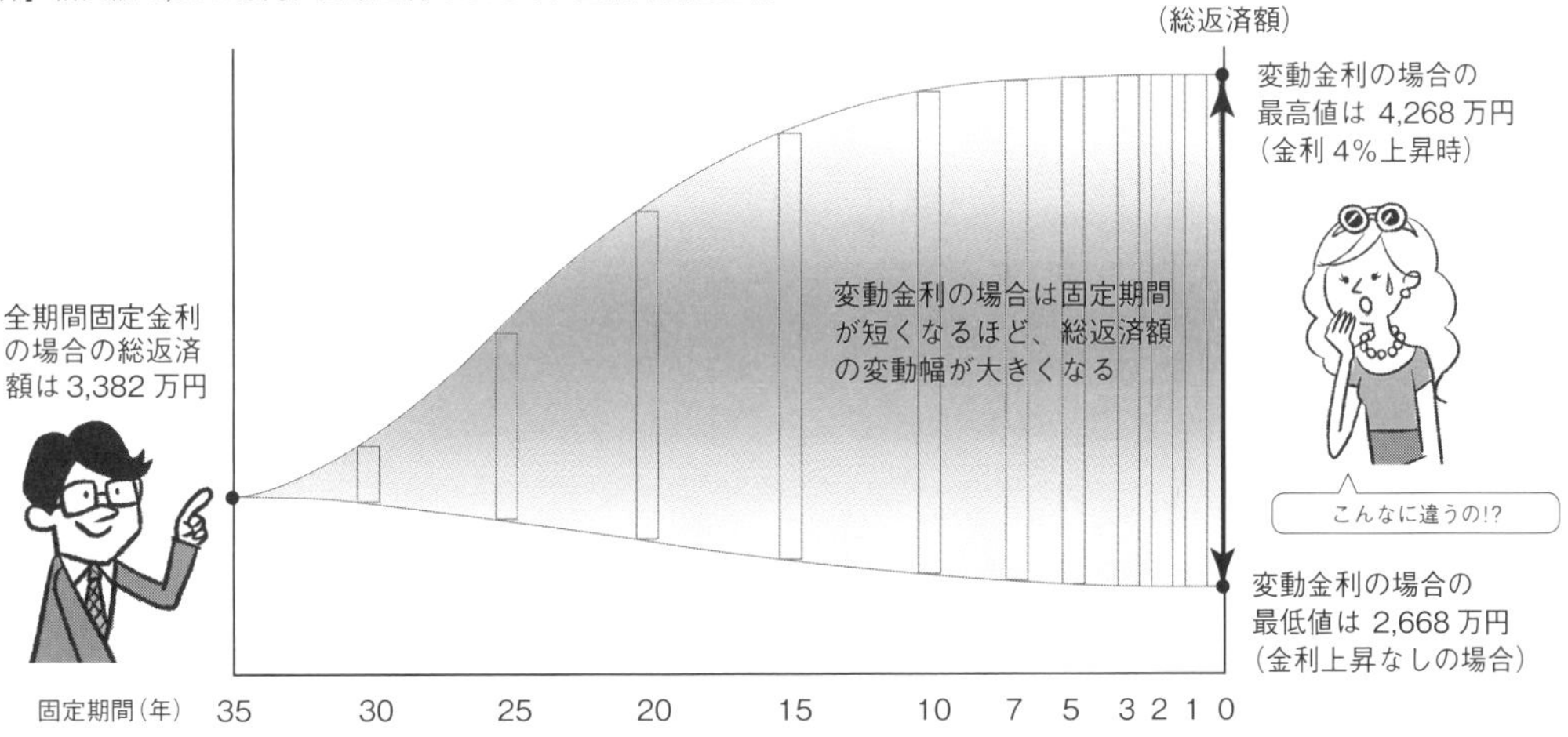

3 借入額は自分で決めます

4 「私には○万円貸してください」

約8割は借入額の設定に失敗しています。

借入額はやり直しがきかない

住宅ローンは、借りる人の考え方次第でいかようにもかたちを変えられる商品です。さまざまな選択と決定を重ねたうえで、最終的に自分の家計に合ったかたちにカスタマイズしていきます。具体的には、STEP3-①~③で解説した、いくら借りるか（借入額）、どれくらいの期間借りるか（返済期間）、どの金利タイプで借りるか（金利タイプ）の3つが重要で、これが最終的な総返済額に直結してきます。

借入額が動けば返済期間も動く、金利が動けば借入額が動き返済期間も動く、というように相互に影響し合う3つの要素ですが、なかでも最も大事なのが借入額の設定です。返済期間と金利は、住宅ローンの借入れ後であっても「条件変更」や「借り換え」を行えば、あとから変更ができます。しかし、借入額だけは絶対に変更できません。筆者の実感では、住宅ローンで失敗する人のうち約8割は借入額の設定に失敗しています。

リスクの許容度は人それぞれ

借入額の設定は、STEP3-①~③で見たように、まずは毎月無理なく返済できる金額を決め、そのうえで返済期間と金利タイプを、現在と将来の家計の状態やリスク許容度などからアタリをつけて導き出します。このとき大切なのは、「最後まで無事に返済が続けられること」、そして「総返済額が高くなりすぎないこと」の2点です。たとえば、子供がいる家庭なら、総返済額が多少高くなったとしても、リスクをとらずに安定した返済計画を優先すべきでしょう。すなわち、返済期間を長くして固定金利で借りるという選択です。安定した返済をしつつ、同時に教育費や老後の資金なども貯蓄していきます。こうした検討を経ていけば、おのずと「私には○万円の借入れが必要だ」という数字が見えてきます。

住宅ローンをカスタマイズする３要素

借入額

返済期間

金利タイプ

固定 or 変動

どこで判断すべきか？　何を考えるべきか？

借入額

【家計の収支】
毎月の「自由に使えるお金」（貯蓄）が月収（額面）の５％以上確保できれば増やしてもよい
【家族構成】
子供が３人以上いる場合は控えめに
【将来の支出予定】
教育費、車、投資など高額な出費が予測される場合は控えめに

支出が多めの人は注意！

返済期間

【家計の収支】
返済期間を短くすれば総返済額は少なくなるが、毎月の返済負担額は増える。35歳以上の人は特に「自由に使えるお金」（貯蓄）が月収の５％以上確保できることを優先して決める
【完済時年齢】
一般的には収入のある定年までだが、40歳以上の人は毎月の返済が高額になりがちなので定年以後まで延ばす選択肢もある。ただし、手元に現金を確保し、団体信用生命保険［154頁参照］に加入することが必須条件

金利タイプ

【家族構成】
子供がいる家庭は、家計に金利変動の影響が及ぶのは望ましくないので、固定金利にするか、固定期間が長い固定期間選択型にする
【貯蓄水準】
金利が4%上昇した際の返済額の増額に対して、借り換えができたり、家計が耐えられる緊急資金の用意ができる人は変動金利を選択してもよい（2,500万円の借入れなら、毎月3万円の負担増×3年間＝約100万円を用意しておきたい）

返済途中での変更は可能？

- 借入額：途中で変更できない
- 返済期間：金融機関に「条件変更」を相談する。返済期間を延ばすことができれば毎月の返済額を減らせる
- 金利タイプ：金融機関に「条件変更」や「借り換え」を相談する。金利の設定を変更できれば返済が楽になることも

借入額がちょっとずつ見えてきた！

【条件】借入金利1.82％（全期間固定）、毎月の返済額8万9,167円［75頁参照］

返済期間	借入限度額
30年返済	2,472万円
33年返済	2,653万円
35年返済	2,768万円

返済期間を変えると、借りてもいい金額もこれくらい変わるんだな

4 借りる人は誰ですか？

1 誰が債務者になるのか

誰がローンを背負いますか？

住宅ローンは、住宅購入に必要な金額をすべて1人で借りる「単独債務」が一般的ですが、2人で借りる「連帯債務」を選択することもできます。どちらにするかは次の3点から検討します。

①物件名義との兼ね合い――住宅の購入費は、原則として所有する人が支払うことになります。したがって、**住宅ローンを借りる人（債務者）とのちに法務局で登記する名義は一致させるのが原則です**。債務者が1人で、支払いをしていない人と共有名義にしていると、税務上贈与を受けているとみなされかねません。逆に単独名義の物件に対し、2人以上の債務者がいるのも問題と指摘される可能性があります。

②審査上の判断――収入が低い、借入金がほかにもある、高齢であるなどの理由から、1人で必要な融資額を確保できない場合は、連帯債務者（または連帯保証人）を立てる必要があります。ただし、審査基準は同一ではありません。単独債務にしたければ、ほかの金融機関に相談してみましょう。

③住宅ローン控除――住宅ローンの借り手が支払う税金が還付される制度です。債務を単独ではなく連帯にすると税金が多く戻ってきます［126頁、142頁参照］。

債務者の尻拭いをする「連帯保証人」

仮に債務者の返済が滞ると、ただちに連帯保証人に請求が回ります。これをつき返すことができない連帯保証制度は非道ともいえるほど利用者側に不利な契約です。とはいえ、**最近の住宅ローンは保証会社が保証機能を担うようになったため**、連帯保証人を必要とするケースは少なくなりました。ただし、債務者の収入が不安定、物件の所有者が親族である場合などは、金融機関から連帯保証人を要求されることがあります。

誰が住宅ローンを借りるか ＝ 誰がその物件を所有しているか

住宅ローンの借り手が１人なら物件はその人の名義、夫婦や親子で借りるなら物件名義も２人です。土地は親、建物は子供、というように名義を分けておきたいときは、必然的にローンの借り手も別になります。

ウサコが１人で所有するマンション

住宅ローンはウサコの「単独債務」で借りる

カメオ夫婦が２人で所有する戸建住宅

住宅ローンは夫婦の「連帯債務」で借りる

「連帯保証人」が求められるのはこんなとき

金融機関によって異なりますが、「連帯保証人」を要求されることの多いパターンは以下のとおりです。連帯保証人は住宅ローンの契約時にも立ち会いを求められます［116頁参照］。

	団体信用生命保険を契約しない場合	妻のみで申し込みがあった場合［※］	親族が所有している土地・建物を担保にする場合
債務者	 夫	 妻	 夫
連帯保証人	 親族 or 妻	 夫	 親族

※：フラット35では連帯保証人を求められませんが、一部の金融機関では妻が債務者になるといまだに連帯保証人を求められます

4 借りる人は誰ですか？

2 連帯債務にはこんな利点がある

審査が有利で資金計画もスムーズに

筆者の経験では、住宅ローンを借りたい人のうち約3割は「単独債務」では借りられません。そこで「連帯債務」を検討することになるのですが、これ以外の人も、連帯債務にすると得られるメリットがあります。

金融機関は、返済が滞りなく行われることを重視しますので、**家庭内に収入のある人が2人いれば、1人のときよりも借入れの審査に通りやすくなります**。さらに連帯債務の場合、2人の年収を足して審査を受けられるので、借入れできる金額が増えます。「借入れを共有する＝物件を共有名義にする」と、ほかにも利点が増えます。夫婦間であれば、将来、離婚することになっても、購入した住宅の一部に自分の権利が確保されているので、一方が勝手に処分するなどの事態を防げます。

「名義は、住宅ローンを借りたあとから共有に変更してもよいのでは？」という人がいますが、単独名義にしてから20年以内に所有権を移動させると（共有名義にすると）、贈与とみなされて贈与税が課税されます［※］。

なお、連帯債務の相手の条件は、仕事に就いて収入がある人です。原則、新居に一緒に住む、またはその予定のある配偶者、祖父母、親、子、孫の中から1名限定です。

住宅ローン控除を2人とも受けられる

連帯債務の最大のメリットは、おそらく住宅ローン控除でしょう。夫婦がそれぞれに住宅ローンの契約を行って単独債務で借りた場合、または、夫婦が連名で住宅ローンの契約を行って連帯債務で借りた場合は、**夫、妻ともに住宅ローン控除を受けることができます**。いずれも、2人の合計収入が3000万円以下、延床面積50㎡以上の住宅、返済期間10年以上などの条件を満たす必要があります。ただし、金融機関によっては連帯債務を認めていないところもありますので事前の確認が必要です。

※：ただし、婚姻関係が20年以上続いている夫婦なら、「贈与税の配偶者控除」が適用され、単独債務のまま2,110万円まで非課税で贈与できます

借りたお金は同額でも、「連帯債務」なら税金が多く戻る

住宅ローン控除の還付額は借入額と納税額で決まります。納税額は所得をベースに計算されるので、単独債務だと控除の恩恵をフルに受けられない人のほうが多くなります［142頁参照］。

夫の単独債務で借りたとき

夫の１年間の納税額
所得税８万円・住民税22万円

↓

令和６年４月に借り入れた
3,000万円に対する減税額は
所得税分8万円＋住民税分9万7,500円
＝合計**17万7,500円**

共働きをしている妻との連帯債務で借りたとき

夫の１年間の納税額
所得税８万円・
住民税22万円

＋

妻の１年間の納税額
所得税５万円・
住民税15万円

夫は1,775万円、妻は1,225万円の
借入れをしたと仮定すると

↓

令和６年４月に借り入れた
3,000万円に対する減税額は
夫17万7,500円＋妻12万2,500円
＝合計**30万円**

連帯債務は相手選びも大切

利点の多い連帯債務も、相手によっては計画の足かせになることがあります。最悪なのは、金融機関の審査を受けて初めて問題が発覚すること。住宅ローンをシェアする相手とは、「お財布具合」と「過去」についてきちんと確認し合いましょう。

こんな相手との連帯債務はやめよう

- ●大きな借金がある
- ●過去に借金の延滞など、個人信用情報に「事故歴」がある
- ●将来、お金でもめそう

4 借りる人は誰ですか？

3 パートナーと一緒に借りるなら

ずっと共働きが続くとは限らない

夫婦で連帯債務にする場合は、一般的には収入が多いほうをメインにします（個人属性にもよります）。このとき気をつけなければならないのは、いまは共働きで2人とも収入があっても、出産・育児などで妻の収入がなくなった場合にどうするかという問題です。育児がひと段落したら職場復帰するつもりでも、実際にそのとおりになるとは限りません。したがって、連帯債務は2人の収入を合算できるといっても、借入額を上限いっぱいに設定するのはやめておいたほうが賢明です。**多くとも借入額を夫（妻をメインとする場合は妻）の年収の7倍以内に収めておきましょう。**

「持分割合」を誤ると、余計な税金がかかる

夫婦の連帯債務で住宅ローンを借りるのであれば、その前に決めておかなければならないのが「持分割合（持分比率）」です。「2人で住む家だから半分ずつに」「妻が100％でも別にいいけれど」という人がときどきいますが、持分割合は税務上の観点から決められることが多いため、**原則として所有権割合と支払い割合が一致していなければなりません。**

具体的には、それぞれの収入の割合から決めたり、夫婦で出し合った頭金の割合から算出したりします。感情論で決めるなどは論外で、その割合を説明できる根拠がないと、「お金の出所が不確か→贈与が発生しているのでは？」と税務署から指摘を受け、贈与税を請求される場合があります。

なお、こうした税務上の問題が発生するおそれがない限り、金融機関は持分割合についての条件を提示することはありません。借入れ希望者の要望通りに受け付けるだけです。どうすればよいか悩む場合は、最寄りの税務署に尋ねるか、税理士に相談するとよいでしょう。

共働きの返済計画が成功するボーダーライン

もし妻の収入をあてにして、借入額を多めに（夫の年収の７倍以上）に設定するなら、将来起こり得る出産・育児期間中の収入減も見込んでその分の貯蓄を用意しておかなければなりません。

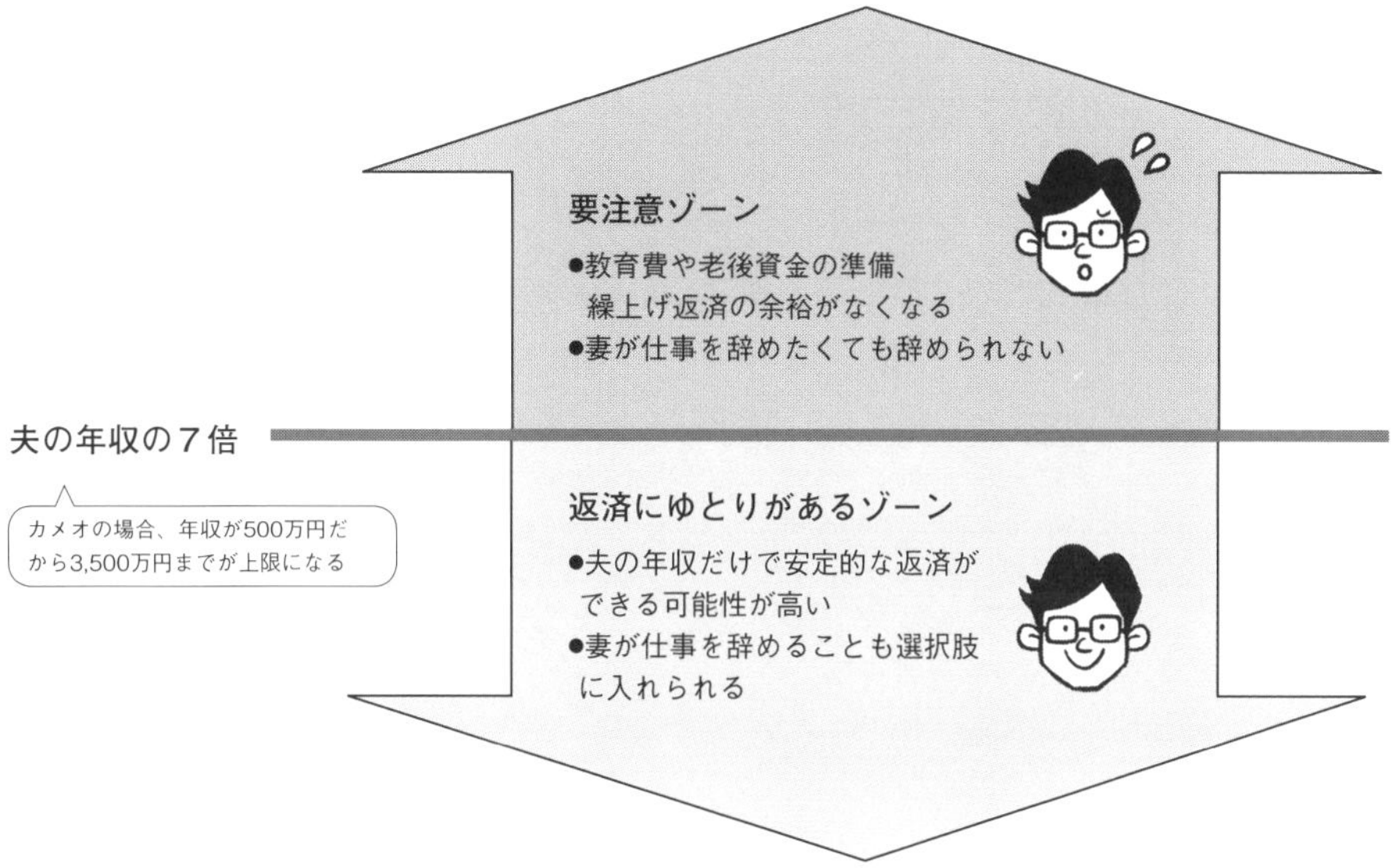
要注意ゾーン
●教育費や老後資金の準備、繰上げ返済の余裕がなくなる
●妻が仕事を辞めたくても辞められない
夫の年収の７倍
カメオの場合、年収が500万円だから3,500万円までが上限になる
返済にゆとりがあるゾーン
●夫の年収だけで安定的な返済ができる可能性が高い
●妻が仕事を辞めることも選択肢に入れられる

夫と妻、持分割合はどんなバランスで考える？

持分割合は、給与や返済負担の比率から大きく外れると、贈与税の対象となります。仮に夫の給与が600万円、妻が200万円とした場合の持分比率は右のとおりです。

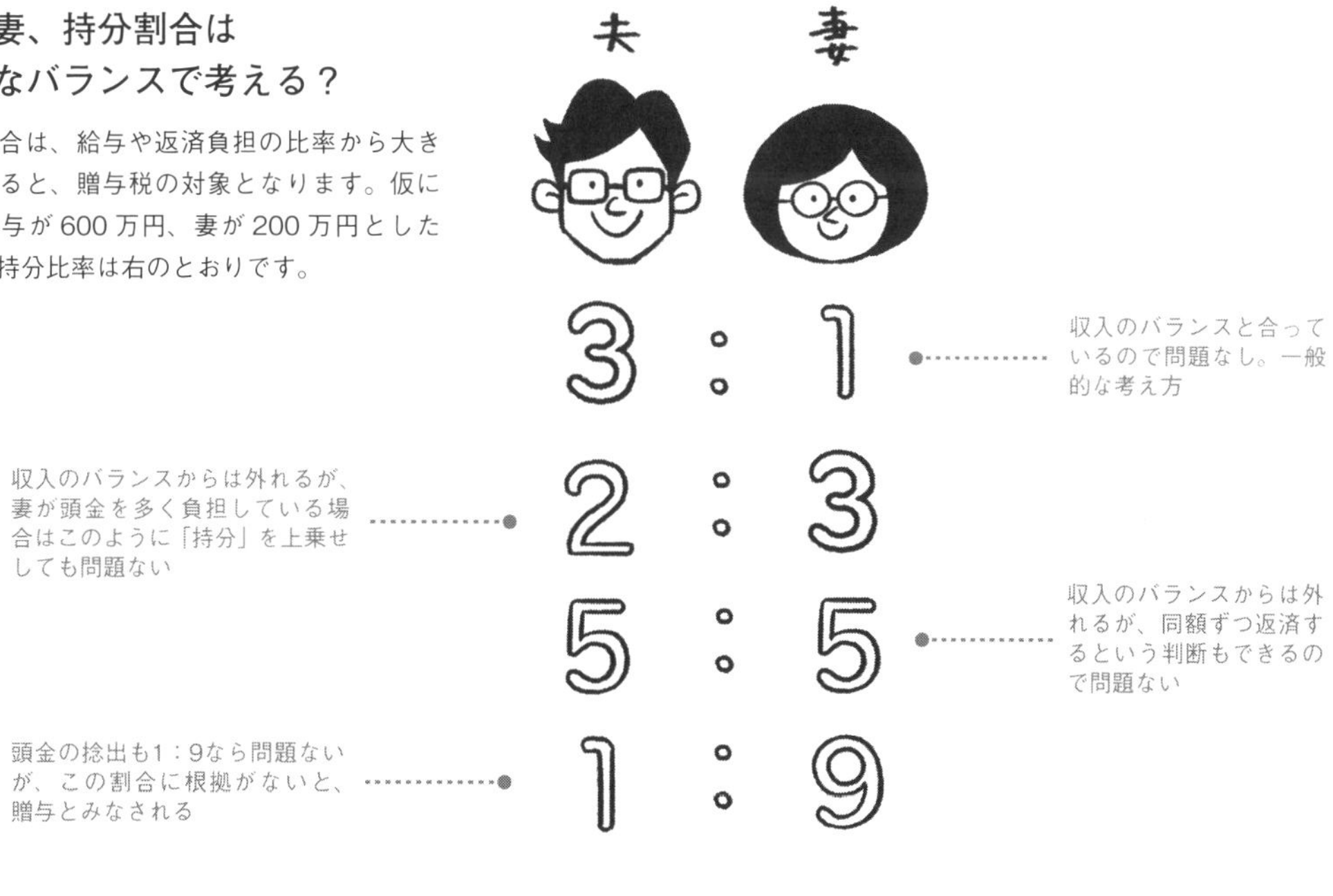
夫
妻
3：1
収入のバランスと合っているので問題なし。一般的な考え方
2：3
収入のバランスからは外れるが、妻が頭金を多く負担している場合はこのように「持分」を上乗せしても問題ない
5：5
収入のバランスからは外れるが、同額ずつ返済するという判断もできるので問題ない
1：9
頭金の捻出も1：9なら問題ないが、この割合に根拠がないと、贈与とみなされる

4 借りる人は誰ですか？

4 親と一緒に借りるなら

親との連帯債務＝同居が前提

親と子で連帯債務にする場合は、**原則として同居が前提になります**。ですから当然、新居の計画にも深く関係してくることになります。新築のパターンはいくつかありますが、もともと親が所有している土地に建てるのであれば、土地代が不要になるため資金計画がより安定するうえ、土地を担保にすることで金融機関の審査も有利に運ぶことでしょう。なお、担保の提供は単独債務の場合でも義務づけられます。金融機関から土地の所有者である親を抵当権設定者にするよう要求され、さらには連帯保証人になるよう条件付けをしてくるところもあります。

親の老後、没後まで考えた資金計画を

同じ連帯債務でも、親と連帯する場合は資金計画や税金の面で配偶者とは異なる点に注意が必要です。親の場合はその年齢から、定年退職後の減収や退職金の金額、また月々の年金額などを踏まえたうえで計画を進めなければなりません。さらに、死亡後の返済計画まで考えておく必要があります。こうした諸々を金融機関に説明できなければ、スムーズな借入れは難しくなります。ちなみに、団体信用生命保険［154頁参照］に加入できるのは満70歳未満で、満80歳の誕生日まで保障されます。

親との連帯債務のメリットとしては、**実質上は資金提供でありながら贈与税が課せられない**点も挙げられます。これは、相続の面でも有利に働きます。相続税の評価額は、事業用などの不動産よりも自分で住むための居住用不動産、それも金融機関に融資を受けている不動産のほうが、劇的に下がるからです。ただし、兄弟など、**自分以外の相続人がほかにもいる場合は、マイホームが相続財産となります**。これらも考慮に入れつつ、連帯債務にするかどうか決めていきましょう。

親と一緒に借りる住宅ローンは３タイプ

１つの契約で２人が債務者になる「連帯債務」、別々に契約を結ぶ「ペアローン」、あるいは「リレーローン」という選択肢があります。借入額や申込人の年齢制限など、条件は金融機関によって異なります。

連帯債務を利用する

親と子の収入を合算し、借入れも返済も一緒に行います。フラット35の場合、親の年収が子の半分以上であれば、親の年齢を基準にして返済期間が決められるため、長期間の借入れができず、借入額も制限される可能性があります。また、団体信用生命保険は親か子のどちらか一方しか入れません。

ペアローンを利用する

親と子の収入は合算しますが、借入額も毎月の返済額もそれぞれ個別に設定できる、独立したローンです。各自が互いの住宅ローンの連帯保証人になり、団体信用生命保険に加入することが必須です。また、各ローンの残高に応じて住宅ローン控除を受けることができます。

リレーローンを利用する

親が住宅ローンを借り入れ、将来子供がそれを引き継ぐという時間差をつけたローンです。一般的な住宅ローンは、申し込み時の年齢が70歳未満であることが条件の1つですが、親子リレー返済なら70歳を超えても申し込めます。親は主債務者、子は連帯債務者となりますが、ローンは1つなので、保証料や手数料が1件分で済むメリットがあります。

番外編　「収入合算・連帯保証」を利用する

「収入合算・連帯保証」とは、単独債務ではあるものの収入を合算する相手を連帯保証人にする借り方です。債務者が返済できなくなった場合は、連帯保証人が債務額の全額を支払うことになります。子に返済できない事態が生じても、親が返済できるように余裕をもっておくことがポイントです。契約する住宅ローンは1つなので、諸費用も１件分で済みます。

「住宅ローンの申込人を誰にするか」は暮らしと新居への影響大

住宅ローンの申込人は最後に決めればよいという人がいるかもしれませんが、名義を誰にするかで毎月の返済額や建築費にあてられる金額が変わってきます。カメオの家族をモデルに、申込人別に導かれる資金計画、建物計画を紹介します。

カメオ家族

夫：公務員(35歳)昨年年収500万円
妻：公務員(35歳)育休中、昨年年収300万円
来年には復職予定
子供：男の子(5歳)+女の子(1歳)

現在の家計
- 住居関連費用：10万円
- 毎月の自由に使えるお金：5万円
- 手持ちの現金：500万円(うち200万円は親から借りる)

別居している カメオの親世帯

父親(61歳)：
定年退職して
現在は嘱託、昨年年収230万円
母親(61歳)：専業主婦

■基本パターン

カメオが単独債務で借りる

資金計画
- 物件価格：2,780万円
(土地：920万円、建物1,860万円)
- 借入額：2,500万円
- 頭金：500万円
- 諸費用：220万円(現金で用意)
- 住宅ローン商品：M信託銀行の20年固定1.80%を選択

建物
駅から遠いが、身の丈に合ったシンプルでコンパクトな住まい。
性能は「一般住宅」。

土地から探す新居の計画です。希望する土地の価格が当初考えていたよりも高かったため、少し妥協して駅から遠い場所の土地を購入。それでも最初に決めた「絶対予算」の配分よりも、土地代がオーバーしてしまいました。「絶対予算」を超えないように建物予算は抑え目に設定。

住宅ローン借入れ後の家計
- 住宅ローン控除：187万円
- 毎月の返済額：当初20年間は8万272円
- 固定資産税：1万円(月割)
- 修繕積立金：1万円
- 毎月、自由に使えるお金(貯蓄)：1万2,700円

もし、妻の育休明けの復職を想定して妻との連帯債務にしたら？（条件：持分割合 5：3）

住宅ローン借入れ後の家計
- 住宅ローン控除：2人分で192万円
- 毎月の自由に使えるお金(貯蓄)：21万2,700円

育休明けの妻の収入をあてにせず、カメオの給与だけで住宅ローンの返済も生活費もまかなっていけば、妻の給与はすべて「自由に使えるお金」にまわせます。そこから教育費をはじめとした将来への積み立てが捻出できます。

もし、「絶対予算」を増やす場合は…

■応用パターン１

カメオが父親と連帯債務で借りて予算アップ

実家の建物を解体し、二世帯住宅を建てる計画に変更。土地用の資金を建物にまわせるため、住宅の性能・仕様などをグレードアップ。父親からの援助500万円もあり、将来は孫の代まで長持ちするようにと、認定長期優良住宅にしました。

資金計画

●物件価格：3,500万円(解体費120万円込)
●贈与金：親から500万円
（住宅取得等資金の贈与の特例を利用）
●借入額：3,000万円　●頭金500万円
●諸費用300万円(現金で用意)
●住宅ローン商品：借入れが長期にわたるため、金利上昇リスクをさらに回避する意味でフラット35に。親子リレー返済を選択。主債務者は父親(あと13年働く予定)、所有権は父親とカメオの２人で共有(持分割合１：６)

建物

実家を二世帯住宅に建替え。完済後に世代交代した際は、一部を賃貸住宅として収益物件化することも考えている。性能は「認定住宅」。

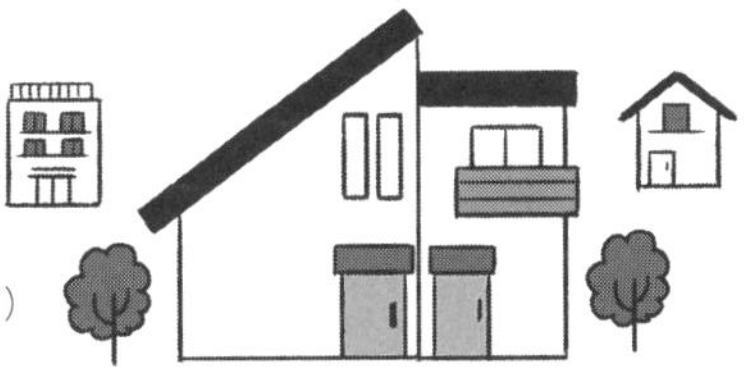

住宅ローン借入れ後の家計

●住宅ローン控除：２人分で231万円(父33万円、カメオ198万円)
●毎月の返済額：9万4,672円　●固定資産税：1万円(月割)
●修繕積立金：1万円
●毎月の自由に使えるお金(貯蓄)：19万円

■応用パターン２

カメオが妻と連帯債務で借りて予算アップ

夫婦の収入を合算して予算を上げ、理想の土地を選択するパターン。建物にも、よりお金をかけられます。ただし、育休明けでないと妻の収入を合算できないので、融資の申し込み時期、および着工時期をずらさなければなりません。不動産の購入価格を大幅に上げた場合は、妻が仕事を辞めると確実に家計が赤字化するので慎重に。

資金計画

●物件価格：4,500万円
（土地2,500万円、建物2,000万円）
●借入額：4,500万円　●頭金：0円
●諸費用：400万円（諸費用ローン※を200万円、現金で200万円）
●住宅ローン商品：妻と収入合算し、連帯債務での借入れ。M銀行で全期間固定3,000万円、変動金利1,500万円とする

建物

予算がアップした分、駅の近くの土地を買えたり、外観デザインにこだわることができた。性能は「省エネ基準適合住宅」。

住宅ローン借入れ後の家計

●住宅ローン控除：２人分で346万円
●毎月の返済額：14万156円(全期間固定9万9,378円、変動金利4万778円)
●固定資産税：1万円(月割)　●修繕積立金：1万円
●毎月の自由に使えるお金(貯蓄)：14万5,000円

※：住宅・土地取得に伴う諸費用(不動産売買手数料、登記費用など）向けの住宅ローン商品。取り扱っていない金融機関もある

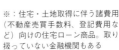

Column

ジツインもってる？
はじめての印鑑登録

印鑑は、その人の意思を示す証。住宅を買うとき、ローンを借りるときはあなたがいつも使っている印鑑とは別に、「実印」というスペシャルなハンコが求められます。

土地の購入やローン申し込みの契約者がまぎれもない本人であることを証明

金融機関で預金口座を開設する際は、たいてい印鑑が必要になります。不動産の購入や住宅ローンの申し込み、工事請負契約など、金額が大きい契約をするときには、実印を押して「印鑑登録証明書」という書面を添付しなければなりません。

銀行の届出印、あるいは宅配便の受取りに使ったりするいつもの認印と実印は何が違うのでしょうか。実は、認印は家族で共有できるのに対し、実印は必ず1人1個と決まっています。重要な契約が正しく結ばれるよう、当人の手で実印を押すことで、間違いなく本人が同意しているという証拠を残すのです。住宅ローンの審査の申し込みや、法務局で登記を行うときの書類にも実印が求められますので、早めに用意しておきましょう。複数の人で住宅ローンを契約する場合は、当事者全員の印鑑証明と実印が必要になります。

新調するならどんなハンコがいい？

実印は、わざわざ高価なものを購入する必要はありません。ただし、原則として他人が簡単に手に入れられないものでなければなりません。三文判などはNGです。役所によってはそのようなハンコでも受け入れてくれるケースがあるようですが、一般的には印章屋さんに依頼して自分だけのハンコを新調します。こうすることで偽証や偽造のリスクが減り、自分の身を守ることにもつながります。もちろん、ほかの人がすでに登録しているもの、印鑑の一部が欠けているものなどは論外です。スタンプ印やゴム印など、変形しやすいものも避けたほうがよいでしょう。

役所で印鑑を登録したら証明書は何度でも発行できる

実印ができたら、市区町村の役所や出張所で印鑑登録を行います。登録は、本人確認書類を持参して直接、窓口で行います。本人確認書類として有効なのは、写真が入った運転免許証、パスポート、マイナンバーカードなどで、保険証や社員証は認められません。

申請自体は委任状を利用すれば、代理人が行うことも可能です。詳細は、市区町村の担当窓口に確認してください。なお、住所を変更したらそのたびに登録内容を変更する必要があります。

印鑑登録が終わったら、役所から印鑑登録証または証明書を発行する機能を備えたカードを受け取ります。このカードの名称や体裁は市区町村によって異なります。

印鑑登録証明書は印鑑登録証があれば、スピーディーに発行されます。また、カードがあれば、代理人でも印鑑登録証明書の発行ができるので、忙しいときなどは家族に取りに行ってもらうこともできます。反対にカードを持参しなければ、たとえ本人が出向いても発行してもらえないことがあるのでご注意ください。くれぐれも、カードを紛失しないように。

実印とは、本人であることを証明するオリジナルのハンコ

印鑑登録できるハンコは、一辺８㎜以上、25㎜以下の正方形に収まるものです。住民票記載の氏名と照合できるよう、極端に図案化されていないものに。

「印鑑登録証」のスタイルはいろいろ

印鑑登録証の体裁は自治体によって異なります。単体のカードのほかに、ほかの証明書の発行証も兼ねる「市民カード」や「証明書自動交付機カード」などです。「マイナンバーカード」に印鑑登録番号を登録することもできます。

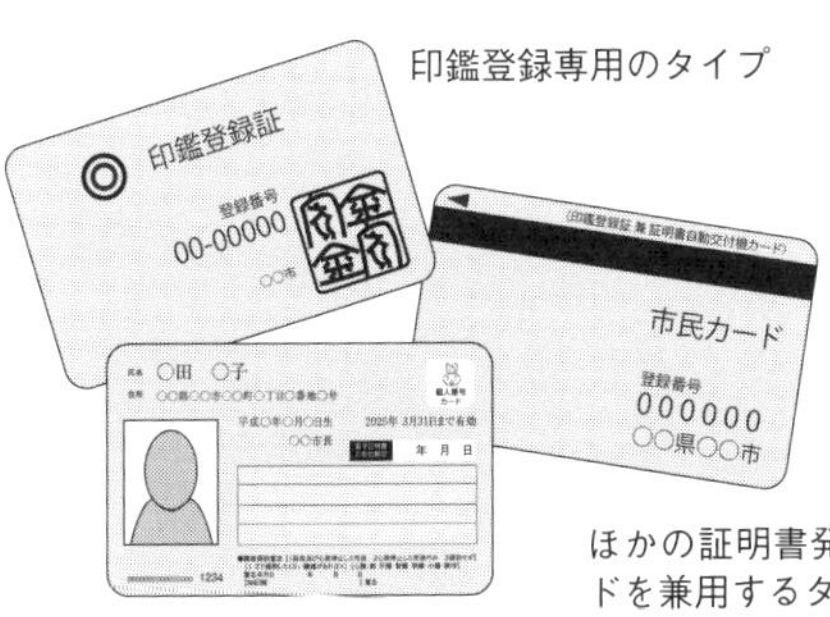

印鑑登録専用のタイプ

ほかの証明書発行カードを兼用するタイプ

マイナンバーカードに情報を加えることも可能

5 借りたいローン商品を選ぶ

1 まずは固定金利のローンから検討

具体的な数字で考える

さて、ここからは、具体的な住宅ローン商品に目星をつけるために、希望する借入額や返済期間を考慮しながら、金利のタイプを検討していきます。数字だけを見ると、お得な変動金利を軸に検討を進めたくなりますが、ここはいったん落ち着いて、STEP4までの段階で得られた具体的な数字をもとに考えていきましょう。根拠のある数字から、納得できる結果を導き出すのです。

無理のない借入額は5秒で分かる

まずは、最後まで金利の変わらない全期間固定金利で検討してみます。ここでは、左頁に紹介している住宅金融支援機構のホームページ上で提供されている「フラット35」の2つのシミュレーターを使用しましょう。

最初は、【クイック・シミュレーション】のなかの、【毎月の返済額から借入可能額を調べる】というシミュレーターです。入力項目は、「毎月返済額」「融資金利」「返済期間」「返済方法」の4つ。毎月返済額の数字は、STEP3-②で説明した内容から算出した値を使います。ここで、全期間固定金利での借入可能額を試算してみます。

次に、クイックシミュレーションの下にある【資金計画シミュレーション】を使います。ここでは、本人の年収や家族構成、建物の床面積や価格など入力する項目がぐっと細かくなります。ここに、最初のシミュレーターで試算された借入可能額を入力すると、総返済額が試算されます。これが**「最も安全な借り方」をしたときの総返済額**になります。

なお、このシミュレーターは、税金や登記の費用、融資事務手数料などの諸費用まで含めたトータルコストも概算できるので、現金で準備すべき金額も押さえておきましょう。

シミュレーターを使って具体的な金額を算出［固定金利編］

フラット35を利用するつもりがなくても、まずは住宅金融支援機構のシミュレーターで計算してみます。「ローンシミュレーション」のコンテンツのなかから、以下２つのシミュレーターを選んで使います。

STEP1 「毎月の返済額から借入可能金額を調べる」を利用

【試算条件】
毎月返済額：８万円
融資金利：1.82%（住宅金融支援機構のホームページに掲載されている最安金利を入力する）
返済期間：35年
返済方法：元利均等

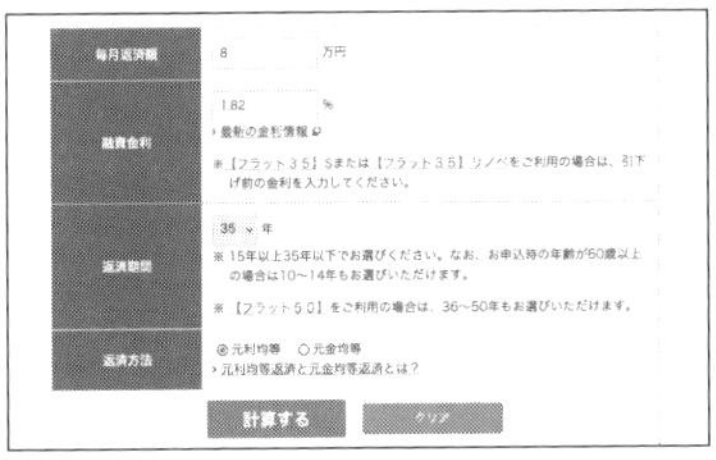

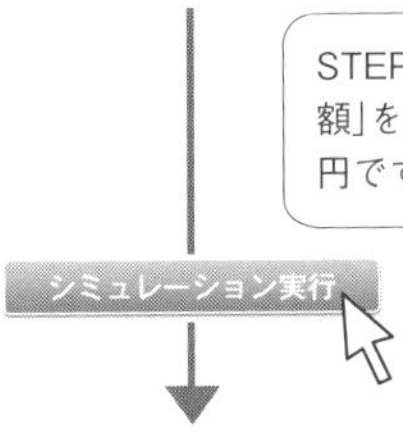

【試算結果】
借入可能額
2,483万円

STEP2 「資金計画シミュレーション」を利用

【試算条件】
年齢：35歳　年収：500万円　貯蓄等総額：800万円
自己資金：500万円　商品タイプ：フラット35
借入期間：35年　金利タイプ：全期間固定
借入金利：1.82%　借入金額：2,483万円
物件の所在地：東京都　住宅の床面積：125㎡
建設費：3,000万円　など

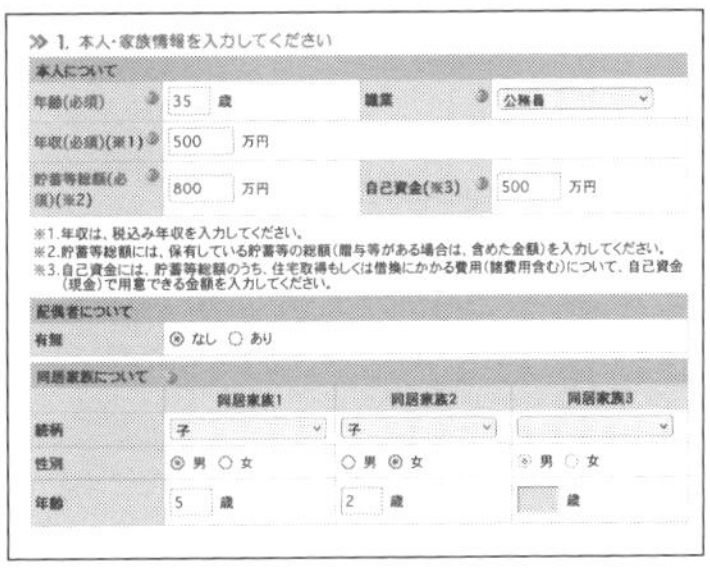

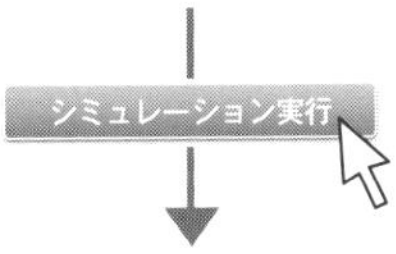

【試算結果】
35年間の住宅ローンの総返済額
3,359万324円

注１：車やショッピングローンなど、そのほかに借入れがある人は毎月の返済額から差し引いて試算します
注２：住宅金融支援機構にはそのほかのシミュレーターもありますが、毎月返済額を入力せずに年収から借入額を算出する計算方法は、身の丈以上の借入可能額が出てしまうので借入額を決める試算には向いていません。フラット35の返済負担率は、400万円未満は30%以下、400万円以下は35%以下なので年収が少ない人ほど注意しましょう［24頁、75頁参照］

金利を入れる欄のない シミュレーターは使わない

金融機関によっては、「借入希望額」と「返済期間」だけしか入力できないシミュレーターを採用している場合があります。これは、固定・変動の比較はおろか、「絶対予算」の確認もできません。金利上昇リスクを軽視したシミュレーションにはあまり意味がありません。

5 借りたいローン商品を選ぶ

2 変動金利の可能性を模索してみる

金利の上昇を想定したシミュレーション

変動金利での借入れを検討している人は、全期間固定金利での試算結果を確認したら、同じ方法で変動金利についても試算してみます。固定金利の場合と決定的に違うのは、今後金利が上昇すると想定して試算することです。

では、金利の上昇はどれくらいと見込めばよいのでしょうか。筆者は**4％の上昇は覚悟しておくべき**と考えています。20頁の金利推移のグラフには、変動金利の標準偏差が1・89％とあります。この数字は、プラスマイナス1・89％は金利が前後する可能性を示唆するものです。だとするなら、現在の最低水準から少なくとも4％は、金利が上昇するというリスクシナリオを考えておくのが妥当といえるのです。

ここでは、住宅金融支援機構の【返済プラン比較シミュレーション】を使用しましょう。93頁で算出した「借入可能額」を、「借入金額」に置き換えて試算します。借入額「2483万円」とした場合、金利が4％上昇すると、住宅ローンの総返済額は「約4466万円」になります。金利が変わらなければ「約2649万円」ですから、約1817万円の差です。変動金利を選択する際は、このリスクに耐えられるかどうかがポイントになります。

変動金利の「未払利息」が出たら注意

なお、このシミュレーターは、金利4％上昇時の設定に対して、「この試算条件では未払利息が発生します。試算しますか?」という確認画面が出るときがあります。「未払利息」とは、借入金利の大幅な上昇に伴い、毎月の返済額に含まれる利息分の内訳が大きくなり、返済期間中の毎月の返済額がすべて利息になることです。こうなると利息負担がどんどん大きくなります［102頁参照］。この「エラー」が出たら、その借入れプランは本当に大丈夫か根本から見直さなければなりません。

シミュレーターを使って、具体的な金額を算出［変動金利編］

前頁で試算した借入可能額を使ってシミュレーションしてみましょう。金利は現在の変動金利だけでなく金利上昇幅分を足した数値も必要になります。現在の金利が変わらない場合、金利が６年目以降に２％上昇した場合、4%上昇した場合の３つの設定で同時に行います。

【試算条件】
借入金額：2,483万円　商品タイプ：民間金融機関ローン　借入期間：35年　金利タイプ：変動金利
借入金利：プラン1「当初5年間0.375%、以降30年間0.375%」、プラン2「当初5年間0.375%、以降30年間2.375%」、
プラン3「当初5年間0.375%、以降30年間4.375%」

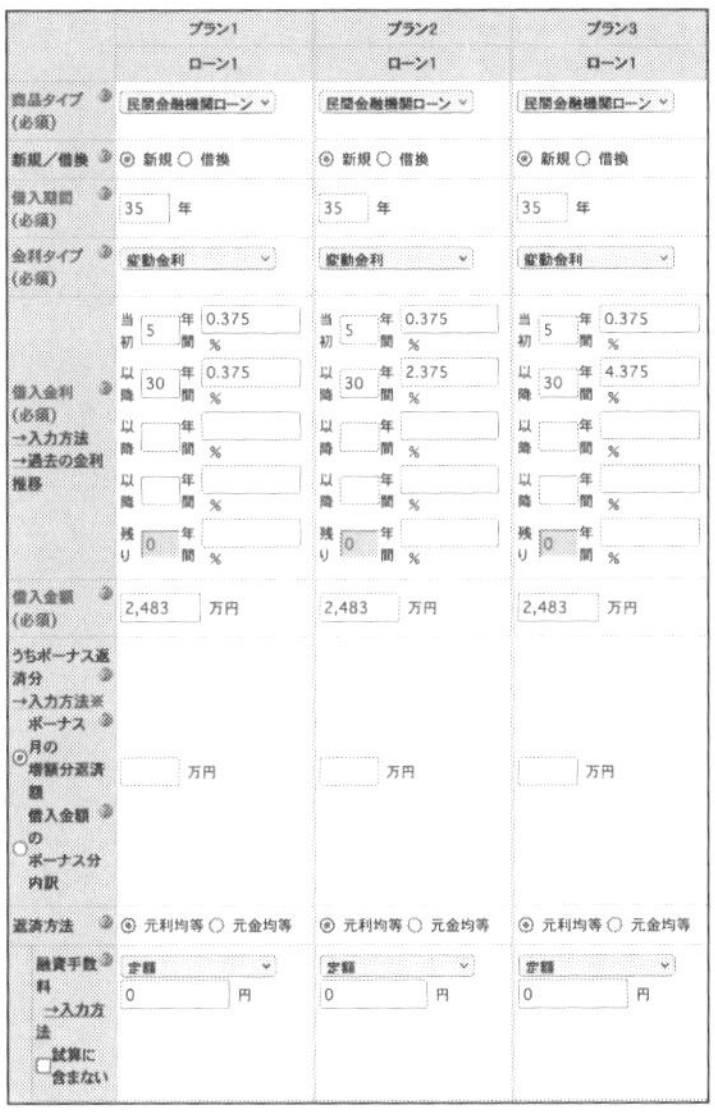

	プラン1 ローン1	プラン2 ローン1	プラン3 ローン1
商品タイプ(必須)	民間金融機関ローン	民間金融機関ローン	民間金融機関ローン
新規／借換	◉新規 ○借換	◉新規 ○借換	◉新規 ○借換
借入期間(必須)	35 年	35 年	35 年
金利タイプ(必須)	変動金利	変動金利	変動金利
借入金利(必須) →入力方法 →過去の金利推移	当初 5 年間 0.375 % 以降 30 年間 0.375 % 以降 年間 % 以降 年間 % 残り 0 年間 %	当初 5 年間 0.375 % 以降 30 年間 2.375 % 以降 年間 % 以降 年間 % 残り 0 年間 %	当初 5 年間 0.375 % 以降 30 年間 4.375 % 以降 年間 % 以降 年間 % 残り 0 年間 %
借入金額(必須)	2,483 万円	2,483 万円	2,483 万円
うちボーナス返済分 →入力方法※ ◉ボーナス月の増額分返済額 ○借入金額のボーナス分内訳	万円	万円	万円
返済方法	◉元利均等 ○元金均等	◉元利均等 ○元金均等	◉元利均等 ○元金均等
融資手数料 →入力方法 □試算に含まない	定額 0 円	定額 0 円	定額 0 円

金利の上昇がないとき

【プラン1 試算結果】
毎月の返済額：
全期間　63,092円
総返済額　**2,649万8,774円**

金利が 2%上昇したとき

【プラン2 試算結果】
毎月の返済額：
当初５年間　63,092円
6年目～10年目　78,865円
11年目以降　84,778円
総返済額　**3,395万802円**

金利が 4%上昇したとき

【プラン3 試算結果】
毎月の返済額：
当初５年間　63,092円
6年目～10年目　78,865円
11年目～15年目　98,581円
16年目～20年目　123,226円
21年目以降　126,896円
総返済額　**4,466万7,135円**

変動金利が激安なのは当初だけかも!?

5 借りたいローン商品を選ぶ

3 借入額をひとまず確定させる

固定金利・変動金利の試算結果を見比べる

では、STEP5-①・②で試算した結果を元に、ひとまず借入額を決める作業に入りましょう。

左頁のように、固定金利と変動金利のシミュレーション結果を見比べてみます。「2483万円」という借入額に対し、利息の総支払額が「約876万円」になる全期間固定金利にするか（ただし、これ以上総返済額が増える心配はない）、そこからさらに最大「約1107万円」も利息が増えるかもしれない変動金利にするか……（ただし、このときに「もしかしたら借入額+166万円という破格の総返済額で済むかもしれない」という幻想を抱いてはいけません）。

変動金利の結果を「自由に使えるお金」で検証

全期間固定金利を選択する場合は、ひとまずここで検討終了です。しかし変動金利を選んだ人は、ここからもう一段階プロセスを踏まなければなりません。STEP3-②で導き出した「無理のない毎月返済額の目安」を、金利上昇リスクの許容度を測るモノサシとして応用するのです。「毎月返済額（の目安）」を、95頁のシミュレート結果と照らし合わせてみましょう。毎月返済額が「8万9167円」、自由に使えるお金（貯蓄）が「2万833円」［75頁参照］なら、金利が2%上昇したときの毎月返済額が最大値で「8万4778円」なので許容範囲内と判断します。しかし金利が4%上昇すると、16年目以降から「12万3226円」となり、残りの20年間は毎月赤字が続くことになります。当初金利が低い変動金利を利用する場合は、金利が4%上昇しても家計の収支が赤字にならないように借入額を調整しなければなりません。4%上昇のケースで検証の結果、変動金利での借入額が少なめに試算された場合は、借入額の一部を固定金利に置き換えるのも一つの策です。

「固定」か「変動」かを選んで、借入額をひとまず確定させよう

STEP5 −①でシミュレートした固定金利の試算結果と、STEP5 −②で見た変動金利での試算結果を比較し、金利タイプと借入額をひとまず決めます。借入額はのちに融資を申し込む前に、予算全体、将来の家計収支などをもう一度見直しつつ、選択する住宅ローンの種類に応じて最終決定します。

カメオの固定金利の試算結果

毎月返済額

8万円

総返済額

3,359万324円

こっちのほうが安心かな？

カメオの変動金利の試算結果

毎月返済額

6万3,092円～ 12万6,896円

総返済額

2,649万8,774円
～ 4,466万7,135円

変動幅が大きいのは、ちょっと不安

全期間固定金利で2,483万円
借りることに決める

もし、借入額が住宅購入に必要な「現実的な金額」に足りないようなら、家計をやりくりするなどして増額する方法を考えます。くれぐれも「自由に使えるお金」の確保を忘れないように。

注：具体的な対策は下記の枠内「お金が足りない場合は…」に同じ

変動金利を選んだ人は、「自由に使えるお金」をもう一度チェック

変動金利で借りる場合の借入額は、STEP3 −②で試算した「自由に使えるお金」が、住宅ローン借入れ後にどれだけ確保できるかがカギを握ります。仮に金利が 4%上昇しても、「自由に使えるお金」がマイナスにならないように設定します。

「自由に使えるお金」から、ウサコの計画を検証する

返済期間35年、当初金利0.375％で、6年目に金利が4%上昇しても「自由に使えるお金」がマイナスにならないためには…

毎月の自由に使えるお金	1 万円	2 万円	3 万円	4 万円	5 万円	6 万円
借入額の上限	600 万円	1,200 万円	1,800 万円	2,400 万円	3,000 万円	3,600 万円

注：借入額の上限は、金利と返済期間によって変わる

「自由に使えるお金」が 2 万円しかないウサコが 2,500 万円借りたいと思っても、金利上昇リスクを考慮すると、変動金利で借りられる上限は 1,200 万円しかありません。

変動金利での借入額を1,200万円に抑え、
固定金利で1,300万円借りることに決める

無理のない借入額だが、それでは**お金が足りない場合は…**

- ●予算の縮小
- ●頭金の増額
- ●借入額の減額
- ●収入増
- ●支出の削減
- ●固定金利とのミックス（変動金利の場合）

5 借りたいローン商品を選ぶ

4 理想のローンの見つけ方

選ぶのは住宅ローンという「商品」

「住宅ローンをどこで借りるか」。ここに関心をもつ人は多いでしょうが、あなたの資金計画に合致した理想的な住宅ローンを見つけるためには、「どこで借りるか」ではなく、「何を借りるか」に焦点を絞らなければなりません。金融機関ではなく、住宅ローンという商品そのものを見きわめる必要があるのです。大手の都市銀行が○で、地方の信用金庫が×ということはありません。ネットバンクも同様です。すべての金融機関、すべての住宅ローンを同じ土俵に上げて比較することが大切です。

金利ランキングの上位から検討する

現在、住宅ローンを取り扱っている金融機関は1500社以上あります。商品数でいえば4万種以上。このなかから、あなたにとってオンリーワンの住宅ローンを自力で探し出すのはまず不可能でしょう。しかも、住宅ローンの金利は毎月更新されています。先月までいいなと目星をつけていたローンが、今月は金利が上がって魅力的ではなくなったということも容易に起こり得ます。では、どうするか？

簡単なやり方は、ネット上にある「金利情報」をベースに、金利が低い商品から順番に検討していく方法です。左頁で紹介しているサイトは、筆者が「信頼できるサイト」としてお勧めしているものです。皆さんも利用してみてください。サイトをチェックする際は、金利以外の情報にも目を配る必要があります。金利は低いものの融資事務手数料が高いため、トータルで見ればそれほどお得にならないローンもあります。「最終的にいくら支払わなければならないのか」は常に意識しておきたいところです。すでに借入額や毎月の返済額はイメージできていると思いますので、それらを基準に一つひとつふるいに掛けていきましょう。

金利の情報などが充実しているお役立ちウェブサイト

日本全国にある住宅ローン商品を効率よく調べるには、便利なウェブサイトを利用するのがいちばんです。

住宅金融普及協会

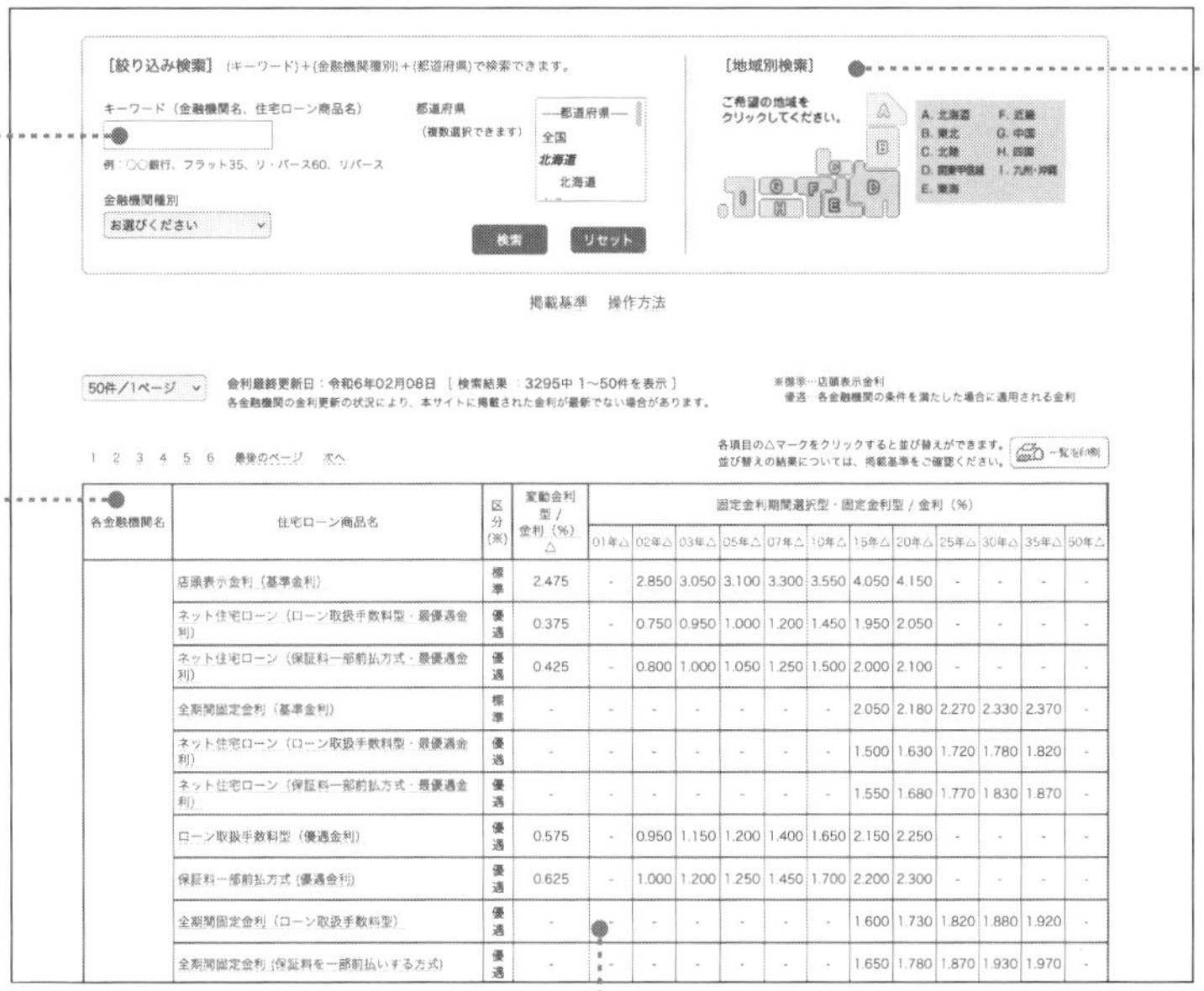

[絞り込み検索]（キーワード）+（金融機関種別）+（都道府県）で検索できます。

キーワード（金融機関名、住宅ローン商品名）

例：○○銀行、フラット35、リ・バース60、リバース

金融機関種別　お選びください

都道府県（複数選択できます）　全国　北海道

検索　リセット

[地域別検索]　ご希望の地域をクリックしてください。

A. 北海道　B. 東北　C. 北陸　D. 関東甲信越　E. 東海　F. 近畿　G. 中国　H. 四国　I. 九州・沖縄

掲載基準　操作方法

50件／1ページ　金利最終更新日：令和6年02月08日［検索結果：3295中 1～50件を表示］

各金融機関の金利更新の状況により、本サイトに掲載された金利が最新でない場合があります。

※標準…店頭表示金利　優遇…各金融機関の条件を満たした場合に適用される金利

1 2 3 4 5 6 最後のページ 次へ

各項目の△マークをクリックすると並び替えができます。並び替えの結果については、掲載基準をご確認ください。　一覧を印刷

各金融機関名	住宅ローン商品名	区分(※)	変動金利型／金利（%）△	固定金利期間選択型・固定金利型／金利（%）											
				01年△	02年△	03年△	05年△	07年△	10年△	15年△	20年△	25年△	30年△	35年△	50年△
	店頭表示金利（基準金利）	標準	2.475	-	2.850	3.050	3.100	3.300	3.550	4.050	4.150	-	-	-	-
	ネット住宅ローン（ローン取扱手数料型・最優遇金利）	優遇	0.375	-	0.750	0.950	1.000	1.200	1.450	1.950	2.050	-	-	-	-
	ネット住宅ローン（保証料一部前払方式・最優遇金利）	優遇	0.425	-	0.800	1.000	1.050	1.250	1.500	2.000	2.100	-	-	-	-
	全期間固定金利（基準金利）	標準	-	-	-	-	-	-	-	2.050	2.180	2.270	2.330	2.370	-
	ネット住宅ローン（ローン取扱手数料型・最優遇金利）	優遇	-	-	-	-	-	-	-	1.500	1.630	1.720	1.780	1.820	-
	ネット住宅ローン（保証料一部前払方式・最優遇金利）	優遇	-	-	-	-	-	-	-	1.550	1.680	1.770	1.830	1.870	-
	ローン取扱手数料型（優遇金利）	優遇	0.575	-	0.950	1.150	1.200	1.400	1.650	2.150	2.250	-	-	-	-
	保証料一部前払方式（優遇金利）	優遇	0.625	-	1.000	1.200	1.250	1.450	1.700	2.200	2.300	-	-	-	-
	全期間固定金利（ローン取扱手数料型）	優遇	-	-	-	-	-	-	-	1.600	1.730	1.820	1.880	1.920	-
	全期間固定金利（保証料を一部前払いする方式）	優遇	-	-	-	-	-	-	-	1.650	1.780	1.870	1.930	1.970	-

キーワードで検索できる

都市銀行、地方銀行、モーゲージバンクなど金融機関別に絞ることができる

金利を低い順に並べ替えるのも簡単

地域別に検索できる

一般財団法人住宅金融普及協会が運営するホームページ上のコンテンツ「住宅ローンの金利情報」には、住宅ローンの商品数が最も多く掲載されています。建設予定地で利用できる住宅ローン候補を絞り込むこともできます

ダイヤモンド不動産研究所

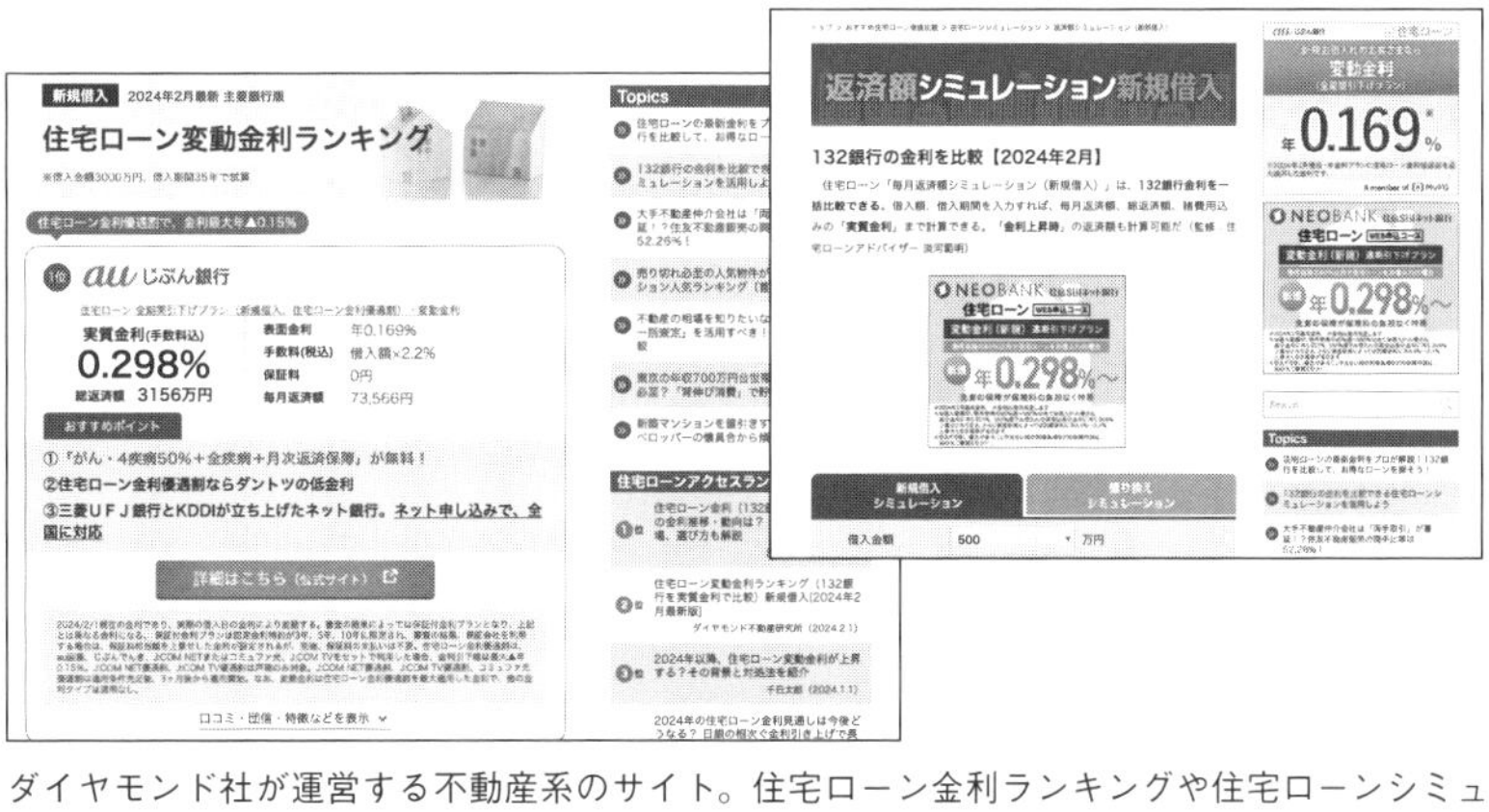

ダイヤモンド社が運営する不動産系のサイト。住宅ローン金利ランキングや住宅ローンシミュレーションなど住宅ローンに関して知りたい情報が分かりやすくまとめられています

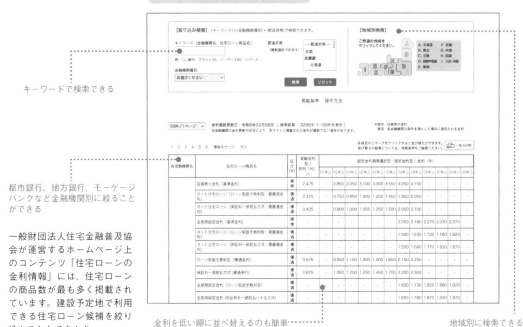

5 借りたいローン商品を選ぶ

5 制約条件を確認する

「商品概要書」が重要になる

あなたにとって好ましく思われる住宅ローン商品が何点か見つかったら、そのローンの資料を手に入れます。金融機関に直接足を運んでもいいですし、電話やインターネットで取り寄せることもできます。資料が手に入ったら「商品概要書」に目を通してください。そこには、**融資を受けるために必要な重要事項、すなわち「制約条件」が書かれています**。この条件をすべてクリアできなければ、その住宅ローンを利用することはできません。このプロセスを飛ばして、いきなり融資の申し込みをして、あとから制約条件を満たしていないことが分かっても、あとの祭りです。

金融機関の広告には、「いまなら金利優遇！」の文字がいつも躍っていますが、それが自分にも適用されるかどうかは、読めるか読めないか程度の小さな文字で書かれている制約条件をチェックするまでは分かりません。

制約条件のなかでも、「つなぎ融資を併用できるか」「土地は借地でもよいか」「優遇はいつまでに着工される住宅に対してなのか」などは重要なポイントです。

いちいち制約条件をチェックするのは面倒という人は、42頁のコラムで紹介しているように、金融機関のコールセンターに電話して直接聞いてみるというのも一つの方法です。

提携ローンも気にかけておく

まわりの住宅購入経験者から「安い提携ローンを利用した」という話を聞いたことがありませんか？　提携ローンとは、住宅関連会社と特定の金融機関が提携し、特別な条件を盛り込んでいるローンのことです。審査が早い、金利が安い、手続きがスムーズといった利点があります。かつては最安金利とほぼ同義でしたが、現在は、ほかにもより安いローン商品が増えています。

住宅ローン商品の制約条件はココをチェック

制約条件は住宅ローンの商品特性によっても異なります。以下は住宅金融支援機構のフラット 35 を例に、主な項目をまとめたものです。

項目	内容	フラット35での制約条件
国籍	日本国籍、永住許可、特別永住者、外国籍	日本国籍、永住許可、特別永住者のみ（外国籍は不可）
年齢	融資時の年齢	原則 20 歳以上 70 歳未満
	完済時の年齢	80 歳の誕生日の月まで
収入	最低年収	なし
	最高年収	なし
勤続年数		2カ月以上
雇用形態	正社員、契約社員、派遣社員、パート、アルバイト、自営業者など	なし
返済負担率	年収における借入れの割合	年収 400 万円以上は 35%以下
		年収 400 万円未満は 30%以下
融資対象	用途	本人または親族が住むための新築住宅の建設・購入資金、または中古住宅の購入資金 建設費と土地の購入費の合計が 1 億円以下 保留地、仮換地は条件次第で OK 賃貸併用、事業併用部分は融資対象外 上記の建物の場合、住宅部分が全体の 50%以上であること
	権利関係	借地権、定期借地権も OK
	床面積	戸建住宅 70㎡以上、マンション 30㎡以上
	敷地面積	要件なし
	築年数（中古）	建築確認日が昭和 56 年 5 月 31 日（建築確認日が確認できない場合にあっては、新築年月日［表示登記における新築時期］が昭和 58 年 3 月 31 日）以前の場合、機構の定める耐震評価基準などに適合していることを確認する必要がある
融資金額	上限	物件価格の 90%かつ 8,000 万円以下
	下限	100 万円以上
融資期間		15 年以上 50 年以下（ただし、申し込み本人または連帯債務者の年齢が満 50 歳以上の場合は10年以上）
返済タイプ	元利均等返済、元金均等返済、ボーナス返済、増額返済	元利均等返済、元金均等返済、ボーナス返済
担保		借入れ対象の土地・建物に第 1 順位の抵当権設定
保証人	連帯保証人または保証会社による保証	不要
団体信用生命保険		原則加入
火災保険		強制加入

民間の住宅ローン商品では、この条件がつくことも多い

あくまで居住用なので収益を得るスペースとの併用は制約が厳しいことが多い

都市部に多い狭小住宅だと利用できないこともあるので注意

見落としやすいところなので注意

Column

変動金利の「５年特約」は安心材料にならない

金利が上昇し始めると、いよいよアレが動き出します。"変動金利の激変緩和装置"との異名をもつ「５年特約」です。金融機関では、金利の上昇リスクを最小限に抑える便利ツールのように語られますが……如《し》かしてその実態は？

毎月の返済額は変わらないが返済額の「中身」は変わっている

変動金利タイプの住宅ローンは、金融情勢に合わせて半年ごとに金利が見直されます。金融機関の窓口であなたがそのリスクについて尋ねたり、不安そうな様子を見せたりすると、担当者は「５年特約があるのでご心配なく」という説明を始めるかもしれません。

５年特約とは、変動金利タイプの住宅ローンを借りたあとに金利が上昇しても、５年間は毎月の返済額を当初の金額のまま据え置いてくれるという約束事です。「ああ、それならよかった」と胸をなでおろすのはちょっとお待ちを。確かに、毎月の返済額が変わらないのは一つの安心材料ですが、その間に、実は水面下で大きな変化が起こっています。

そもそも住宅ローンの毎月の返済額は、「元金＋利息」という内訳で構成されています［30頁参照］。金利が上がれば、この「元金＋利息」という返済額も全体として上がるはずですが、５年特約ではその額を５年間一定にしてくれます。その代わり、「元金＋利息」のなかの「利息」の割合が増やされます。

「利息の割合を増やす」とは、どういうことでしょうか？　毎月返済しているお金が住宅ローンの元金なのか利息なのかは、とても大きな違いです。返済するお金のうち、元金の割合が多ければ元金の減るスピードが早く利息負担も少なくなりますが、利息の割合が多ければ元金返済が進まず利息負担が重くなります。元金が返済できなければ、その分さらに支払わなければならない利息が増えていくのです。トータルで考えると、５年特約は総返済額が大幅にアップする可能性のある制度だということが分かります。

上限25％アップは多いか少ないか

５年特約の５年間が終わったら、その後はどうなるのでしょう？　６年目に金利の変動に合わせて返済額が見直されます。それからの５年間はその返済額で据え置かれ、その後の11年目にまた返済額が見直されます。さらにそれからの5年間はその返済額で据え置かれ……、この繰り返しです。「返済額の見直し」と聞くと、どれくらい金額が上がるのか気になりますが、これはあらかじめ上限が決まっています。返済額の25%アップで打ち止めです。「増えても25%までか」と安心してはいけません。25%とは1・25倍。毎月の返済額が10万円なら12万5000円です。月々2万5000円の支出増ですから、年間で30万円の出費に。しかもそれが5年間続きます。果たしてこの重みに、あなたは耐えられるでしょうか。

安全策とは言いがたい

20頁の表にあるように、金利は1987年～90年に一度上昇したことがありました。しかし、これはきわめて短期的な動きだったため、5年特約が効を奏して変動金利タイプの利用者に大きなメリットをもたらしました。ただし、金利が長期的に上昇してしまうと、こううまくはいきません。5年特約は、あくまで金利の急上昇を家計に直接影響させないための一時的措置です。前述のようにトータルの返済額は確実に増えます。「5年特約があるから安心」と説明をされても、無邪気に喜ぶことのないよう十分お気をつけください。

毎月の返済額は変わらないが、総返済額は増えてしまう

3,000万円を35年返済で借りた場合の毎月の返済額と、その内訳をグラフにしました。金利が上がるにつれて元金分が少なくなり、利息分が増えていきます。この分だけ最終的に支払うべき返済額が増えていきます。

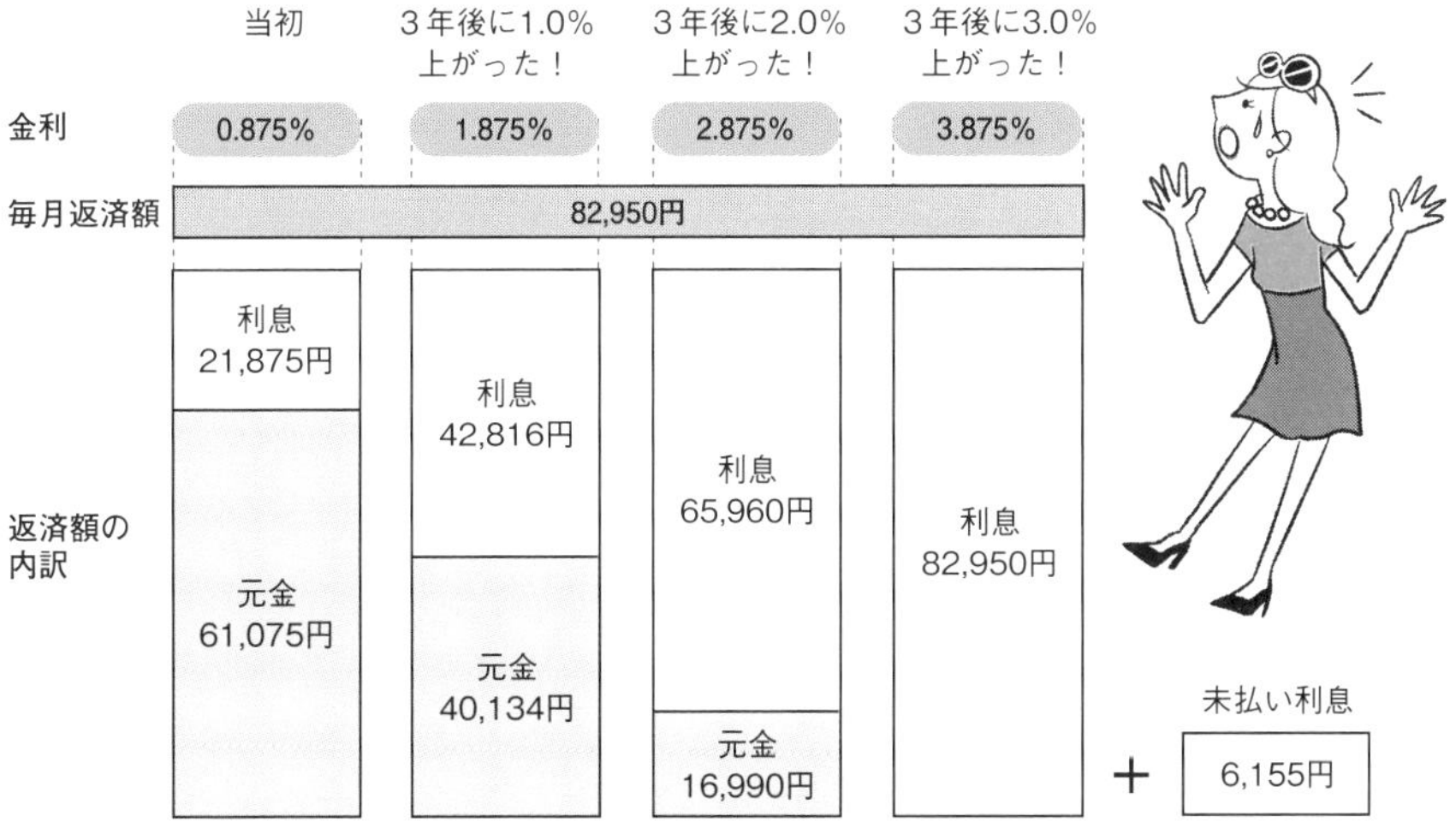

6 金融機関へ融資を申し込む

1 申し込み～入金までの流れを知る

手続きのイメージをつかむ

地道なトレーニングと綿密に練られた作戦で大一番のレースに臨もうというマラソンランナーも、出場の手続きに不備があったり、必要な書類に抜けがあったりすると、その対応に追われて肝心のレースに集中できなくなります。住宅ローンの融資手続きも、事前に何が必要か分かっていなければ、二度手間、三度手間が増え、理想のローン（金利）を僅差で逃してしまうことすらあります。金融機関とどのようなやり取りをするのか、ここで全体の流れを見ながら押さえておきましょう。

大きな流れとしては、まず、あなたが希望する融資を受けられるかどうかを調べる「審査」を、金融機関に申し込むところから始まります。この審査を通過したら、次に借入れの条件を確定させます。そして、あなたと金融機関の間で融資契約を結んだあと、購入した住宅の引渡し日と同時にあなたの口座へ融資金が入金されます。入金を確認したら、すみやかに関係者への支払いを済ませます。

不測の事態に備え、余裕のあるスケジュールを

借入れを申し込んでから融資が実行されるまでのスケジュールで**最も重要なのは、審査で承認を得るまでの期間です**。審査結果が出るまでに、1カ月ほどかかることもあります。残念ながら審査に落ちることもあり得ますので、スケジュールが厳しい場合は、複数の金融機関に申し込んでおくと安心です。また、審査や契約といった節目には必ず提出書類が必要になります。これらを揃える時間も意外とかかりますので、早めに動きたいところです。

金融機関に赴くのは、一般的には申し込み時、契約時、融資実行時の3回。場合によっては行かなくてもよかったり、担当者が自宅まで来てくれることもあります。

希望する住宅ローンの申し込みから融資実行までの流れ

住宅ローンは申し込んだらすぐにお金が入るわけではありません。分からないことがあれば、金融機関や不動産会社の担当者に聞いてみましょう。

BANK

事前審査の申し込み

2〜14日

住宅ローン商品の申し込み手続きを、インターネットか店頭で行う。→ STEP6－2

実印を持っていなければつくっておく。印鑑登録証明書や住民票などの公的書類を用意しておく。

金融機関により審査にかかる時間は異なる。審査中は勤務先に所属確認の電話が入る可能性がある。

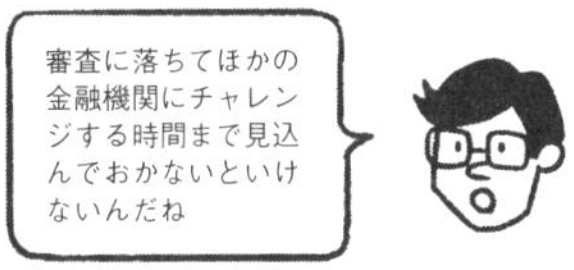
審査に落ちてほかの金融機関にチャレンジする時間まで見込んでおかないといけないんだね

審査承認の連絡

承認連絡は、金融機関からのこともあれば、不動産会社や住宅販売会社からのことも。承認され、融資の目処が立ったら住宅の購入先と売買契約（もしくは依頼先と工事請負契約）を結ぶ。

借入れ条件の調整

家計をもう一度見直したり、金融機関からの指摘を受け入れて借入れ内容を調整したりする。
→ STEP6－3

正式審査の申し込み

1〜2カ月

借入条件を確定し、提出書類を揃えて、インターネットまたは店頭で正式審査（本審査）の申し込みを行う。

通常、契約の日取りは本審査承認後に決めるが、希望がある場合は事前に申し出ておく。
→ STEP6－5

融資契約

3〜8日

金融機関が指定する場所で契約する。連帯保証人および担保提供者がいる場合は同席してもらう。金融機関とは金銭消費貸借契約を結ぶことになる。土地・建物の保存登記と移転登記を済ませ、抵当権を設定する。
→ STEP6－3

えっ！ 融資がおりるまでってこんなに時間がかかるの？

融資実行

口座に融資金が入金される。入金が確認できたら支払いが必要な売主、建設会社などの口座へ振り込む。

注：土地の購入や注文住宅などでつなぎ融資が発生する場合については46頁以降の「お金カレンダー」を参照してください

6 金融機関へ融資を申し込む

2 事前審査に申し込む

事前審査は「併願」可能

金融機関へのコンタクトは、事前審査（仮審査、簡易審査ともいう）への申し込みから始まります。実施される審査の方法や回数はさまざまですが、融資を申し込む前の簡易な事前審査は、融資を受けられるか否かが問われる第一関門といえます。

事前審査は受験や就職活動と同じで、複数の金融機関に同時に申し込んでもOKです。あなたが目星をつけている住宅ローン商品のなかから、「本命」「対抗」「すべり止め」など、いくつか選んだうえで複数申し込んでみてください。申請書類は金融機関のホームページからダウンロードすることもできます。審査申込書は、おそらくあなたが住宅ローンに関係して記入する初めての書類になるでしょう。不備や抜けがないように気をつけてください。事前審査の結果は、早ければ当日中、遅くとも3日から1週間以内には出ます。

返済負担率と個人信用情報が確認対象

金融機関は提出された書面から何を読み取るのでしょうか？　事前審査では主に、返済負担率［74頁参照］の妥当性と個人信用情報がチェックされます（金融機関により異なります）。

収入に占める返済額の割合である返済負担率は、たとえばフラット35なら、年収400万円未満では30％以下、年収400万円以上では35％以下と公表されています。ただし、そのほかの金融機関は独自の審査ルールを設けていますので、実際に申し込んで確認してください。

個人信用情報は、あまり知られていませんが専門の登録機関があります。金融機関はこうした機関に申込人の情報を照会し、独自のルールで審査します。過去の取引金融機関名、取引履歴、返済に問題があった履歴などは、すべて記録として残されているのです（情報は一定期間経つと消えます）［121頁参照］。

事前審査とは「貸してもいい相手・計画」かどうかを調べる第一関門

審査に必要な書類は一度に集めておこう

金融機関によって異なりますが、以下は本審査時に提出が求められる書類です。★マークがついているものは、事前審査の段階で求められるもの。役所や職場で一度に必要枚数を発行してもらえば手間を省けます。

書類	内容	注意事項	
本人確認書類	•免許証、パスポート、マイナンバーカードのいずれか（★） •住民票の写し •健康保険証（★）	—	本人がダンドリよく揃える
収入確認書類	源泉徴収票か確定申告書のいずれか（★）	個人で所有、ただし紛失時には会社、税務署に再発行を依頼	
	住民税課税証明書、特別徴収税の決定通知書、納税証明書	住民税：市町村役場 特別徴収税：個人所有 納税証明書：税務署	
	職務経歴書、給与明細書、給与証明書	個人または会社が作成	
土地の確認書類 （事前審査時は販売チラシなどで可）	不動産売買契約書、重要事項説明書	仲介業者が作成	不動産会社にお願いしておく
	謄本、公図、地積測量図、住宅地図	住宅地図以外は法務局 地積測量図がなければ実測図が必要	
建物の確認書類 （事前審査時は間取り図などで可）	工事請負契約書、見積書	請負契約が完了していなくても、見積書くらいは必要	住宅会社などにお願いしておく
	平面図、配置図	図面作成は住宅会社または設計事務所となるが、必要書類は金融機関により異なる	

借入内容	お借り入れ希望額	2,500 万円	お借り入れ希望日	令和 6 年 10 月 5 日		お借り入れ期間	35 年		
	ボーナス払併用	1.有 2.無	返済方法	1.元利均等返済 2.元金均等返済		団体信用生命保険の加入について 1.有(申込人・連帯債務者・夫婦遺生) 2.無			
	資金計画	資金使途	1.住宅新築 2.建売購入 3.土地購入および住宅新築 4.新築マンション購入 5.その他( )						
		所要資金	内訳		調達内訳				
			土地所得貸金	920 万円		住宅ローン	2,500 万円	35 年	円
			建築費	1,860 万円		現金	280 万円	年	円
			土地住宅購入	万円			万円	年	円
			マンション購入	万円			万円	年	円
			その他	万円			万円	年	円
			合計	2,780 万円			2,780 万円		円

取得物件	売買契約予定日	令和 年 月 日	建物新築年月日	令和 6 年 9 月 15 日		
	申込み種別	1.建設(土地資金無し) 2.建設(土地資金あり) 3.新築購入 4.中古購入				
	物件所在地	〒111－7777 埼玉県水辺の村1－7		敷地面積(実測) 100 ㎡	権利	1.所有権 2.賃貸権 3.使用賃貸 4.その他
	建物	床面積	住宅部分: 102 ㎡ 非住宅部分 ㎡		構造	1.木造 2.準木造 3.耐火
		物件種類	1.一戸建て 2.マンション(階建て 階) 3.店舗・事務所併用			
	購入先名		請負・分譲業者	ユメノ建設(株)	仲介業者	

提携・紹介会社 担当者名	ホームローンドクター	電話	( )
		FAX	( )

<ご記入状の注意>

申込人ご署名 連帯債務者のご署名	氏名	ご本人様が同意内容を確認の上、印鑑証明等と同じお名前・フリガナをご記入ください。
	ご印鑑	原則、ご実印またはご実印予定印を押印してください。
	提携・紹介予定会社への事務委託	事前審査申込書を提携・紹介会社を経由してなさる場合は、事務委託文書のブランク欄に提携・紹介会社名を記入して、染む委託してください。

会社使用欄

申込受付 日付	検印	担当
本人意思確認・同意条項確認 日付	検印	担当
使用照会 日付	検印	担当

<取り上げ> 可 不可 (営業本部長まで回付のこと)				
社長	取締役	部長	担当	
<特記事項・コメント等>			提携・紹介会社・担当者 日付	回答者

お借り入れ希望日は、原則として新築年月日の前後になります

元利均等返済か元金均等返済かを選択します。元金均等返済は当初の返済額が高くなりやすいので、金融機関の返済負担率に満たない場合があります

調達内訳の合計欄は、所要資金の内訳合計欄と一致していなければなりません

建物新築年月日は、確定していなければ予定日を入れましょう。あとで変更しても問題ありません

取得物件の欄には、必ず土地と建物の情報を記入します。記入していないと審査ができません。購入する土地を変更したら、再審査となります

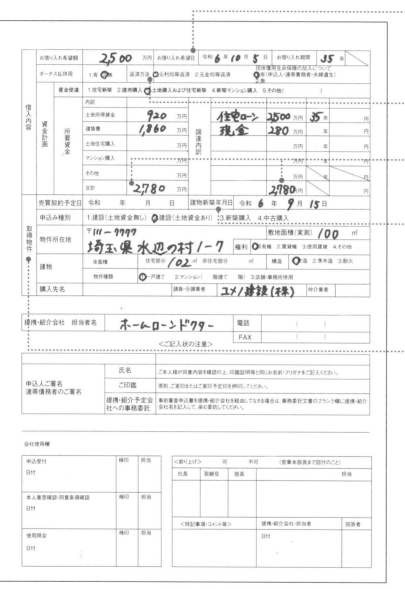

事前審査申込書の中身

金融機関の窓口で受け取るほか、郵送による請求や金融機関のホームページでダウンロードできる場合もあります。審査のポイントは、収入、勤務先、借入内容、そのほかの借入れです。

実印を押す。共有名義の場合でも、夫婦で同じ印鑑は絶対にダメです

申込人欄や連帯債務者欄は、本人自署が絶対条件。もし、同一の筆跡なら書き直しになります

〈例〉

<住宅ローン事前審査申込書>

マイホームバンク株式会社御中　　令和 6 年 4 月 1 日

提携先：ホームローンドクター（コード　　）

申込タイプ		
①A	2.B	3.C

申込人および連帯責務者（以下「私ども」と言います。）は、裏面記載の「個人情報の取扱に関する同意条項」について同意の上、事前審査を申し込みます。

申込人	フリガナ カメダ カメオ お名前 カメ田 カメオ	フリガナ ご住所 〒111－9999 埼玉県水辺の村1-4-202	ご捺印
	性別 ①男 2.女	生年月日 ①昭和・平成 64 年 1 月 1 日／満 35 歳	
	電話 自宅：00－0000	携帯電話：□□－0000　勤務先 000－0000	
連帯債務者	フリガナ カメダ カメコ お名前 カメ田 カメコ	フリガナ ご住所 〒111－9999 埼玉県水辺の村 1-4-202	ご捺印
	性別 1.男 ②女	生年月日 ①昭和・平成 64 年 1 月 1 日／満 35 歳	
	電話 自宅：00 000	携帯電話：△△ 0000　勤務先：000－0000	
理由	1.親子リレー ②収入合算 3.その他（　）		

この事前審査に係わる事務をホームローンドクターに委任します。ただし、諾否の回答は私に対して行ってください。

なお、この事前審査が提携・紹介会社を経由してなされた場合、審査結果について提携・紹介会社に回答されても差し支えありません。


注1.ご融資の正式な諾否については、別途、正式なお申込みの後に決定させていただきますので、この事前審査申込書のご回答は将来にわたりご融資をお約束するものではありません。

注2.この事前申込書にご記入いただいた内容と正式申込書の内容が相違、もしくは重大な変更のある場合等は、ご希望に添いかねることがございますのであらかじめご了承ください。

注3.お申し込みの内容については、必要な場合は、ご自宅等にお電話でお問い合わせすることがございますので、ご了承ください。

注4.この事前審査申込書の他に必要に応じ別途書類をご提出頂く場合があります。

注5.この事前審査申込書についてはご返却いたしません。

申込人の状況		現住所 1.親族の家の居住 2.持ち家 3.公営住宅・公団公社賃貸住宅 ④民間アパート 5.賃間下宿 6.社宅・貴舎	
	申込人	収入 前年度年間収入（税込）500 万円　収入報酬 ①給与 2.事業所得 3.その他　配偶者 ④・無　同居予定者 3 人	
		勤務先 フリガナ 名称 水辺の村役場	フリガナ 所在地 〒111－9999 埼玉県水辺の村1-1
		事業内容 総務　所属部署 何でもやる課　役職	
		就職年月日 昭和・平成 23 年 4 月 1 日　転職 有・無　前勤務先	
	連帯債務者	収入 前年度年間収入（税込）　万円　収入報酬 ①給与 2.事業所得 3.その他　配偶者 有・無　同居予定者　人	
		勤務先 フリガナ ミズベノムラヤクバ 名称 水辺の村役場	フリガナ サイタマケン ミズベノムラ 所在地 〒111－9999 埼玉県水辺の村 1-1
		事業内容 総務　所属部署 何でもやる課　役職	
		就職年月日 ①昭和・平成 29 年 4 月 1 日　転職 ④・無　前勤務先 (有) ミズベ商事	

資産	500 万円	今回の住宅取得以外の借入内容	種類	当初借入金額	現在残高	残存期間	年間返済額の1/12
預貯金 不動産売却代金 など			1.住宅ローン	0 万円	万円	年	円
			2.目的ローン	0 万円	万円	年	円
			3.フリーローン	0 万円	万円	年	円
			4.その他	0 万円	万円	年	円
			合計	0 万円	万円	年	円

概算でよいので必ず記入しましょう

今回の住宅取得以外の借入れ内容があれば正確に記入します。ここに記載されていない借入金の存在があとで分かると、審査にマイナスの影響があります

転職歴がある人は前勤務先欄に必ず記入すること。特に、現在の勤続年数が2年以内の人は記入が必須です

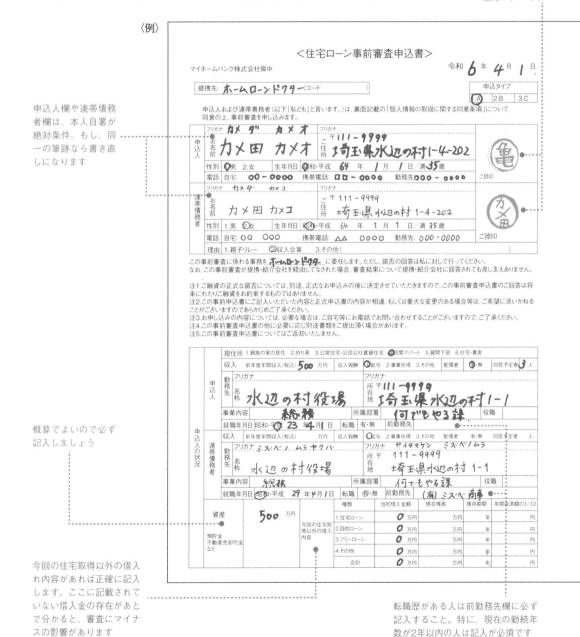

6 金融機関へ融資を申し込む

3 借入れ条件を最終調整する

返済期間を調整して最終決定

事前審査を通過したら、正式に融資を申し込む前までに借入れについての条件を調整し、確定させておきます。この時点で借入額と金利のタイプはすでに固まっているかと思いますが、**返済期間についてはもう一度じっくり考えてみます。**

すでに子育て中の家庭や、これから子供をもつ予定の夫婦であれば、住宅ローンの返済と教育費の積み立てが毎月きちんとできる返済期間（返済額）になっているかを再度確認します。無理があるようなら、返済期間を延ばして毎月の返済額を減らさなければなりません（総返済額が増えるのはやむなし）。

申込人が40歳を過ぎている場合も同様です。退職時までの年齢で返済期間を設定している場合は、期間が短くなりがちなので毎月の返済額が多めになります。左頁の表は、返済期間が20年の場合と35年の場合の比較ですが、返済期間を長くしておけば、その分、貯蓄額が増えますので不測の事態に陥っても安心です。万一、本人（申込人）が死亡しても団体信用生命保険に入っていれば、それだけでローンは完済されます（ただしこのシミュレーションは、住宅ローンの残高と同額を預貯金にしておき、毎月の「自由になるお金」を2％前後で運用することが前提です）。

返済方式なども最終決定

この段階までくると、住宅ローン保証料は一括払いにするか、毎月の返済額に上乗せするか、また、団体信用生命保険を利用するか、利用する場合は一括払いにするか、年払いにするかなどの契約条件についても確定させていきます。そのほか、返済方式は元利均等返済か元金均等返済かなども。どちらにするかで総返済額が変わりますので、慎重に検討してください。

借入れの条件を最終決定しよう

住宅ローンの検討もいよいよ最終調整段階。融資申し込み前までに決めることは、まだまだたくさんあります。

ウサコの住宅ローンの借り方・返し方

1. 住宅ローン商品
借入額 2,500 万円、変動金利と固定金利をミックスさせる、25 年返済

2. 返済方法
月払いのみ、ボーナス返済はしない
返済方式は元金均等返済

3. 保証料
金利に上乗せして分割

4. 融資事務手数料
保証料とセットで

5. 優遇幅
当初優遇をつける

6. 団体信用生命保険
加入せずに個人で一般の生命保険に加入［154 頁参照］

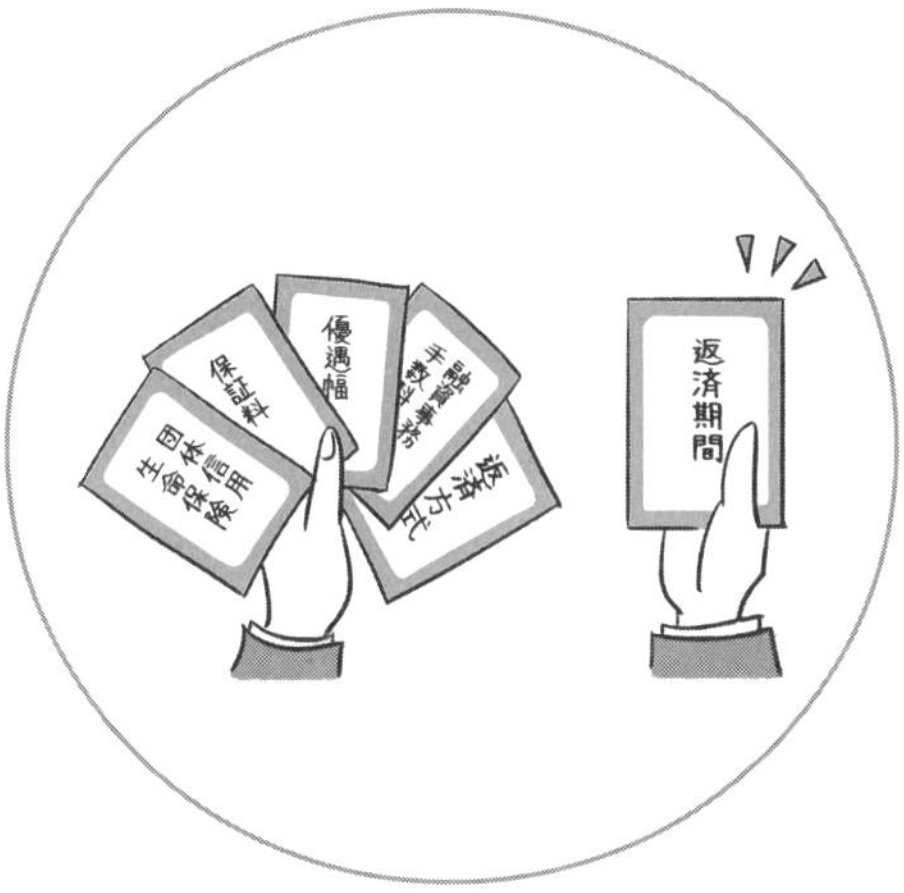

カメオの住宅ローンの借り方・返し方

1. 住宅ローン商品
借入額 2,500 万円、全期間固定金利（フラット 35)、35 年返済

2. 返済方法
月払いのみ、ボーナス返済はしない
返済方式は元利均等返済

3. 保証料
融資実行時に支払う

4. 融資事務手数料
保証料とセットで

5. 優遇幅
特になし

6. 団体信用生命保険
加入する

40代以上必見！　返済期間20年 vs 35年

返済期間 20 年の場合と 35 年の場合では毎月の返済額に約 5 万円の差が出ます。これを将来に向けてきちんと貯蓄できるならば、「定年までに完済」にこだわる必要はありません。返済期間 20 年は定年時のローンと預貯金がゼロ、35 年は定年時のローン残債と預貯金（2%複利運用）がほぼ同額です。35 年返済は定年の時点で繰上げ返済をするという方法もあります。

【前提条件】
年齢：44 歳、年収：540 万円、借入額：3,200 万円、金利：1.81%（フラット 35)

	20年	25年	30年	31年	32年	33年	34年	35年
毎月の返済額	159,018円	132,692円	115,261円	112,463円	109,844円	107,388円	105,081円	102,910円
自由に使えるお金	0円	26,326円	43,757円	46,555円	49,174円	51,630円	53,937円	56,108円
20年目融資残額	0円	760万円	1,254万円	1,345万円	1,420万円	1,491万円	1,558万円	1,621万円
差額分貯蓄額	0円	631万円	1,045万円	1,117万円	1,180万円	1,239万円	1,294万円	1,346万円
2%複利運用	0円	776万円	1,292万円	1,375万円	1,453万円	1,525万円	1,593万円	1,657万円

6 金融機関へ融資を申し込む

4 正式に融資を申し込む

融資契約前ならキャンセルOK

さて、いよいよ事前審査に通過した金融機関から最も条件のよい1社を選び、正式に融資を申し込む段階まできました。事前審査が承認されると、同時に、金融機関からは「住宅ローン借入申込書」や、「団体信用生命保険申込書兼告知書」などの書類一式が送られてきます。

必要書類を揃えたうえで金融機関に「融資申し込み」を行うと、その後、金融機関では「本審査」という手続きに入ります。これは金融機関だけでなく保険会社などの審査も含んだ、事前審査よりも厳しい審査です。たとえば、個人属性については健康状態や勤務先の規模や経営状態まで調べられます。事前審査では返済計画を単純な返済負担率で確認する程度でしたが、本審査の段階では借入れ時・完済時の年齢、収入の安定性など、返済計画に無理がないかをさらに総合的に判断していきます。建物自体についても、建築基準法や権利関係に問題がないか、将来、建物を売却する可能性も視野に入れ、その際に売却しやすいかなどを精査します。

結果が出るまで早ければ1～3週間、長いと1カ月程度待たされることもありますが、**本審査に通れば、原則として「住宅ローンを借りられる」と考えてよいでしょう。**複数の金融機関に申し込んでいた場合は、契約しない金融機関に断りの連絡を入れてください。契約前ならキャンセルをしても違約金や手数料は発生しません。

「内定」取り消しになるNG行動

本審査で承認を得てから融資が実行されるまでの間、審査の前提となっていた状況に変化があると、承認が取り消されることがあります。転職、退職、独立といった就業状況の変化や、自動車ローンなど新たな借入れを行った場合です。「バレないだろう」という油断が取り返しのつかないことになる可能性もあるのでご注意を。

厳しさアップ！ 本審査の内容

本審査は事前審査とはまったく別物と考えておいたほうがよいでしょう。個人属性・返済計画・物件の３本立てで審査が行われます。

個人属性に関する審査

個人信用情報の照会、勤務先や勤続年数、収入、健康状態について確認し、金融機関の審査基準を満たしているかどうかを確認します。不法行為（詐欺や偽造など）がないか、反社会的勢力や犯罪にかかわりがないかなども調べられます。

→問題があったときの対策

●勤続年数が充足するまで待つ

●収入が安定するまで待つ

返済計画に関する審査

借入れ時年齢、完済時年齢、収入の安定性、返済負担率、ほかの借入れがないかなど、返済計画に無理がないかなどを調べられます。

→問題があったときの対策

●ほかの借入金を返済し、半年以上待つ

●援助を受けるか、物件を変更する

物件に関する審査

売主、仲介業者、建設会社、物件の法的な位置付け（都市計画法や建築基準法、権利関係など）、適法性、適格性などを確認します。必要な要件を満たしているか、万一売却するときに問題がないかなども調べられます。

→問題があったときの対策

●頭金を増やすか、物件を変更する

建設費・購入価格は、申し込み時点での予定金額の最大値で見積もって申請します

収入合算者の年収は正確に記入します。配偶者の勤続年数が短かったり、産休・育休がある場合は、金融機関に確認しながら記入するとよいでしょう

土地取得費は、売買契約書記載の土地代金のみです。開発費用などは建設費のほうに加算します

資金交付希望月は、フラット35の場合なら建物完成時です。分割融資の場合は、1回目の融資実行日を確認しておきましょう

返済の予定期間を記入します。フラット35であれば、最長35年です

今回の住宅取得以外の借入れがあれば、正確に記入を。記入漏れは審査が不利になるおそれがあります

手持金は内訳も正確に記入します。場合によっては預金通帳などの証拠書類の提出を求められることもあります

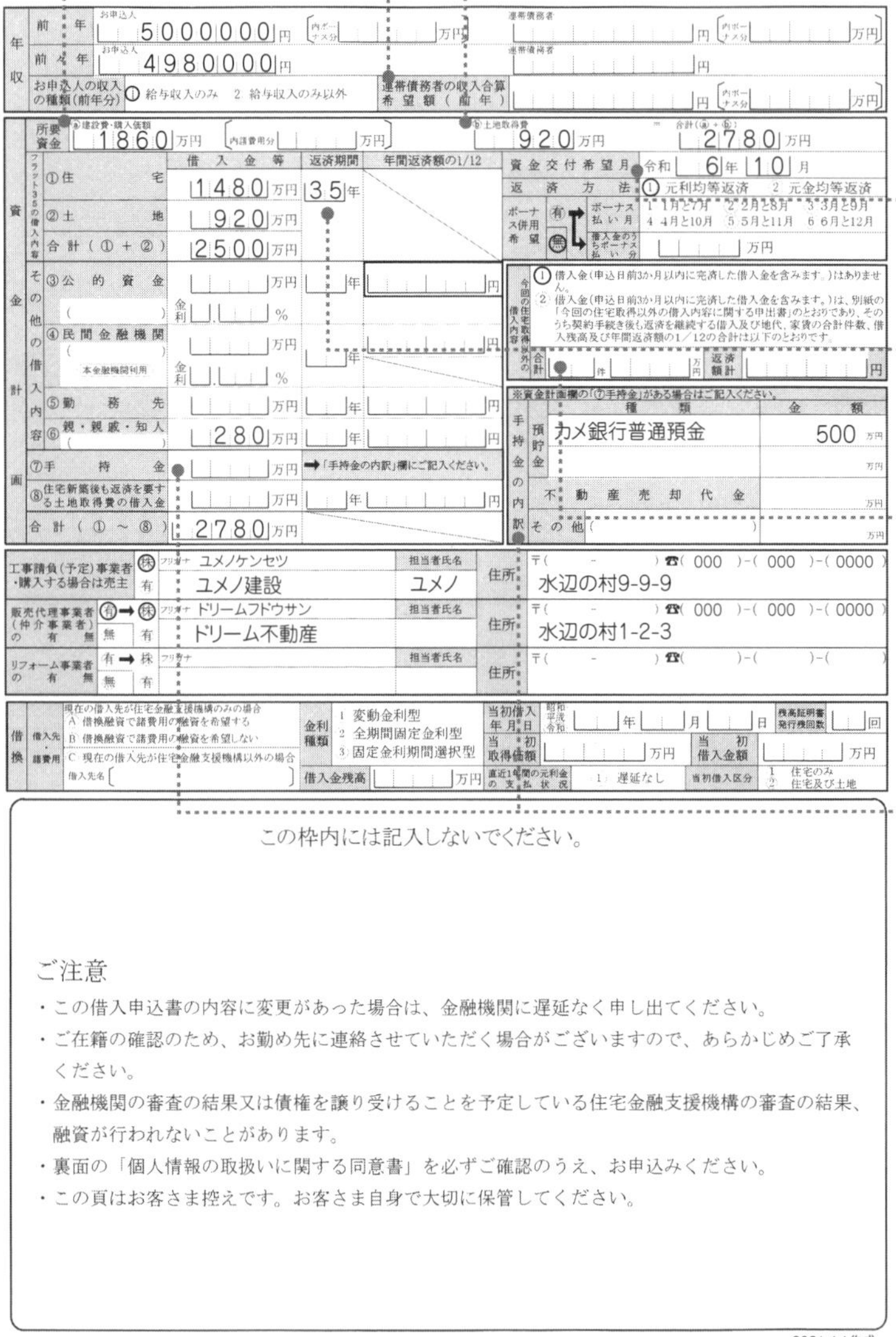

年収				
前年	お申込人 5000000円	内ボーナス分 万円	連帯債務者 円	内ボーナス分 万円
前々年	お申込人 4980000円		連帯債務者 円	
お申込人の収入の種類(前年分)	① 給与収入のみ　2 給与収入のみ以外		連帯債務者の収入合算希望額(前年) 円	内ボーナス分 万円

所要資金　ⓐ建設費・購入価額 1860万円（内諸費用分 万円）　ⓑ土地取得費 920万円　＝ 合計(ⓐ＋ⓑ) 2780万円

資金計画	借入金等	返済期間	年間返済額の1/12
フラット35の借入内容 ①住宅	1480万円	35年	
②土地	920万円		
合計(①＋②)	2500万円		
その他の借入内容 ③公的資金 ( )	万円 金利 . %	年	円
④民間金融機関 ( ) 本金融機関利用	万円 金利 . %	年	円
⑤勤務先	万円	年	円
⑥親・親戚・知人 ( )	280万円	年	円
⑦手持金	万円	➡「手持金の内訳」欄にご記入ください。	
⑧住宅新築後も返済を要する土地取得費の借入金	万円	年	円
合計(①～⑧)	2780万円		

資金交付希望月　令和 6年 10月
返済方法　① 元利均等返済　2 元金均等返済
ボーナス併用希望　有 / 無（○）　ボーナス払い月　1 1月と7月　2 2月と8月　3 3月と9月　4 4月と10月　5 5月と11月　6 6月と12月　借入金のうちボーナス払い分 万円

今回の住宅取得以外の借入内容
① 借入金(申込日前3か月以内に完済した借入金を含みます。)はありません。
② 借入金(申込日前3か月以内に完済した借入金を含みます。)は、別紙の「今回の住宅取得以外の借入内容に関する申出書」のとおりであり、そのうち契約手続き後も返済を継続する借入及び地代、家賃の合計件数、借入残高及び年間返済額の1／12の合計は以下のとおりです。
合計 件 万円　返済額計 円

※資金計画欄の「⑦手持金」がある場合はご記入ください。

手持金の内訳	種類	金額
預貯金	カメ銀行普通預金	500万円
預貯金		万円
不動産売却代金		万円
その他	( )	万円

		フリガナ／名称	担当者氏名	住所
工事請負(予定)事業者・購入する場合は売主	株（○） 有	ユメノケンセツ／ユメノ建設	ユメノ	〒(-) ☎(000)-(000)-(0000) 水辺の村9-9-9
販売代理事業者(仲介事業者)の有無	有（○）➡ 株（○） 無 有	ドリームフドウサン／ドリーム不動産		〒(-) ☎(000)-(000)-(0000) 水辺の村1-2-3
リフォーム事業者の有無	有 ➡ 株 無 有			〒(-) ☎( )-( )-( )

借換　借入先・諸費用
現在の借入先が住宅金融支援機構のみの場合
A 借換融資で諸費用の融資を希望する
B 借換融資で諸費用の融資を希望しない
C 現在の借入先が住宅金融支援機構以外の場合
借入先名［ ］
金利種類　1 変動金利型　2 全期間固定金利型　3 固定金利期間選択型
借入金残高 万円
当初借入年月日　昭和 平成 令和 年 月 日　残高証明書発行残回数 回
当初取得価額 万円　当初借入金額 万円
直近1年間の元利金の支払状況　1 遅延なし
当初借入区分　1 住宅のみ　2 住宅及び土地

この枠内には記入しないでください。

ご注意
・この借入申込書の内容に変更があった場合は、金融機関に遅延なく申し出てください。
・ご在籍の確認のため、お勤め先に連絡させていただく場合がございますので、あらかじめご了承ください。
・金融機関の審査の結果又は債権を譲り受けることを予定している住宅金融支援機構の審査の結果、融資が行われないことがあります。
・裏面の「個人情報の取扱いに関する同意書」を必ずご確認のうえ、お申込みください。
・この頁はお客さま控えです。お客さま自身で大切に保管してください。

2021.4.1作成

借入申込書の中身

この書類が実質的に本審査を申し込む書面になります。STEP6-②で紹介した事前審査申込書とは異なる、細かい項目がたくさんあります。

〈例〉

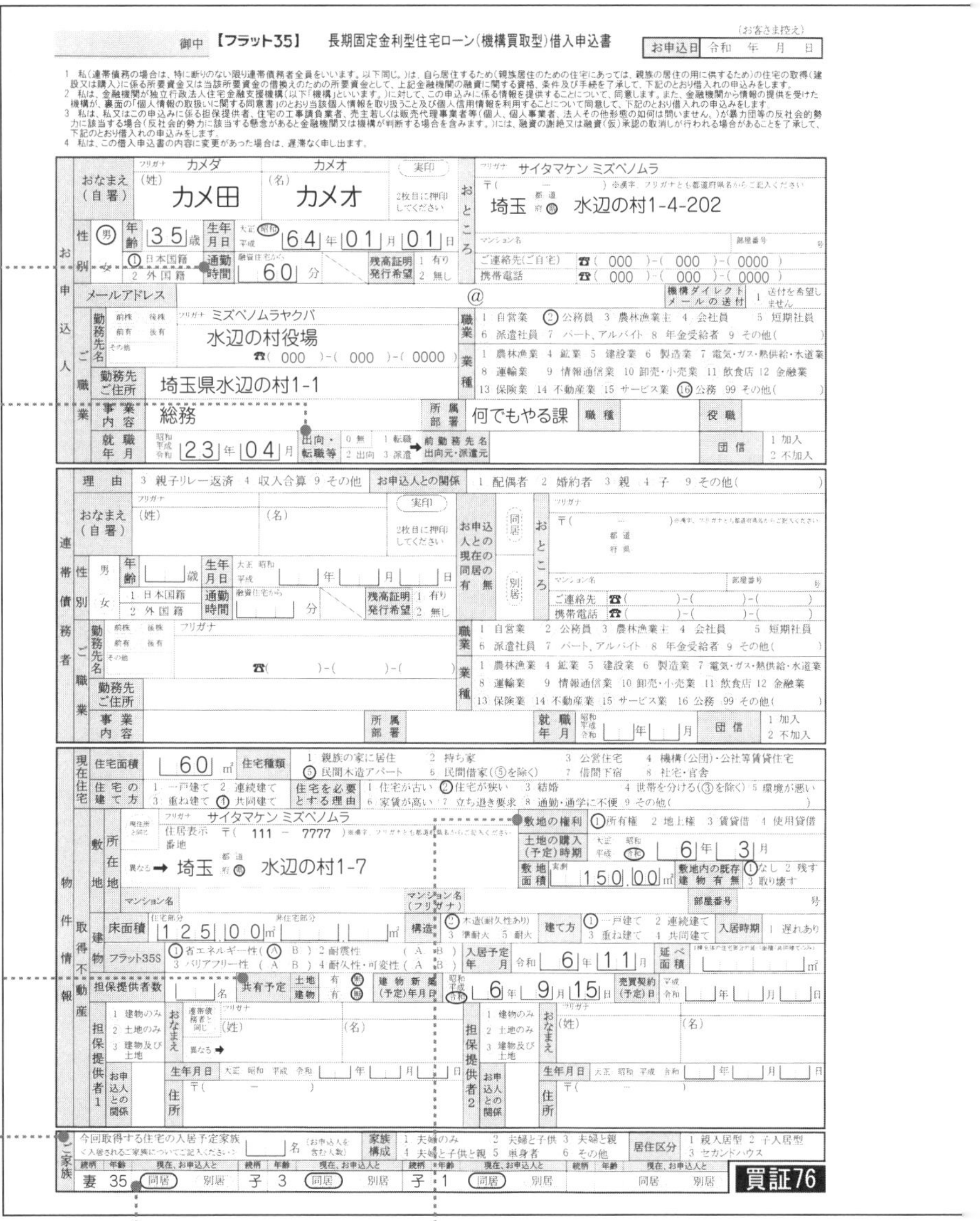
御中 【フラット35】 長期固定金利型住宅ローン（機構買取型）借入申込書 （お客さま控え） お申込日 令和 年 月 日

1 私（連帯債務の場合は、特に断りのない限り連帯債務者全員をいいます。以下同じ。）は、自ら居住するため（親族居住のための住宅にあっては、親族の居住の用に供するため）の住宅の取得（建設又は購入）に係る所要資金又は当該所要資金の借換えのための所要資金として、上記金融機関の融資に関する資格、条件及び手続を了承して、下記のとおり借入れの申込みをします。
2 私は、金融機関が独立行政法人住宅金融支援機構（以下「機構」といいます。）に対して、この申込みに係る情報を提供することについて、同意します。また、金融機関から情報の提供を受けた機構が、裏面の「個人情報の取扱いに関する同意書」のとおり当該個人情報を取り扱うこと及び個人信用情報を利用することについて同意して、下記のとおり借入れの申込みをします。
3 私は、私又はこの申込みに係る担保提供者、住宅の工事請負業者、住宅の販売代理事業者等（個人、個人事業者、法人その他形態の如何は問いません。）が暴力団等の反社会的勢力に該当する場合（反社会的勢力に該当する懸念があると金融機関又は機構が判断する場合を含みます。）には、融資の謝絶又は融資（仮）承認の取消しが行われる場合があることを了承して、下記のとおり借入れの申込みをします。
4 私は、この借入申込書の内容に変更があった場合は、遅滞なく申し出ます。

お申込人
おなまえ（自署）（姓）カメダ カメ田 （名）カメオ カメオ 実印 2枚目に押印してください
おところ フリガナ サイタマケン ミズベノムラ 〒（ − ） 埼玉 都道府県 水辺の村1-4-202 マンション名 部屋番号
性別 男 年齢 35歳 生年月日 昭和 64年01月01日
① 日本国籍 2 外国籍 通勤時間 60分 残高証明発行希望 1 有り 2 無し
ご連絡先（ご自宅）☎（000）-（000）-（0000） 携帯電話 ☎（000）-（000）-（0000）
メールアドレス @ 機構ダイレクトメールの送付 1 送付を希望しません
ご職業 勤務先名 フリガナ ミズベノムラヤクバ 水辺の村役場 ☎（000）-（000）-（0000）
職業 1 自営業 ② 公務員 3 農林漁業主 4 会社員 5 短期社員 6 派遣社員 7 パート、アルバイト 8 年金受給者 9 その他（ ）
業種 1 農林漁業 4 鉱業 5 建設業 6 製造業 7 電気・ガス・熱供給・水道業 8 運輸業 9 情報通信業 10 卸売・小売業 11 飲食店 12 金融業 13 保険業 14 不動産業 15 サービス業 ⑯ 公務 99 その他（ ）
勤務先ご住所 埼玉県水辺の村1-1
事業内容 総務 所属部署 何でもやる課 職種 役職
就職年月 平成 23年04月 出向・転職等 0 無 1 転職 2 出向 3 派遣 → 前勤務先名 出向元・派遣元 団信 1 加入 2 不加入

連帯債務者
理由 3 親子リレー返済 4 収入合算 9 その他（ ） お申込人との関係 1 配偶者 2 婚約者 3 親 4 子 9 その他（ ）
おなまえ（自署）（姓）（名） 実印 2枚目に押印してください お申込人との現在の同居の有無 同居 別居
おところ 〒（ − ） 都道府県 マンション名 部屋番号
性別 男 女 年齢 歳 生年月日 大正 昭和 平成 年 月 日
1 日本国籍 2 外国籍 通勤時間 分 残高証明発行希望 1 有り 2 無し
ご連絡先 ☎（ ）-（ ）-（ ） 携帯電話 ☎（ ）-（ ）-（ ）
ご職業 勤務先名 フリガナ ☎（ ）-（ ）-（ ）
職業 1 自営業 2 公務員 3 農林漁業主 4 会社員 5 短期社員 6 派遣社員 7 パート、アルバイト 8 年金受給者 9 その他（ ）
業種 1 農林漁業 4 鉱業 5 建設業 6 製造業 7 電気・ガス・熱供給・水道業 8 運輸業 9 情報通信業 10 卸売・小売業 11 飲食店 12 金融業 13 保険業 14 不動産業 15 サービス業 16 公務 99 その他（ ）
勤務先ご住所 事業内容 所属部署 就職年月 年 月 団信 1 加入 2 不加入

現在住宅
住宅面積 60㎡ 住宅種類 1 親族の家に居住 2 持ち家 3 公営住宅 4 機構（公団）・公社等賃貸住宅 ⑤ 民間木造アパート 6 民間借家（⑤を除く） 7 借間下宿 8 社宅・官舎
住宅の建て方 1 一戸建て 2 連続建て 3 重ね建て ④ 共同建て
住宅を必要とする理由 1 住宅が古い ② 住宅が狭い 3 結婚 4 世帯を分ける（③を除く） 5 環境が悪い 6 家賃が高い 7 立ち退き要求 8 通勤・通学に不便 9 その他（ ）

物件情報（取得不動産）
敷地 所在地 フリガナ サイタマケン ミズベノムラ 住居表示 〒（111 − 7777） 埼玉 都道府県 水辺の村1-7 マンション名
敷地の権利 ① 所有権 2 地上権 3 賃貸借 4 使用貸借
土地の購入（予定）時期 令和 6年3月
敷地面積 150.00㎡ 敷地内の既存建物有無 ① なし 2 残す 3 取り壊す
マンション名（フリガナ） 部屋番号
建物 床面積 125.00㎡ 構造 ② 木造（耐久性あり） 3 準耐火 5 耐火 建て方 ① 一戸建て 2 連続建て 3 重ね建て 4 共同建て 入居時期 1 遅れあり
フラット35S ① 省エネルギー性（Ⓐ B） 2 耐震性（A B） 3 バリアフリー性（A B） 4 耐久性・可変性（A B）
入居予定年月 令和 6年11月 延べ面積 ㎡
担保提供者数 名 共有予定 土地 有 無 建物 有 無 建物新築（予定）年月日 令和 6年9月15日 売買契約（予定）日 年 月 日
担保提供者1 1 建物のみ 2 土地のみ 3 建物及び土地 おなまえ（姓）（名） 生年月日 大正 昭和 平成 令和 年 月 日 お申込人との関係 住所 〒（ − ）
担保提供者2 1 建物のみ 2 土地のみ 3 建物及び土地 おなまえ（姓）（名） 生年月日 大正 昭和 平成 令和 年 月 日 お申込人との関係 住所 〒（ − ）

ご家族
今回取得する住宅の入居予定家族（入居されるご家族についてご記入ください） 名（お申込人を含む人数）
家族構成 1 夫婦のみ 2 夫婦と子供 3 夫婦と親 4 夫婦と子供と親 5 単身者 6 その他
居住区分 1 親入居型 2 子入居型 3 セカンドハウス
続柄 年齢 現在、お申込人と：妻 35 同居 別居／子 3 同居 別居／子 1 同居 別居／ 同居 別居
買証76

通勤時間は、新居予定地から勤務先までの時間。2時間を超えると、投機物件ではないかと取得の動機を疑われます

出向・転職は、直近のものを記載します

共有予定については、あくまで申し込み時点での予定でOK。原則は、資金負担と持分割合が一致していることです

今回取得する住宅に入居する予定人数を記載します。申込人を含めてのカウントです

同居予定者数が4人を超える場合は、別の用紙に記載します

借地の場合、敷地の権利は賃料を支払う「賃貸借」なのか、親族などから無償で借りる「使用貸借」なのかを確定させます。また、契約書の有無も確認しましょう

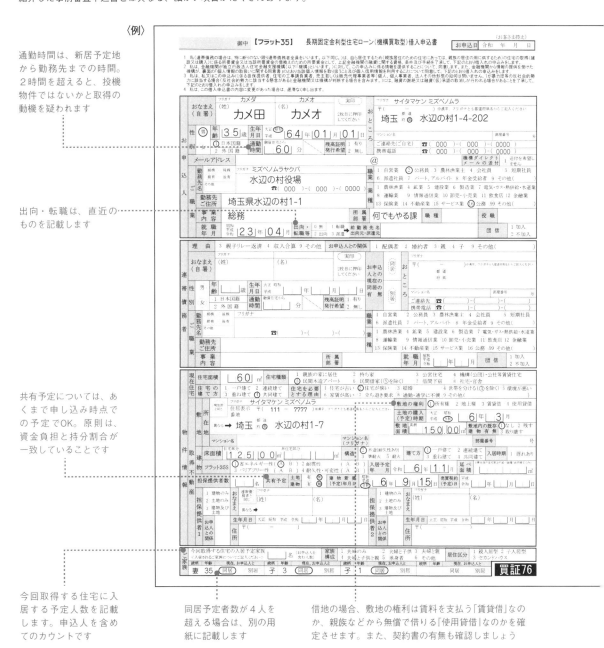

6 金融機関へ融資を申し込む

5 融資契約と担保契約を結ぶ

問題点をクリア、契約の準備を進める

金融機関から、本審査で承認されたとの連絡があっても安心はできません。それと同時に、「調整すべき条件」を要求されることがあるからです。自動車ローンの完済、クレジットカードの解約手続き、キャッシングの完済などです。これらは返済を安定させるという理由から求められるものです（調整後はそれが確認できる書類を提出しなければ契約手続きに進めません）。これらがすべてクリアになり、晴れて融資が決まると、今度は住民票や印鑑登録証明書を新住所に移行したり、契約の必要書類を集めたりする作業が待っています。

契約は融資と担保の2本立て

契約は通常、「金銭消費貸借契約」と「抵当権設定契約」の2つが行われます。前者が融資の契約で後者が担保に関する契約です。契約の席では、金融機関が用意した契約書・金利に関する書類・登記に関する書類など、大量の書類の内容を確認したうえで、署名・捺印していきます。

契約時に確認すべき内容のうち、以下のものは必ずその場で確認してください。①融資をする金融機関名と保証会社名、②借入額、③借入期間、④債務者、⑤連帯債務者、⑥連帯保証人、⑦抵当権設定者、⑧金利のタイプと当初適用金利、⑨金利変更のタイミング、⑩変更の制約条件、⑪申し込み方法、⑫優遇制度が適用される条件と適用されなくなる条件（固定期間終了後の優遇）、⑬返済のタイプ（ボーナス返済の有無、元利均等か元金均等か）、⑭初回返済日、⑮返済方法、⑯初回返済額、⑰毎月の返済額、⑱返済口座、⑲毎月の引き落とし日（銀行が休日の場合の返済日）、⑳保証料の有無と支払方法、㉑その他融資にかかる手数料、㉒団体信用生命保険の契約内容と支払方法、㉓繰上げ返済の手続きと手数料。

契約当日、テーブルにつくのはこんなメンバー

金融機関にもよりますが、契約は通常の窓口付近ではなく、店舗の２階や個室など落ち着いたスペースで行われます。連帯保証人や担保提供者がいる場合は同席が必要なので、事前に日程調整を行っておきましょう。

不動産会社と司法書士は
必ず同席するとは限りません

契約前の５大準備

契約書や契約約款に目を通すなど、契約前は「デスクワーク」が山積みです。必要書類を揃えるなど、足を使った準備も同時進行でこなしていきましょう。

（1）住民票・印鑑登録証明書を新住所に移す

本来、引越し前に住民票を移す必要はありませんが、後日、契約書類などをすべて新住所に書き換えるのは大変なので住民票を先に移すのが通例となっています。住民票を移さなくても契約手続きは可能ですが、その場合は融資実行後にあらためて住所変更登記を行う必要があります。

（2）収入印紙を用意する

金銭消費貸借契約書や覚書などに貼れるよう事前に購入しておきます。書類や金額により異なるので、事前に金融機関に確認しましょう。ちなみに金銭消費貸借契約書の収入印紙は下記のように高額なため、郵便局で購入することになります。

- 500 万円超 1,000 万円以下の融資の場合：１万円
- 1,000 万円超 5,000 万円以下の融資の場合：２万円
- 5,000 万円超１億円以下の融資の場合：６万円

（3）必要書類を集める

- 住民票と印鑑登録証明書
- 実印と銀行印
- 土地などの登記簿謄本
- 本人確認書類（免許証やパスポートなど）
- その他、金融機関が提出を求める書類

（4）住宅ローンの口座を開設しておく

その金融機関に口座を持っていない場合は口座開設手続きを行います。契約書にはこの口座番号を記入します。

（5）火災保険の申し込み

保険金額、保険期間などの条件は、金融機関に確認のうえ申し込んでください。

6 金融機関へ融資を申し込む

6 決済をする

支払いと引渡しは同日が原則

決済とは、契約に基づいた支払いを金銭などによって行い、物件（土地や建物）の引渡しを受けることです。これにより売買契約または工事請負契約などで定められた取引が終了します。

土地や建物の売主（建物の場合は住宅会社など）は、支払いが完了しない限り物件の引渡しを嫌がるものです。一方の金融機関も、物件に抵当権を設定するまでは融資金の交付をしたがりません。そこで一般的には、**支払いと引渡しは双方が納得するかたちで同日に行われるのが原則です**（一部例外はあります）。

ただし同日といっても、厳密には同じ日のなかで支払いを先行するケースと引渡しを先行するケースのどちらもあります。これは、個々の取引内容と金融機関のスタンスによっても変わりますので、事前に確認しておくとよいでしょう。融資を受ける側にとってはどちらが先でも構いませんが、金融機関に確認して決済の関係者にどちらが先かを知らせておけば、手続きが速やかに行われます。

代理受領という方法もある

土地や建物といった不動産の取引は、取引内容によって契約から決済までのスケジュールが異なりますが、以下の2点はたいてい共通です。①契約から決済（融資実行）までに通常1週間程度かかる、②決済時は契約時と異なり、売主、買主の代表者1名がいればよい。

また、金融機関によっては「代理受領」という方法を採用しているところもあります。これは、**金融機関にあらかじめ資金を受け取る人を指定しておく方法**で、建物の決済だけでなく分譲や建売住宅の支払い、着工金や中間金などの支払いにも利用されます。このとき残金の不足があれば、買主が不足分を支払うことをお忘れなく。

支払いと引渡し、どちらが先か？

支払い（融資実行）が先行するケース

ex）売買対象の土地に抵当権が設定されている（所有者はその土地を担保に借金しているため、借入金を返済して抵当権を外さなければ、所有権の移転ができない）

→ 融資実行を先行させ、その後で引渡しおよび権利の移転を行う

手続きの流れ

STEP1	司法書士が必要書類を確認したのち、金融機関に融資実行を指示する
STEP2	指示を受けた金融機関が、買主（融資を申し込んだ人）の銀行口座（あらかじめ指定しておく）に入金する
STEP3	入金を確認した買主が、売主あるいは住宅会社に「指定の方法」［※］（現金、小切手、送金など）で必要な資金を支払う
STEP4	入金を確認した売主が、買主に権利証やカギを引き渡す。借入をしている金融機関に対しては、借入金を返済して土地の抵当権を解除する証書を金融機関から受け取る
STEP5	司法書士が必要書類を確認したのち、法務局で登記を行う

※特に土地の決済は支払方法が多岐にわたるので、事前の確認が必要です

引渡しが先行するケース

ex）売主や施工会社の理解が得られれば、金融機関は引渡しを先行して行いたい

→ 司法書士が所有権移転登記、保存登記、抵当権設定登記のための書類を法務局に持ち込めば融資実行となる

決済時の注意点

- 決済日には売主だけでなく、司法書士や不動産会社など複数の関係者に支払いが発生する
- 決済日に融資金だけでは資金が不足する場合は、あらかじめ資金の手当てをしておく

土地の決済は大人数、建物の決済は簡素

土地（土地建物）の場合

土地（および土地建物）の決済は、売主、仲介業者、買主および関係者、司法書士、金融機関の担当者が集合して手続きを行います。不動産会社（仲介業者）の主導で日時や場所がセッティングされます（お金を支払う側に都合のよい金融機関の一室で行われるのが一般的）。

建物だけの場合

建物だけの決済に金融機関は立ち会いません。前日までに書類が整っていれば、場合によっては司法書士も立ち会いません（金融機関によっては職員との当日面談を義務づけているところもあります）。

手続きの流れ

STEP1	司法書士が必要書類を確認したのち、金融機関に融資実行を指示
STEP2	指示を受けた金融機関が、買主の指定口座に入金する
STEP3	入金を確認した買主が、住宅会社に必要な資金を支払う
STEP4	入金を確認した売主が、買主にカギを引き渡す

安全

Column

審査でまさかの落選！私はどうすればよい？

住宅ローンの審査で「否認」となったら、誰しも落ち込むものです。万一、どの金融機関の審査も通らなければ、夢のマイホームはあきらめなければなりません。前へ進むためには、何が必要なのでしょうか。

ほかへチャレンジする前にきちんと〝落選〟原因を調べる

「下手な鉄砲も数撃ちゃ当たる」ではありませんが、審査に通らなかったからといって、ほかの金融機関に手当たり次第に申し込みを入れるのはナンセンスです。とはいえ、融資のための審査は金融機関ごとに基準が異なりますので、同じ申込人でも金融機関が変われば何事もなく通過することはあります。反対に、融資の条件が整っていない状態（転職して日が浅いなど）なら、どの金融機関に申し込んでも結果はあまり変わりません。いずれにしろ、問題は審査を受けたという事実が個人信用情報会社のデータに残るということです。何社かに審査をお願いしたものの〝落選〟が続いていれば、当然ほかの金融機関はあなたに悪い印象をもつでしょう。また、個人信用情報に問題があると分かると、最初の審査からしばらく日をあけても、同じ金融機関では再審査すら叶わなくなるリスクもあります。

審査で承認されなかった場合、最も大切なのはまず〝落選〟の原因を探ることです。といっても、金融機関に直接問い合わせたところで、「総合的な判断です」といなされるのがオチでしょう。では、どうするか？　審査に通らなかった連絡を受けたときでも、あるいは日を改めてでもよいのですが、次のような質問をしてみます。

・借入希望額を減らしたらどうでしょうか？
・申し込む時期をずらしたらどうでしょうか？
・物件を変えたらどうでしょうか？

これで〝落選〟原因にある程度のアタリはつきますし、再挑戦の可能性の有無もある程度分かります。

金融機関がお金を貸したくなるような調整を施す

金融機関は、基本的には住宅ローンを貸したくて仕方がありません［72頁参照］。条件さえ整っていれば、誰にでも貸してくれます。裏を返せば、一度は審査に通らなかった人でも、時間をかけて問題を解決し、条件がきれいに整えられれば必ず借りられるということです。

審査の基準は、個人属性・返済計画・物件の担保価値が、その3本柱です［112頁参照］。収入が不安定な人であれば安定するまで待つ、借入希望額が多い人なら自己資金を増やし、借入額を減らすなどして、毎月の返済負担を減らすことです。ほかでつくっている借金が多ければそちらをきちんと返済しつつ、しばらくは借金のない実績を積んでいきます。連帯債務にする場合は、相手の状況も改善する必要があるかもしれません。物件については、価格の妥当性や担保評価額、権利関係の問題をクリアします。中古住宅などで現在の耐震基準に満たない場合は、耐震工事を行うなどしなければなりません。

金融機関のブラックリストを調べてみる

筆者の経験では、審査に通らない人の8割は「個人信用情報の事故歴」が原因です。ここでいう「事故」とは、過去の延滞、代位弁済、任意整理、民事再生、自己破産などのことで、延滞のなかでも返済を2～3カ月できなかった事実は、個人信用情報のデータに「異動」というステータスでチェックされ、問題があったと重く見られます。こうなると金融機関からの借入れはほぼ絶望的。ただし、このような情報は、延滞が解消してから5～10年後には消されるようです。

身に覚えがなくても
ブラック履歴が残っていたりして…

最近多い「事故」は、携帯電話料金の支払い遅延だそうです。そういえば引越しや改姓をしたときの手続き時に失敗したことがあるという人、いませんか？

意外に簡単！
自分の個人信用情報を開示してみよう

日本国内で個人信用情報を扱う「指定信用機関」は3つあります。金融機関が会員となっている全国銀行個人信用情報センター（KSC）、クレジットカード会社の加盟からなるCIC、信販会社・消費者金融や保証会社に主な加盟を持つ日本信用情報機構（JICC）で、いずれも情報は共有されています。開示請求は郵送かインターネットで行います。

●全国銀行個人信用情報センター
（開示方法：郵送、インターネット）
http://www.zenginkyo.or.jp/pcic/

●CIC
（開示方法：郵送、インターネット）
http://www.cic.co.jp/

●日本信用情報機構
（開示方法：郵送、インターネット）
http://www.jicc.co.jp/

7 住宅ローンを返済する

1 毎月、着実に返済していく

1回目の返済はイレギュラー

住宅ローンの返済は、融資が実行されるとすぐに始まります。契約の際に取り決めた返済日に、あなたが開設した口座から自動で引き落とされます。毎月の返済額は、実行後に受け取る返済予定表に記載されています。

初回の引き落とし額は、契約時に取り決めた毎月返済額と異なるかもしれません。初回に関しては融資日からの日割り計算となるからです。手続きの関係で2カ月目にまとめて引き落とされることもあれば、1回目の返済額が融資金から差し引かれる場合もあります。

返済が遅れてしまったら

返済が遅れる原因としては、引き落とし口座にお金が入っていない単純な残高不足と、家計の収支悪化による経済的事情の2つがあるでしょう。

前者なら、金融機関に連絡して急いで入金すれば、次回の引き落とし日に前月分と合算した金額が引き落とされます。しかし、**返済が遅れると、金融機関側は個人信用情報のデータベースに「延滞あり」と記録します。**それでも、2カ月以内にこの状態が解消されれば、さほど問題にはなりません。逆に、2カ月以上返済が滞ったり、何度も延滞を繰り返すようなら、「信用上問題あり」と判断されてしまいます。たった1円の残高不足でも、将来の借り換え時に審査を通してもらえなかったり、自動車ローンなど、ほかの借入れをしたいときに承認されないなど、支障を来たす場合があるので慎重な管理が必要です。

後者の場合は、当座の返済分として、いざというときのために残しておいた手元の現金を使いましょう［69頁参照］。しかし、これが長期化するようなら、いつまでもこの方法ではしのげません。早急に状況の改善を図る必要があります（左頁参照）。

返済口座の「資金繰り」はしっかりと

返済用の口座が公共料金やクレジットカードの引き落とし口座を兼ねていると、いつの間にか残高が足りなくなっていることがあります。残高不足のままローンの返済日を迎えることのないように。

返済が厳しくなったら次の手順で対処しよう

返済が厳しくなっても、消費者金融からの借入れだけは絶対にやってはいけません。以下は対応の手順です。第１ステップまでで家計の立て直しを図るのが理想ですが、うまくいかなければ第４ステップまで進まざるを得ません。

第１ステップ 家計の見直しによる支出減（収入増もあわせて検討）

↓

（ここまででなんとか立て直したい）

第２ステップ 住宅ローンの条件変更（返済期間の延長、借り換えも含む）

↓

第３ステップ 親などからの援助（贈与や借入れ）で対処する

↓

第４ステップ 住宅ローンの条件変更（支払い条件の変更）

↓

第５ステップ 任意売却

↓

第６ステップ 法的な債務整理（個人民事再生または自己破産）

※第２ステップの条件変更は契約範囲内、第４ステップの条件変更は、契約そのものの変更なので、追加の保証料が必要になったり、団体信用生命保険が失効したりしてしまいます

※任意売却や自己破産は家を手放す最後の最後の選択なので、ギリギリまで粘りたいところです

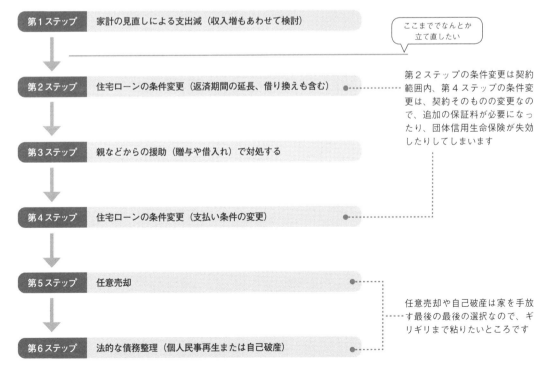

7 住宅ローンを返済する

2 持ち家にかかる税金を支払う

住宅購入にかかる税金

住宅を購入する過程では、税金を納める場面が何度も出てきます。いちばん多いのは、売買契約書やローン契約書などを交わすときに必要な「印紙税」です。これは、契約書に記載された金額によってその税額が決まり、契約書に収入印紙を貼付することで納税となります。

住宅購入資金を贈与されたり、土地などを相続した際にかかる「贈与税」や「相続税」は、資金計画に関係してくる税金です。

「消費税」は土地にはかかりませんが、建物（工事費や設計料）、仲介手数料などにはかかってきます。そして、購入した土地・建物を登記する際に納める税金が「登録免許税」、新居に引越してから半年ほどすると都道府県から納税通知書が届くのが「不動産取得税」です。居住用不動産の不動産取得税は実質非課税ですが、取得日から60日以内に市区町村へ軽減の申請が必要です。

住宅を所有することでかかる税金

「固定資産税」は、住宅を取得した翌年から毎年かかる税金です。毎年1月1日現在、不動産を所有している人が納税義務者となり市区町村に納めます。同様に「都市計画税」は、市街化区域内に土地・家屋を所有している人に課せられます。ともに、毎年5月上旬に納税通知書が送付されます。適用される税率は市区町村ごとに異なりますので、詳しいことは担当窓口にお問い合わせください。

なお、軽減措置の対象となりますので、**一般住宅は新築時から3年間、長期優良住宅は新築時から5年間は固定資産税の納税額が半額になります。**

固定資産税と都市計画税は毎年かかるものです。資金計画の段階から、住宅ローンの返済だけでなく、こうした税金の支払い分までも計算に入れておき、手元に納税分の現金を確保しておくことが大切です。

土地の購入と新築に伴う税金

カメオの家づくりで発生する税金を整理しました。印紙税と登録免許税は手続き時、不動産所有後の税金は５月ごろに請求が来ます。

【条件】土地 920万円、土地の固定資産税評価額 700万円
工事請負契約額 1,860万円、建物の固定資産税評価額 850万円
借入額 2,500万円、敷地面積 150㎡、延床面積 120㎡

通常の税額	107万2,500円
軽減措置による税額	**30万6,083円**

取引	種類	カメオの家づくりに関する軽減措置	通常税額→軽減税額
土地や住宅の取得に伴う税金	印紙税	【標準税率】 1万円（契約金額が500万円超1,000万円以下） 【軽減措置】 5,000円（令和9年3月末まで）	●土地 1万円 **→5,000円**
	登録免許税（所有権移転登記）	【標準税率】 土地：固定資産税評価額×2％ 【軽減措置】 2％ → 1.5％（令和9年3月末まで）	●土地 14万円 **→10万5,000円**
	不動産取得税	【標準税率】 土地・建物：固定資産税評価額×3％ 【軽減措置】 都市部の平均的な住宅用地および住宅については実質非課税（令和9年3月末まで）	●土地 21万円 **→ 0円** ●建物 25万5,000円 **→0円**
工事請負契約に伴う税金	印紙税	【標準税率】 2万円（契約金額が1,000万円超5,000万円以下） 【軽減措置】 1万円（令和9年3月末まで）	2万円 **→1万円**
	登録免許税（所有権保存登記）	【標準税率】 法務局の認定価格×0.4％ 【軽減措置】 0.4％ → 0.15％（新築住宅／令和9年3月末まで）	●建物 3万4,000円 **→1万2,750円**
融資契約に伴う税金	登録免許税（抵当権設定登記）	【標準税率】 債権金額×0.4％ 【軽減措置】 0.4％ → 0.1％（令和9年3月末まで）	10万円 **→2万5,000円**
	印紙税	【標準税率】 2万円（契約金額が1,000万円超5,000万円以下） 【軽減措置】 なし	フラット35 2万円 つなぎ融資 2万円
不動産所有後の税金	固定資産税	【標準税率】 土地・建物：固定資産税評価額×1.4％ 【軽減措置】 土地：評価額×1/6［200㎡まで］ 建物：3年間は固定資産税額の1/2を減額 （令和8年3月末まで）	●土地 9万8,000円 **→1万6,333円** ●建物 11万9,000円 **→5万9,500円**
	都市計画税	【標準税率】 土地・建物：固定資産税評価額×0.3％（上限） 【軽減措置】 土地：評価額×1/3［200㎡まで］（東京都の場合） 建物：なし （令和8年3月末まで）	●土地 2万1,000円 **→7,000円** ●建物 2万5,500円

7 住宅ローンを返済する

3 確定申告で住宅ローン控除を申請

住宅購入の翌年は確定申告に行く

これまで一度も税務署に行ったことがないという人も、住宅を購入した翌年の確定申告には必ず行くようにしてください。「住宅ローン控除」として、納めた税金（所得税・住民税）の控除分が還付されます。親に住宅の購入資金を援助してもらった場合も、きちんと申請すれば贈与税や相続税の非課税枠が適用され、2024年は最大で3610万円の資金移転が無税で行えます。いずれも**自分から動かなければそのままの状態なので、手続きは確実に行うようにしましょう。**

2024年に住宅ローンを利用して住宅を購入した場合は、2025年の1月1日以降に還付申告の手続きを行います。通常の確定申告は、例年2月16日〜3月15日の間に行いますが、**住宅ローン控除は確定申告の時期を待たずに申告年の1月1日から手続きが可能です。**ほかに申告すべきものがなければ、窓口の混み合わない早い時期に済ませるとよいでしょう。

申告書類は、税務署のホームページからダウンロードできますし、必要な手続きを踏めば電子申告をすることも可能です。申告が終われば、2〜3カ月後に還付金が指定した口座に振り込まれます。

自営業者とサラリーマンの違い

以上の手続きは、自営業者であれば翌年以降も同じです。サラリーマンの場合は、初年度だけ確定申告を行い、2年目以降は会社の年末調整で対応するのが通例です。例年、11月くらいに「給与所得者の住宅借入金等特別控除申告書」などを、ほかの控除に関する書類と合わせて勤務先に提出して手続きを依頼します。この場合は、住宅ローン控除分を月々の給与支払いで対応することになるので、初年度のように還付金がまとめて支払われることはありません。

確定申告のスケジュール

確定申告は年度末の忙しい時期にあたります。住宅ローン控除を受けたい人、贈与税の非課税枠を利用した人は確実に手続きを。前年の秋から少しずつ準備をしておけば手続きがスムーズに進みます。

金融機関から年末残高証明書が届く

工事の依頼先に頼んだり、役所に出向いて必要書類を集め始める

確定申告に必要な書類

- ●住民票の写し
- ●借入金の年末残高証明書
- ●建物の登記事項証明書
- ●工事請負契約書の写し、売買契約書の写し
- ●源泉徴収票の写し
- ●長期優良住宅の認定書等の写し
- ●確定申告書
- ●住宅借入金等特別控除額の計算明細書

確定申告書を国税庁のホームページからダウンロードして記入する

税務署が混み合わない時期に確定申告を行う

住宅ローン控除の還付金が戻ってくる

住宅ローン控除の条件

はじめての確定申告で不安だという人は最寄りの税務署に相談に行くとよいでしょう。

■戸建住宅の場合

①新築または購入してから6カ月以内に居住の用に供し、適用を受ける各年の12月31日まで引き続いて住んでいる
②特別控除を受ける年の合計所得金額が2,000万円以下である
③床面積が50㎡以上であり、床面積の2分の1以上の部分がもっぱら自己の居住用に使用するものであること（控除対象は居住用部分のみ）
④ローンの返済期間が10年以上であるなどの条件を満たす所定のローンであること

注：中古住宅の場合は、新耐震基準に適合する住宅

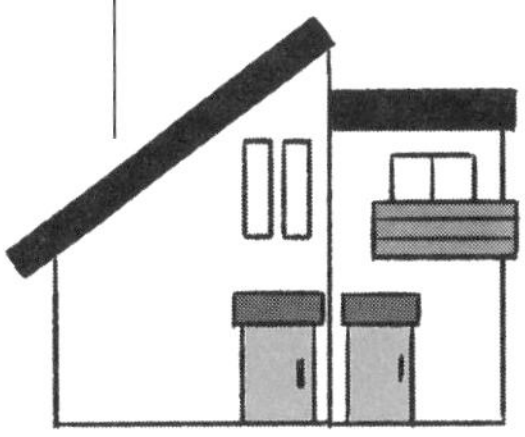

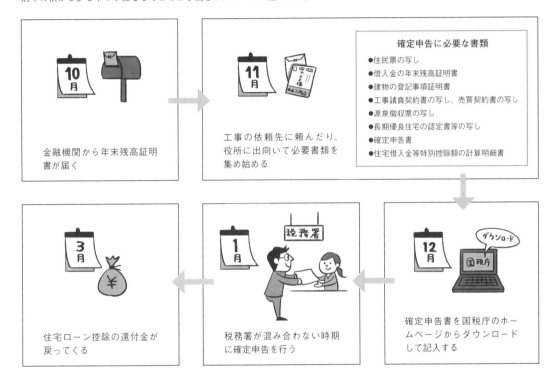

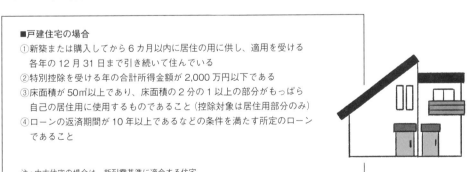

7 住宅ローンを返済する

4 修繕費用を積み立て始める

マンションなら「共用部」と「専有部」の両方

建物は住み続けるうちに少しずつ経年劣化していきます。設備機器は老朽化し、点検や取り替えの必要が出てきます。賃貸住宅に住んでいるときは、何か不具合があれば大家さんが直してくれていましたが、自分が所有する家の場合は、何かあれば自分で修繕して安全で快適に暮らせるよう維持していかなければなりません。その費用を負担するのは、もちろん自分自身です。

マンションの場合は区分所有者（マンションを購入した人）全員が、毎月修繕積立金を管理組合に支払うことになります。積立金は定期的にその額が引き上げられていくケースが一般的です。注意したいのは、この積立金はあくまで共用部（マンション購入者全員で共用している部分）のみの修繕費用であるということです。**専有部（区分所有者のみが所有している部分）の修繕費用は対象外**ですから、自室の壁紙を張り替えたりする費用は別に積み立てておかなければなりません。

戸建住宅は自分で積み立てを

戸建ての場合は、修繕積立金がない代わりに、自分で修繕費用を積み立てていきます。どれくらいの額が必要かは、その住宅の工法や使用した材料などによっても変わってきますので、施工会社に確認して自分でメンテナンスのスケジュールと、その都度かかる費用を算出しておきましょう。メンテナンスのコストを抑えるには日頃の手入れが重要になりますが、耐久性の高い材料を使ったり、長期保証付きの設備機器を導入したりするなどの方法も一案です。

いずれにしろ、修繕のための費用は日々の生活費とは切り離して考える必要があります。財形などの強制貯蓄にして、簡単には手をつけられないようにしておくなど、計画的な対策をお勧めします。

※：国土交通省の「マンションの修繕積立金のガイドライン」によると、積立金の目安は専有面積1㎡あたり月300円前後となっています

マンションの共用部・専有部

「共用部」は管理組合の修繕積立金の対象、「専有部」は自分で責任をもつ部分です。

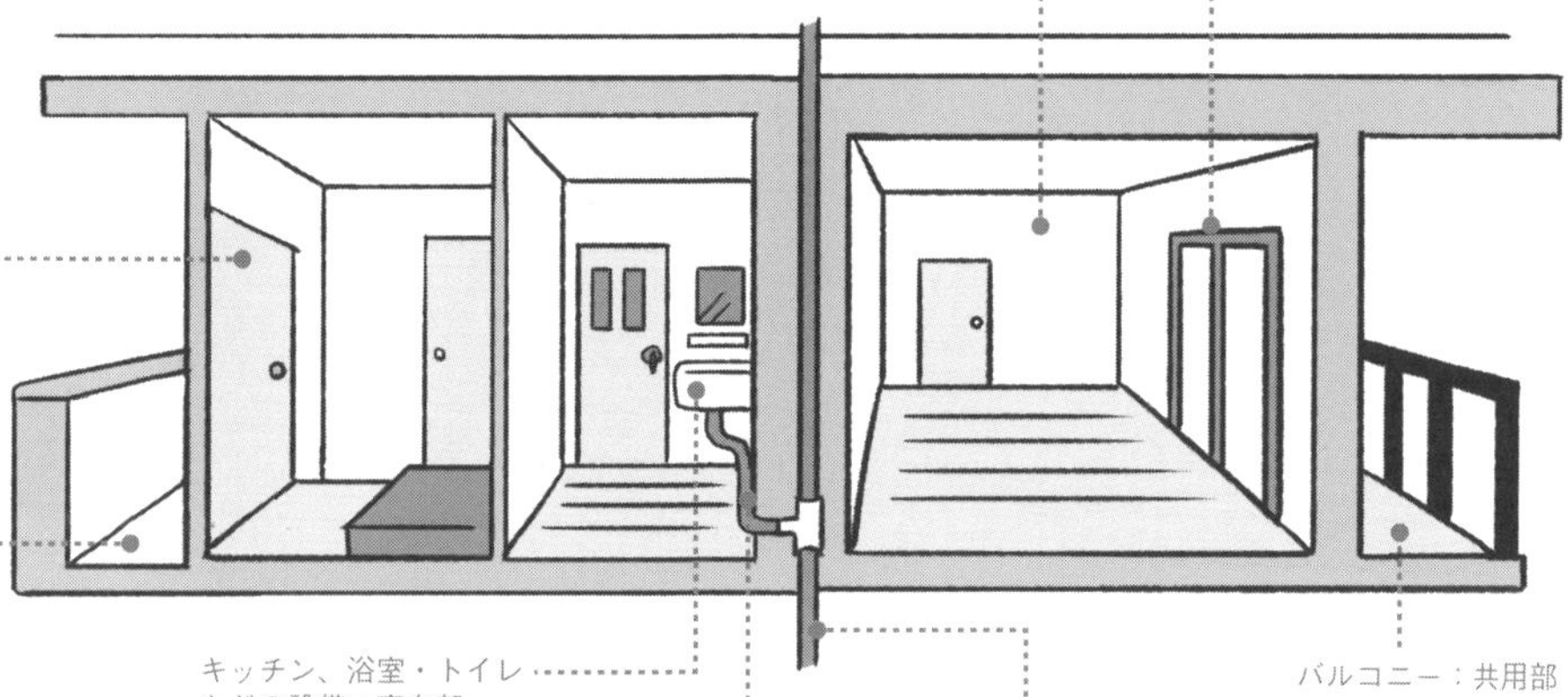

戸建住宅で修繕が必要になるところ

入居後の修繕スケジュールを考えておきましょう。各所の工事をその都度行っていくと費用がかさみますが、同時期に修繕が必要になるところはまとめて工事を行うと、コストダウンにつながります。

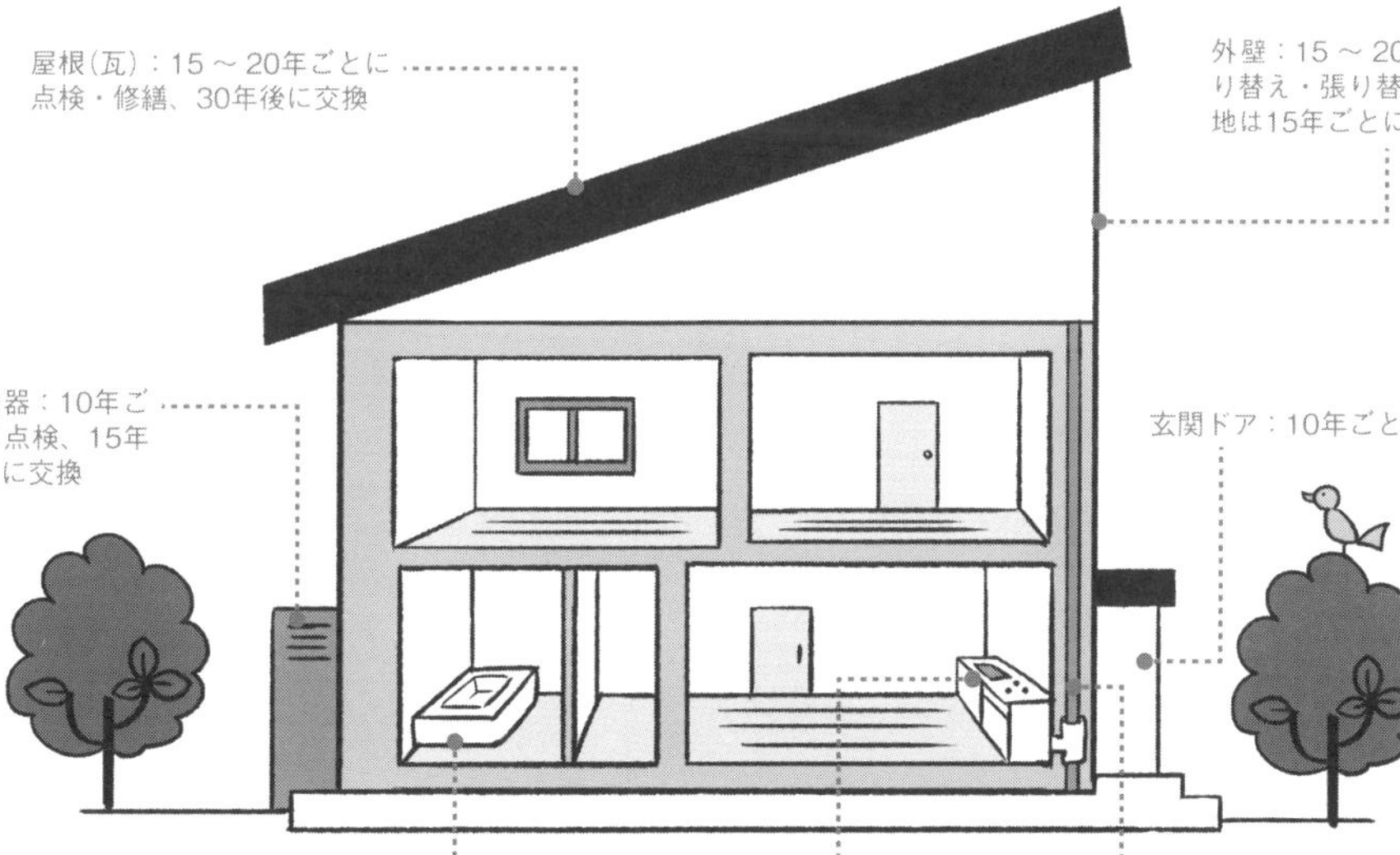

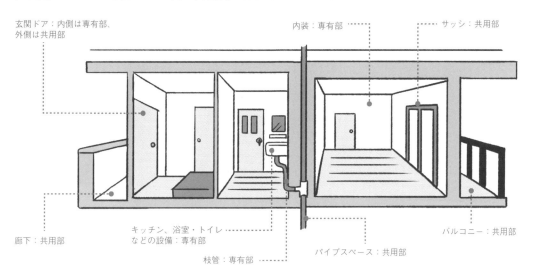

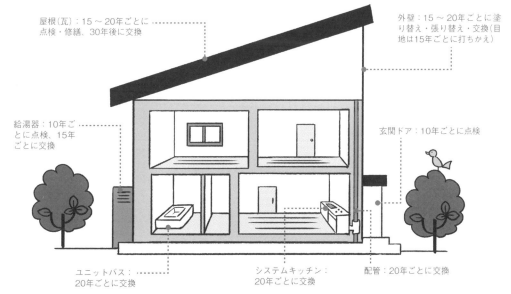

7 住宅ローンを返済する

5 住宅ローンにもメンテナンスが必要

固定期間選択型の人も他人事ではない

「完済まで安定した返済を続ける」「総返済額をできるだけ抑える」。この2つは、住宅ローンを賢く借りて無理なく返すための基本軸といえますが、これを同時に実現するためには、一度借りた住宅ローンを借り放しにしないことです。建物同様、住宅ローンにも定期的なメンテナンスが必要です。**「繰上げ返済」や「条件変更」などがその方法にあたりますが**［134頁参照］、いずれも絶えず変化する金利の動向がカギを握ります。

変動金利で借りた人はもちろん、固定期間選択型で借りた人も、金利の動きは毎月確認すべきでしょう。なぜなら、固定期間が終了すると変動金利と同じ状態になり、金利の上昇幅によっては現時点で借りているローンよりも総返済額が上回ることがあるためです。住宅金融普及協会のウェブサイト［99頁参照］などで、毎月の金利をチェックする習慣をつけておくとよいでしょう。

何％の変化でアクションを起動するか

金利は、いま自分が借りている住宅ローンの金利だけでなく、将来的な「条件変更」や「借り換え」のどちらの対応も想定して、変更するかもしれない商品の金利までチェックしておきます［※］。

そのためには、まず左頁のように条件変更や借り換えのモノサシとなるベンチマークの試算を行います。そして、そのトータルコストと等しくなる金利を調べ、あらかじめ「変更予定の金利タイプが○％になったら実行する」と決めておきます。そのうえで、いよいよ目標の金利に達したら、ただちに条件変更か借り換えを行います。

大切なのは、起動の速さ。金利がターゲットの数値に近づいていても、現実にはすぐ実行に移せないものです。しかし、それでは有利な変更のチャンスを逃してしまいます。一度、変更する数値を決めたら機械的に判断するのがベターです。

※：条件変更＝現在の借入先のまま金利タイプを変更すること
借り換え＝他の金融機関で別の住宅ローンを借りること

変動金利で借り入れた人は、金利の上昇に対してどんなメンテナンスを行うべきか

ウサコが借りた住宅ローンの条件と現状

借入額	2,500万円	元利均等返済	
返済期間	35年	毎月返済額	6万6,286円
変動金利	0.625%	現在の残高	約2,175万円
	・借入れから5年間経過、全期間1.85%優遇	現状の支払総額	397万円

1｜ベンチマークを決める

ベンチマーク
＝ウサコが選択した変動金利タイプの住宅ローンが現状のままでも「お得」かどうかを確認する基準。具体的には、その時点で契約可能な全期間固定金利型の住宅ローンを使用します。

金利が上昇し始めたら「ベンチマーク」を基準に、このまま返済を続けてよいか、「条件変更」「借り換え」をしたほうがよいかを検討します。メンテナンスの基本は現状の総支払額が「ベンチマークの総支払額を上回らないようにすること」です。

【ベンチマークの試算】

もし、ウサコがいまの住宅ローンではなく、フラット35Ｓ（金利Ａプラン）を借りていたとしたら、当初10年間の金利は1.18%、11年目以降は1.48%、元利総支払額は約3,131万円だったとします。すでに397万円返済しているので、残り30年間の返済額が約2,733万円（3,131万－397万）未満であれば、金利が上昇しても現状のまま返済を続けたほうがお得と考えられます。

2｜借り換える金利タイプを決める

「このままではベンチマークの総支払額より増えそう」という状況に備えて、あらかじめ条件変更や借り換えをする際の住宅ローンの条件を決めておきます。返済の残存期間に応じて有利になる金利タイプを選択します。今回は残存期間が30年もあるので、もしものときは全期間固定金利タイプに借り換えることにします。

3｜ターゲット金利を確認する

ターゲット金利は専門家に試算してもらうとよいでしょう。条件変更も借り換えも金融機関ごとに金利と諸費用が異なります。

「これ以上金利が上がったら条件変更や借り換えをしたほうがお得」という金利の境界線がターゲット金利です。あらかじめその数字を確認しておき、金利が上昇し始めたらすぐに動ける用意をしておきましょう。
ちなみに今回の条件では、以下の金利になったら条件変更や借り換えのほうがお得になります。
条件変更＝金利1.58%　借り換え＝金利1.37%

4｜毎月、金利をチェックする

毎月の金利をチェックして、ターゲット金利になっていないかどうかを確認します。なお、想定する借り換え先は1カ所に限定せず、複数の金融機関にアタリをつけ、それぞれの金利を毎月チェックするとよいでしょう。

5｜1年ごとに見直す

毎月の返済が進めば総支払額は減少します。ターゲット金利を下げる必要が生じるため、1年ごとを目安にメンテナンス計画全体に見直しをかけていきます。

通帳は家づくりのお金の記録

預金通帳を見ると家づくりに関するさまざまなやり取りが見えてきます。注文住宅を選んだカメオ、マンションを選んだウサコのケースを見てみましょう。

カメオの家づくり DATA

条件：注文住宅(土地 920万円　建物 1,860万円)
諸費用：220万円
借入金：2,500万円(固定金利1.84%、35年返済)
頭金：500万円(うち200万円は親から借りる)

❶ 希望する土地を見つけて、申込証拠金を支払う
❷ 土地売買契約時に手付金を支払う
❸ つなぎ融資が実行されたため、土地の売買に関係する売主をはじめ各方面への支払いを行う
❹ つなぎ融資が実行されたため、施工会社へ着工金の支払いを行う
❺ つなぎ融資が実行されたため、施工会社へ中間金の支払いを行う
❻ 住宅ローンが実行されたため、施工会社へ残金の支払いおよび各方面への支払いを行う
❼ 親に借りていたお金を返済する(借用証書で決めた日に決められた金額を)
❽ 入居前に工事費用が発生した
❾ 1回目の返済が指定日に始まる
❿ 公共料金などの引き落とし口座を兼ねているので、ここから引き落とし

普　通　預　金 (兼お借入明細)

店番	年 月 日	記号	お支払金額	お預り金額	差引残高
001	23-02-01	新予	御新規	*********** 5,000,000	*** 5,000,000
❶	23-02-01	払	ATM 100,000	不動産会社に支払い	*** 4,900,000
❷	23-03-18	払	ATM 360,000	不動産会社に支払い	*** 4,540,000
❸	23-03-26	振	証貸	*********** 8,924,252	**13,482,252
	23-03-26	振	******* 8,840,840	土地の売主に支払い	*** 4,641,412
	23-03-26	払	ATM 136,100	司法書士に支払い	*** 4,505,312
	23-03-26	払	ATM 352,800	不動産会社に支払い	*** 4,152,512
❹	23-05-23	振	証貸	*********** 5,484,248	*** 9,636,760
	23-05-23	振	******* 5,580,840	施工会社に着工金	*** 4,055,920
❺	23-07-02	振	証貸	*********** 5,405,374	*** 9,461,294
	23-07-02	振	******* 5,580,840	施工会社に中間金	*** 3,880,454
❻	23-10-05	振	証貸	*********** 6,890,500	**10,770,954
	23-10-05	振	******* 7,440,840	施工会社に残金	*** 3,330,114
	23-10-05	振	********** 80,840	土地家屋調査士に支払い	*** 3,249,274
	23-10-05	振	********* 218,380	司法書士に支払い	*** 3,030,894
	23-10-05	振	********* 180,000	火災保険会社に支払い	*** 2,850,894
❼	23-10-05	振	********** 20,630	母に返済	*** 2,830,264
❽	23-10-05	振	********** 38,340	電話通信	*** 2,791,924
❾	23-11-01	振	********** 80,777	ローン返済	*** 2,711,147
❿	23-11-25	振	************ 9,462	電気代	*** 2,701,685
	23-11-25	振	************ 5,069	水道代	*** 2,696,616
	23-11-26	振	************ 5,770	ガス代	*** 2,690,846
	23-12-01	振	********** 80,777	ローン返済	*** 2,610,069

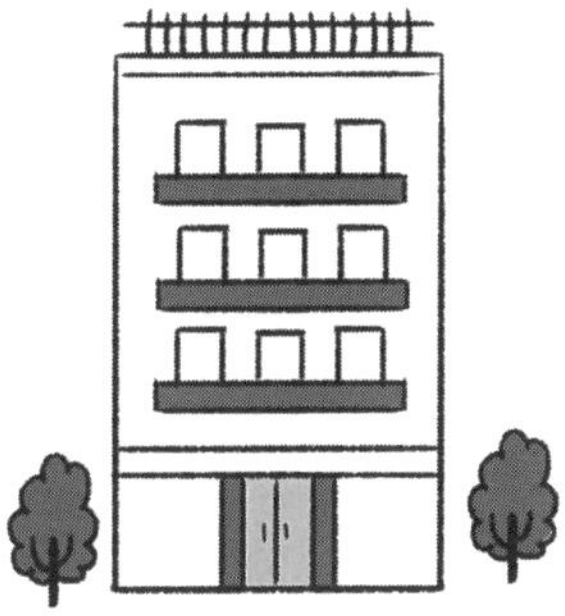

ウサコの家づくり DATA

条件：マンション（物件価格 2,850万円）
諸費用：150万円
借入金：2,500万円（変動金利0.875% 1,200万円、固定金利1.84% 1,300万円、25年返済）
頭金：500万円（うち50万円は親からの援助）

❶ ローン契約前に自分のほかの口座から住宅ローンの返済口座にお金を集める。1日の振込限度額があるので早めに準備を
❷ 母からの資金援助。110万円までは贈与税の暦年課税の基礎控除で非課税
❸ マンション購入の申し込み時に証拠金を支払う
❹ マンションの売買契約時に手付金を支払う
❺ 住宅ローンが実行されたため、各方面への支払いを行う
❻ 1回目の返済が指定日に始まる
❼ 修繕積立金の金額はマンションによって異なる
❽ 給与の振込口座を兼ねることで、金利を優遇してもらった
❾ 管理費の金額はマンションによって異なる

普 通 預 金（兼お借入明細）

店番 年 月 日 記号	お支払金額	お預り金額	差引残高
001 23-01-28 新予	御新規	********** 3,500,000	*** 3,500,000
❶ 23-01-28 振	ウサコ	********** 1,000,000	*** 4,500,000
❷ 23-01-29 振	ウサママ	************ 500,000	*** 5,000,000
❸ 23-02-01 払	*********** 50,000	販売会社に支払い	*** 4,950,000
❹ 23-02-09 振	********** 950,840	販売会社に支払い	*** 3,999,160
❺ 23-03-10 振	証貸	*********24,453,500	**28,452,660
23-03-10 払	*******27,900,840	販売会社に支払い	***** 551,820
23-03-10 振	********** 180,340	司法書士に支払い	***** 371,480
23-03-25 振	********** 250,000	火災保険会社に支払い	***** 121,480
23-03-25 振	給与	************ 325,000	***** 446,480
❻ 23-04-05 振	*********** 96,569	ローン返済	***** 349,911
❼ 23-04-25 振	*********** 20,630	修繕積立金	***** 329,281
❽ 23-04-25 振	給与	************ 325,000	***** 654,281
❾ 23-04-30 振	*********** 20,630	管理費	***** 633,651
23-05-03 振	************* 1,843	水道代	***** 631,808
23-05-03 振	************* 3,144	ガス代	***** 628,664
23-05-03 振	************* 4,451	電気代	***** 624,213
23-05-06 振	*********** 50,000	クレジット	***** 574,213
23-05-06 振	*********** 98,644	ローン返済	***** 475,569

Column

返済プランを狂わせる繰上げ返済＆借り換えの失敗

繰上げ返済と借り換えは、毎月の返済が楽になる「定番のテクニック」として知られていますが、使い方を誤ると、早く楽になりたいという願いとは裏腹に、人生設計を大幅に狂わせる原因となりかねません。

頑張る人ほど家計が壊れる 繰上げ返済・負のスパイラル

家計をやりくりして、まとまったお金が100万円程度できたら繰上げ返済にまわしていく――住宅ローンを返済中の家庭で見られる涙ぐましい努力のワンシーンです。先行き不透明なこの時代にあって、頑張れば頑張るほど総返済額が減っていくという確かな手応えは、なかなか得がたい貴重な成功体験なのかもしれません。けれど、繰上げ返済の多くは、本来家計の貯蓄分となるお金を一部または全部取り崩して行われるものです。「借金」が減るのは結構ですが、預金通帳の残高があとわずかというときに想定外のリストラにあったり、会社が倒産したりすれば、当座の生活費を確保するにも苦労します。支払わなければならないお金が手元になければ、コツコツ積み立ててきた教育費や老後の準備資金を取り崩す必要すら出てきます。場合によっては、新たに別の場所からお金を借りなければならないことも。こうなると、何のために繰上げ返済をするのか分かりません。

繰上げ返済をしたくなる気持ちは分かりますが、たとえ繰上げにまわせる額面が揃ったとしても、いまそれを全額返済にまわしても大丈夫か、将来の支出のために残しておいたほうが得策ではないか、十分考慮したうえで決める必要があります。貯蓄に十分な余剰資金があればよいのですが、筆者の経験上、そういう人は住宅ローン返済者の1割にも満たないというのが正直なところです。

借り換えより条件変更のほうがお得かもしれない？

変動金利タイプの住宅ローンを借りた人は、もしかすると「借り換え」のチャンスをうかがっているかもしれません。「いまなら優遇金利○％」と、自分が借りたときよりも金利の低い商品を目にすると、そちらに気持ちが動くのは当然でしょう。では、借り換えは実際どれくらいお得な選択なのでしょうか。実は借り換えの検討に適するのは、次の3点のいずれか一つを満たしている場合です。

①現在のローン残高が1000万円以上

②ローンの残存返済期間が10年以上
③金利が現状より1％以上低くなる

ただし、この3点すべてを満たしていても、借り換えの手数料を差し引くと、結果として20万円程度しかお得にならなかったということもあるので、決断には慎重を期す必要があります。

現在、あなたが住宅ローンを借りている金融機関から、ほかの金融機関が販売している住宅ローンに借り換えようとすれば、そこには複雑な手続きと決して安くはない手数料が新たに必要です。それならば、現在と同じ金融機関に金利や返済期間を変更してもらう「条件変更」をお願いしたほうが、よほどお得になる場合もあります［131頁参照］。そもそも借り換えの目的は、毎月の返済負担の軽減でした。返済負担を軽減できるなら、借り換えにこだわる必要はありません。条件変更の相談も選択肢の一つであることを覚えておいてください。

それでも借り換えをしたいと思ったら

金融機関に条件変更を申し出て交渉した結果、満足のいく回答が得られなければ、本格的に借り換えを検討します。その前に、できれば一度自分で借り換えの試算を行うことをお勧めします。金利の高い・低いだけでなく総合的な判断による試算です。判断材料は次の3点です。

①手続きに必要な現金があるか
②現在の借入額から予想される予定総返済額（固定金利の期間は「毎月返済額×残存月数」で、変動金利の期間は金利が変更される場合を想定してシミュレーターを利用した試算を行ってみます）
③今後も金利の変動を注視できるか

借り換えのタイミングのカギを握るのは金利です。あらかじめ、実行に移すときのターゲットを決め、それを見逃すことのないよう、毎月金利の動きを確認する必要があります。

繰上げ返済を頑張るよりも、手元に現金を残しておいたほうが…

今から15年後、子供が大学に進学する頃は預貯金が激減する時期です。住まいの点検・修繕でちょうどお金がかかる時期でもあります。預貯金に余裕があると繰上げ返済をしたくなりますが、ここはぐっとこらえて…

BANK

返済がラクになる6つのテクニック

TECH 1

親からの資金援助を有効利用する

目標金額
100万円～3,610万円

「もらう」なら、最大3610万円まで非課税
「借りる」なら、金利は限りなくゼロに

資金援助で得をする、贈与税をめぐる3つの制度

① 暦年課税

受贈者（資金の受け取り手）1人当たりの贈与額合計が年間110万円以下なら、誰から資金援助を受けても税金がかからず、申告も不要。

② 住宅取得等資金の贈与の特例

親や祖父母からの贈与が期間限定で減税になる。2026年12月末までは500万円まで非課税［※1］。確定申告時に申告が必要。

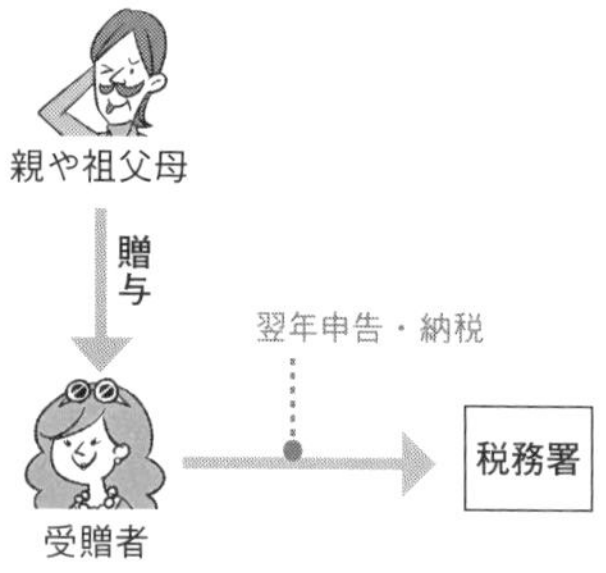

③ 相続時精算課税

親からの贈与が2,610万円までは非課税［※2］。将来の相続時に、贈与分を合計した金額をもとに相続税を計算して精算する。確定申告時と、相続時に申告が必要。

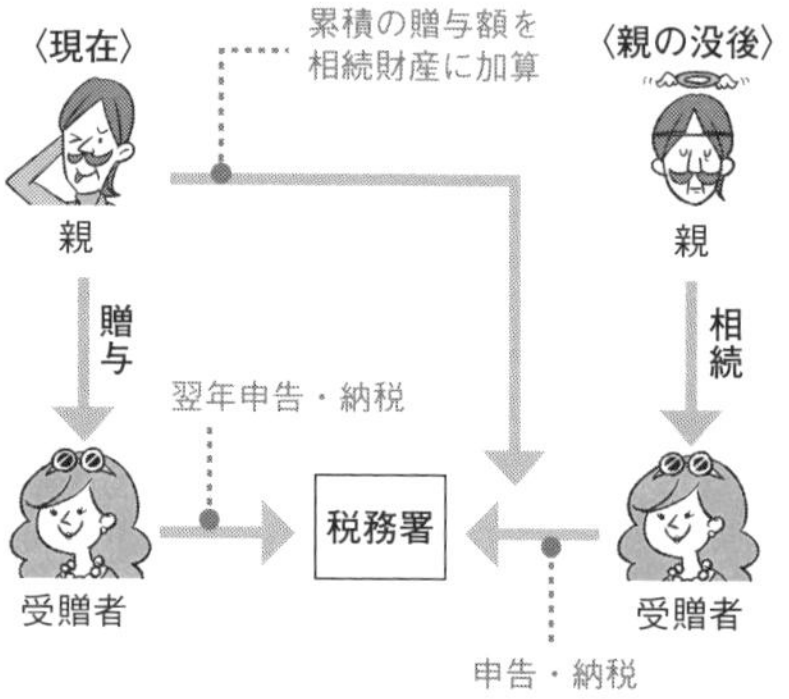

自己資金が確実に増える

親からの資金援助ほど効果的な「テクニック」はありません。これにより自己資金が増えれば、住宅ローンとして借りるお金が少なく済むので、毎月の返済額を減らしたり、返済期間を短くしたりできます。

現在は現役で働いている子供世代より、年金で暮らしている親世代のほうが生活にゆとりのある時代です。総務省の統計によると、60～70代の4世帯に1世帯は3000万円以上の貯蓄があるそうです。「このお金を子や孫のために」と考えている親は少なくありません。子世帯が「新居を構えるためにお金が必要」と申し出れば、これほど有意義な使い道はないでしょう。資金援助の申し出は、むしろうれしい話かもしれません。

※1：一般住宅の場合。省エネ性、耐震性、バリアフリー性の高い住宅は1,000万円まで非課税（2026年12月末まで）
※2：税制改正により2024年1月1日からは相続時精算課税制度に「年110万円の基礎控除」の枠が加わりました。そのため、相続時精算課税を選んだ人への贈与でも年110万円までなら贈与税、相続税がかかりません

贈与の制度を組み合わせると非課税額がアップする

贈与の非課税枠３制度のうち、「住宅取得等資金の贈与の特例」は他制度と併用できます。“暦年課税コース”を選ぶ場合には最大 1,100 万円、“相続時精算課税コース”を選ぶ場合には最大 3,610 万円まで税金がかかりません（2026 年 12 月末まで）。

暦年課税 基礎控除額 **110万円**	＋	**住宅取得等資金の贈与の特例** ――の非課税枠［＊］ 一般住宅　**500万円** 省エネ性、耐震性、バリアフリー性の高い住宅　**1,000万円**	＝	**合計** 一般住宅　**610万円** 省エネ性などの高い住宅　**1,110万円**　まで**無税！**
どちらか選ぶ				
相続時精算課税＋暦年課税 特別控除額＋基礎控除額 **2,610万円**	＋		＝	**合計** 一般住宅　**3,110万円** 省エネ性などの高い住宅　**3,610万円**　まで**無税！**

＊適用期限は2026年12月末まで

ケーススタディ　3,000万円の贈与を現金で受ける場合、どちらの税制を使ったらおトク？

CASE1

「暦年課税」と「住宅取得等資金の贈与の特例」を併用する
（3,000万円−110万円−500万円）×45％−265万円［※３］
＝810万5,000円　→ **810万5,000円の税金が発生！**

もし、省エネ住宅などの控除1,000万円を利用できる新居なら
（3,000万円−110万円−1,000万円）×45％−265万円［※３］
＝585万5,000円　→ **585万5,000円の税金が発生！**

CASE2

「相続時精算課税」と「住宅取得等資金の贈与の特例」を併用する
→ 3,110（3,610）万円の非課税枠なので無税になる！

結論
この場合は相続時精算課税を使うとお得です。

贈与が非課税になる2つの方法

お金をもらう（贈与される）場合は、通常、贈与税という税金がもらう側に課せられます。ただし、**毎年110万円以下の贈与なら「暦年課税」の非課税枠が適用される**ため税金がかかりません。また、贈与税は税金のなかでも累進性が大きいため、贈与の金額が多いほど税率が高くなるのですが、２０２６年末までは両親か祖父母（直系尊属）からの贈与については、**「住宅取得等資金の贈与の特例」の非課税制度が利用できます**。さらに、「省エネ性、耐震性、バリアフリー性の高い住宅」にすれば、最大１０００万円まで贈与税がかかりません。したがって、先の暦年課税の非課税枠と合わせれば、最大１１１０万円までの贈与には税金がかからないということです（贈与を受けた事実は確定申告で確定するので手続きを忘れずに／126頁参照）。

親からの資金援助が非課税になる方法は、もう一つあります。**「相続時精算課税制度」です。これは、「相続財産の前渡し」といえるもので**、２６１０万円までの贈与には贈与の時点で課税をせず、将来その親が亡くなった後に贈与分を合わせた金額をもとに相続税を計算して精

※３：基礎控除額110万円を除いた贈与額が1,500万円超3,000万円以下のときの贈与税の累進税率とその控除額

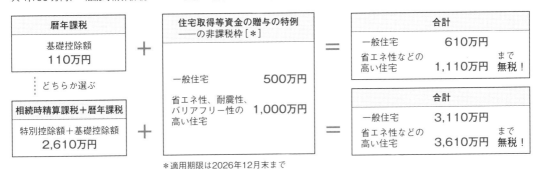

相続時精算課税はどれくらいお得？

相続時精算課税は親子間の財産をスムーズに移動させるという点でも有利です。前頁のケーススタディ「親から3,000万円の贈与を受けた」というケースの後で、相続財産4,000万円を相続する場合についても引き続き暦年課税と相続時精算課税との比較を行なってみました。相続時精算課税を利用したほうが納税額を抑えられそうです。

【条件】父の死後、母と息子2人が遺産の法定相続分を相続する。母は2分の1、息子2人は4分の1ずつ。

①暦年課税と住宅取得等資金の贈与の特例を利用した場合

4,000万円（課税価格）
4,000万円 ＜ 4,800万円［※］
相続税は0円

↓

贈与税として支払う **810.5万円**
［139頁・CASE1（一般住宅の場合）］

＞

②相続時精算課税と住宅取得等資金の贈与の特例を利用した場合

4,000万円（相続分）＋2,500万円（相続時精算課税分）
＝6,500万円（課税価格）

6,500万円－4,800万円［＊］
＝1,700万円（課税遺産総額）

［母］850万円 ＜ 1億6,000万円（配偶者控除）
相続税は0円

［子］425万円×10%
＝42.5万円（子1人当たりの相続税額）
42.5万円×2（息子2人）＝85万円

↓

支払いは **85万円**

＊：相続税の基礎控除額（＝3,000万円＋600万円×3人）

算するというものです。2610万円を超えても税率は贈与時点で一律20%と割安です。「住宅取得資金等の贈与の特例」とも重ねて利用できるので、合わせると2024年は3610万円まで贈与税がかからないことになります（省エネ住宅などの場合）。

以上2つの非課税枠ですが、どちらを使えば有利になるかは、資産の状況や税金対策の有無が関わってきますので一概にはいえません。多額の贈与を受ける場合は、相続時精算課税制度を利用したいところですが、その際は親の資産のすべてが子や孫に知られることになるので、抵抗を感じる人がいるかもしれません。また、不動産や有価証券は価格が変動しますので、素人判断は控え、なるべく税理士などに相談したほうがよいでしょう。

借りるなら、贈与とみなされないように

贈与ではなく、資金を借りるだけなら税金はかかりません。借りる金額を制限されることもありません。ただし、親子だからといって曖昧なルールで貸し借りをすると、税務署からそのやり取りを贈与とみなされることがあります。贈与となれば当然、贈与税が課せられます。しかも、これまで納めるべきだった贈与税を延滞してい

借りる場合は親子間でもきちんと契約を取り交わす

借用証書の体裁に決まりはありません。市販の借用書を使ったり、ネット上で有償・無償配布されている書式をダウンロードして使いましょう。自宅のパソコンで作成しても構いません。ただし、下記の項目は必ず押さえておきましょう。

借用証書

カメ田ハハ子様

<u>金○○萬円</u>

住宅購入資金として利用するため、上記の金額を以下の約定のとおり借り受けました。

利息は年利○%とします。元金に利息を付し、○年○月○日より、貴殿の指定する銀行口座に毎月○○○○円ずつ、合計○回支払います。

返済期限 令和○年○月○日

令和○年○月○日

貸主　カメ田ハハ子　印

借主　カメ田カメオ　印

借用証書は印紙税法上の「消費貸借に関する契約書」となるため、金額に応じた収入印紙を貼る

お金を貸してくれる人の名前。両親の場合は連名に

借用金額の表記は、書き方によっては誤解を招きやすい算用数字ではなく、漢数字の表記を用いるほうが望ましい

返済方法はできるかぎり明記しておく

借用年月日は実際にお金を受け取った日付を書き入れる

署名欄は各自が自筆で記入する。住所と実印による押印も忘れずに！

たとみなされ、より多くの税金が課税されることもあります。そうならないためには、親子といえども、誰が見てもお金の貸し借りがはっきりと分かる手続きを踏むことが大切です。

具体的には、**借用証書や金銭貸借消費契約書を取り交わすことです。**書面には、借りた金額、返済期限、返済回数、利息、日付など最低限必要な情報を記載しておきます。また、返済は現金でのやり取りとせず、振込にして預金口座に返済実績の記録を残すようにしましょう。親が高額な不動産を保有する場合は特に税務署の注意を引きやすくなります。追徴課税をされないよう、きちんとした手続きを行ってください。

資金援助はいくらが妥当か？

資金援助の金額に、相場や適正価格はありません。国土交通省が発表している「令和4年度住宅市場動向調査報告書」によると、総費用3935万円の注文住宅のうち、約2.6%分（101万円）が贈与だったそうです。ただし、この数値は資金援助なしのケースまで含めたすべての平均値です。筆者の実感としては、**親からの資金援助は物件価格の10～30%が多いようです。**

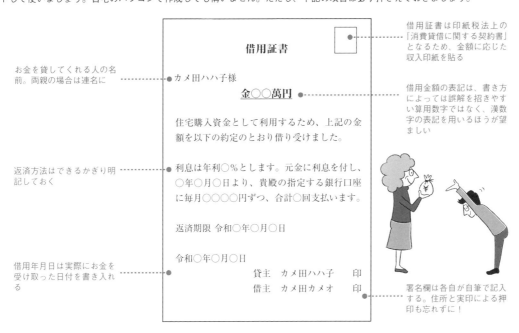

TECH
2

減税制度をうまく活用する

あなたはいくら戻ってくる？　住宅ローン控除

住宅ローン控除の金額は簡単に算出できます。借入金の年末残高を元に、最大いくら控除されるかを計算してみましょう。前年の納税額と照らし合わせることも重要です。

住宅ローン控除の金額 ＝ 借入金の年末残高 × 控除率0.7%

入居時期：2024年

住宅の種類	性能別の分類	借入金の年末残高の上限	控除期間	最大控除額
新築住宅	①長期優良住宅、認定低炭素住宅	4,500万円（5,000万円）＊	13年	409.5万円（455万円）＊
	②ZEH水準省エネ住宅	3,500万円（4,500万円）＊		318.5万円（409.5万円）＊
	③省エネ基準適合住宅	3,000万円（4,000万円）＊		273万円（364万円）＊
中古住宅	上記①～③に該当するもの	3,000万円	10年	210万円

必要要件：所得の合計金額が原則2,000万円以下、床面積が原則50㎡以上（所得の合計金額が1000万円以下の年分については床面積の要件が40㎡以上に緩和される）
＊：子育て世帯（19歳未満の子供がいる世帯）、若者夫婦世帯（夫婦のいずれかが40歳未満の世帯）は（　）内の金額まで上限が引き上げられる
注：「一般住宅」は控除なし

住宅ローン控除で最大410万円バック
固定資産税・登録免許税も大幅ダウン

目標金額
100万円

住宅ローン控除の仕組み

住宅の購入あるいはリフォームには、いくつかの減税制度が用意されています。これは、**必要な手続きさえ踏めば成功率100%という手堅いコスト削減法**なので、年度末に行われる税制改正の内容を把握して、しっかり取りこぼしのないようにしたいものです。

戻ってくる金額が大きいのは、住宅ローンを利用して住宅の購入やリフォームを行った人が対象となる「住宅ローン控除」です。これは、入居後から13年間（10年間）、年末時点での借入金残高に所定の控除率をかけた金額が、納税済みの所得税・住民税から払い戻されるという制度です。確定申告を行うことで適用されます。

留意しておきたいのは、上の表にある最大控除額はあ

固定資産税、登録免許税も減税に

固定資産税

	建物	土地
標準税率	固定資産税額 × 1.4%	
軽減措置（新築） 2026年3月末まで	3年間　固定資産税額の1/2を減額［一般住宅］＊ 5年間　固定資産税額の1/2を減額［長期優良住宅］	評価額 × 1/6［200㎡まで］ 評価額 × 1/3［200㎡超］

＊：一戸あたり120㎡までが限度

登録免許税

		建物	土地
①所有権移転登記	標準税率	固定資産税評価額 × 2%	
	軽減措置 2027年3月末まで	0.3%（新築、中古） 0.2%［長期優良住宅］ 0.1%［低炭素住宅］	1.5%
②所有権保存登記	標準税率	法務局の認定価格 × 0.4%	
	軽減措置 2027年3月末まで	0.15%（新築のみ） 0.1%［長期優良住宅］ 0.1%［低炭素住宅］	−
③抵当権設定登記	標準税率	債権金額 × 0.4%	
	軽減措置 2027年3月末まで	0.1%（新築、中古）	−

くまで13年分（10年分）を合計した最大値だということ。たとえば、２０２４年１月以降に入居する場合、新築の長期優良住宅では1年目の控除額は31万５０００円です［※］。所得税の納税額がそこまでなければ住民税からも差し引かれますが、それでも控除額を使い切る人は少ないでしょう。これを有効活用したい人は、２人の納税額が両方とも控除の対象になる「連帯債務」で住宅ローンを借りるというのも一つの方法です［82頁参照］。

固定資産税、登録免許税も減額に

２０２６年３月末までは固定資産税も減額されます。住宅を購入、または新築する際に床面積が一定の基準を満たしていると、固定資産税が新たに課税される年度から3年間、2分の1に減額されます。長期優良住宅であれば5年間減額されます。

所有権移転登記の際の登録免許税は、2%の税率が0.3%に、所有権保存登記では0.4%が０・15%に軽減されます（ともに住宅用家屋）。住宅ローンの借入れに伴う抵当権設定登記の際の登録免許税も、0.4%の税率が0.1%に軽減されます。これらは、請求された時点で減税がなされているかを確認しましょう。

※：子育て世帯・若者夫婦世帯以外の場合

TECH 3

省エネ性能を上げて補助金をもらう

目標金額
20万円〜100万円

住宅の省エネ性能はカーボンニュートラルに必須
総合的なコストとのバランスに注意

地球に優しい家は補助金で優遇

住宅を新築、購入、リフォームする際は、その内容に応じてさまざまな補助金が活用できます。なかでも、近年その金額が大きいのが、省エネルギー性能の高い住宅に対する支援事業です。国は、2050年までにカーボンニュートラルを達成するという目標を掲げているため、補助金の交付により住宅の省エネ性能向上を後押ししているのです。

こうした支援事業は、国や地方自治体によって毎年予算化されます。そのため、事業の名称や対象は数年ごとに変わり、補助金の額や利用要件もそのつど変わります。今年中に家を建てる（買う）としたらどのような補助金が利用できそうか、インターネットで調べたり、住宅会

省エネ性能の高い住宅は、さまざまな補助金の対象になる

住宅に対する補助金のうち、額が大きく種類も多いのは省エネ性能の高さに関するものです。

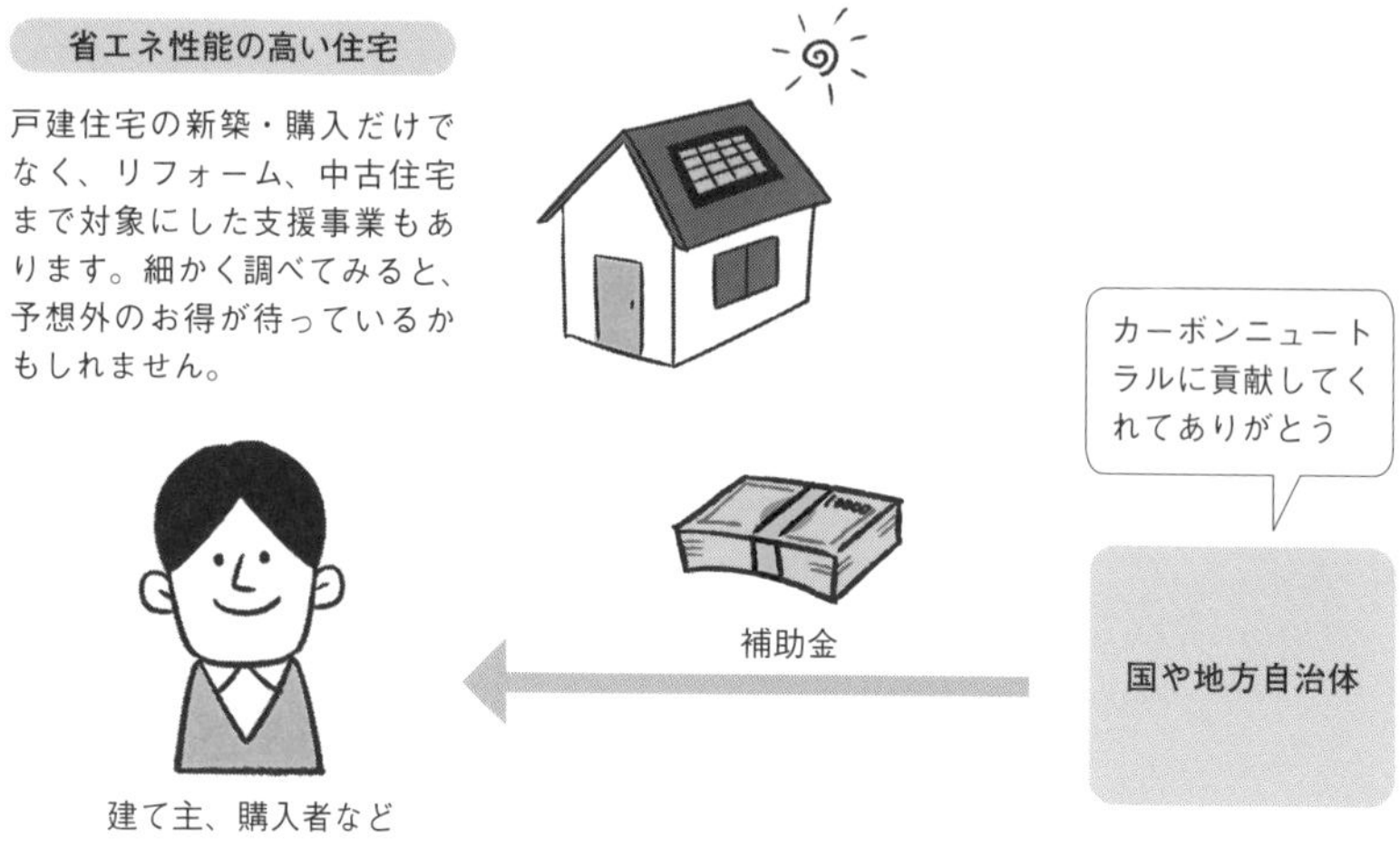
省エネ性能の高い住宅
戸建住宅の新築・購入だけでなく、リフォーム、中古住宅まで対象にした支援事業もあります。細かく調べてみると、予想外のお得が待っているかもしれません。
カーボンニュートラルに貢献してくれてありがとう
補助金
国や地方自治体
建て主、購入者など

要件は早めに確認しよう

補助金の申語は支援事業ごとに要件が異なります。申請の公募期間が短いものや申請の先着順に交付を決めているものもあるため、住宅の新築・購入の計画を立てたら、まずは補助金の要件を早めに確認しておきましょう。

子育てエコホーム支援事業の概要

エネルギー価格などの物価高騰の影響を受けやすい子育て世帯・若者夫婦世帯が省エネ性能の高い新築住宅を取得したり、省エネ性能を高めるリフォームを行なったりする際に金銭的な支援をする事業

長期優良住宅または ZEH 住宅を新築、購入する場合

性能による分類	最大補助額／戸	備考
長期優良住宅	100万円	市街化調整区域、土砂災害警戒区域または浸水想定区域に立地する場合は50万円
ZEH住宅	80万円	市街化調整区域、土砂災害警戒区域または浸水想定区域に立地する場合は40万円

リフォームする場合

条件	子育て世帯・若者夫婦世帯の最大補助額／戸	一般世帯の最大補助額／戸
既存住宅を購入してリフォームする場合	60万円	－
長期優良住宅の認定（増築・改築）を受ける場合	45万円	30万円
上記以外のリフォームを行う場合	30万円	20万円

子育て世帯：
申請時点において、2005 年 4 月 2 日以降に出生した子を有する世帯（2024 年 3 月 31 日までに建築着工するものについては 2004 年 4 月 2 日以降）

若者夫婦世帯：
申請時点において夫婦であり、いずれかが 1983 年 4 月 2 日以降に生まれた世帯（2024 年 3 月 31 日までに建築着工するものについては 1982 年 4 月 2 日以降）

社に問い合わせるなどして、常に最新の情報を入手しておきましょう。場合によっては、複数の制度を併用できることもあります。

脱炭素社会に貢献するのはいいが……

注意したいのは、省エネ性能向上のために設備機器などにお金をかけすぎると、補助金をもらってもあまり得にならないケースがあるということです。計画の際は、設備機器の交換費用、住宅全体の改修費用、年間の光熱費などもランニングコストとして見込んでおかなければなりません。脱炭素社会の実現には貢献したものの、かえって金銭的な負担が増えては「返済がラクになる」とはいえません。目先の補助金だけにとらわない、総合的な判断が求められます。

現在、省エネに関する支援事業で規模が大きなものは「子育てエコホーム支援事業」です。これは、物価高騰の影響を受けやすい子育て世帯・若者夫婦世帯を支援するもので、長期優良住宅の購入では1住戸につき100万円、ZEH住宅の購入では1住戸につき80万円が補助されます。ただし、予算上限に達した時点で終了となりますので、要件を満たす人は早めに動きましょう。

TECH
4

金利の引き下げ交渉をしてみる

借入額３０００万円・35年返済なら0.1%ごとにトータルで約65万円の減額

目標金額
200万円

個人の属性に関する条件

- □ 扶養家族がある
- □ 年収が一定の水準に達している
- □ 金融機関が指定する特定の地域に居住している

子供が2人います

金融機関との取引に関する条件

- □ 申し込み金融機関に一定額の預金残高がある
- □ 申し込み金融機関の定期積金がある
- □ 申し込み金融機関に給与振込指定をする
- □ 申し込み金融機関に年金振込指定をする
- □ 申し込み金融機関で公共料金の引落しをする
- □ 申し込み金融機関が指定したクレジットカードを所有する
- □ 申し込み金融機関でカードローンを組んでいる
- □ 申し込み金融機関のインターネット口座を開設する
- □ 申し込み金融機関で家族も取引をしている

年金の振込はこちらにお願いするわ

条件次第で金利は下がる

住宅ローンの世界は今、戦国時代の真っ只中といえます。各金融機関は激烈な競争を勝ち抜くために、あの手この手でお客様を呼び寄せようとさまざまな「優遇制度」を用意しています。

優遇制度とは、ある一定の条件を満たせば店頭金利より低い金利が適用されるというもの。最初から金利を優遇して（安売りをして）販売している商品もありますが、多くは**「キャンペーン」や「金利優遇」と称して期間限定で低い金利を設定したり、借りる人の条件によって個別の金利を設定したりしています。**これらの優遇は、金融機関と借り手の取引条件をベースに決定されるもの、購入する住宅の内容（性能など）によって決定されるも

金利優遇のために必要な条件

優遇制度の条件は金融機関によってさまざまですが、ここでは一般的なものを紹介します。当てはまるものがあれば、金利の引き下げ交渉に使えます。

物件価値に関する条件

- ☐ 新築である
- ☐ 太陽光発電システムを設置している
- ☐ ガスを使用したエコ住宅である
- ☐ オール電化住宅である
- ☐ 緑化基準を達成している
- ☐ 燃料電池を搭載している
- ☐ エコ給湯器を設置している
- ☐ バリアフリー住宅である
- ☐ 防犯基準を達成している
- ☐ 住宅性能評価書を取得した住宅である
- ☐ 基準以上の耐震性を確保している
- ☐ 認定長期優良住宅である
- ☐ 認定低炭素住宅である
- ☐ 一定比率以上の県産材を使用している（地方の金融機関に多い）

住宅ローンの条件に関するもの

- ☐ 自己資金の比率が申し込み金融機関の基準以上である
- ☐ 返済負担率が申し込み金融機関の基準以下である
- ☐ 借り換えである
- ☐ ミックスプランを利用している
- ☐ 提携業者との提携ローンである

その他

- ☐ 周年行事などのキャンペーンがある

の、などさまざまです。

住宅ローンは高額ですから、借入れ金利が少しでも下がれば最終的な総返済額が何十万円、場合によっては何百万円も少なくなります。3000万円を35年で返済する計画なら、金利が0.1%でも下がれば総返済額が約65万円も下がります。0.3%なら195万円です。

金利が優遇される（金利を下げてもらう）ためには、金融機関側から提示される「条件」に合意しなければなりません。条件とは、たとえば給与の振込先をその金融機関の口座にしたり、提携先のクレジットカードをつくるなどです。どうしても従えない条件がある場合は、代わりに定期積金口座を開設するなど、ほかの条件を満たすことで優遇条件がキープされる場合もあります。

注意したいのは、金利の優遇は全期間ではなく、期間を限定している場合が多いということです。「借入れから○年間は金利が下がるが、○年後からは通常の金利に戻ったり優遇幅が縮まったりする」などのパターンです。にもかかわらず、こうした重要な諸条件にかぎって資料の隅に小さな文字で記載されていたりします。優遇の期間が終わった途端、返済額が一気に膨らんでしまったという失敗がないように、条件の詳細については契約前にすみずみまで確認しておきましょう。

優遇制度を効率よく探すには？

すべての金融機関の優遇制度を個人の力で調べるのは不可能です。お勧めは、99頁でも紹介している「住宅金融普及協会」の〈住宅ローンの金利情報〉などをチェックする方法です。

キーワードで検索してみよう

「最優遇金利」で検索すると…

- ●みずほ銀行「ネット住宅ローン」
- ●山梨中央銀行「金利プラン（最優遇金利）」
- ●但馬銀行「住宅ローン 最優遇金利」
- ●大分銀行「特別金利（最優遇金利）」
- ●宮崎銀行「満額快答（最優遇金利）」

…全部で18商品がヒット！

「エコ住宅」で検索すると…

- ●四国銀行「固定金利（エコ住宅）」
- ●幡多信用金庫「エコ住宅または地元業者」
- ●福岡ひびき信用金庫「子宝（2人）またはエコ住宅」

…全部で6商品がヒット！

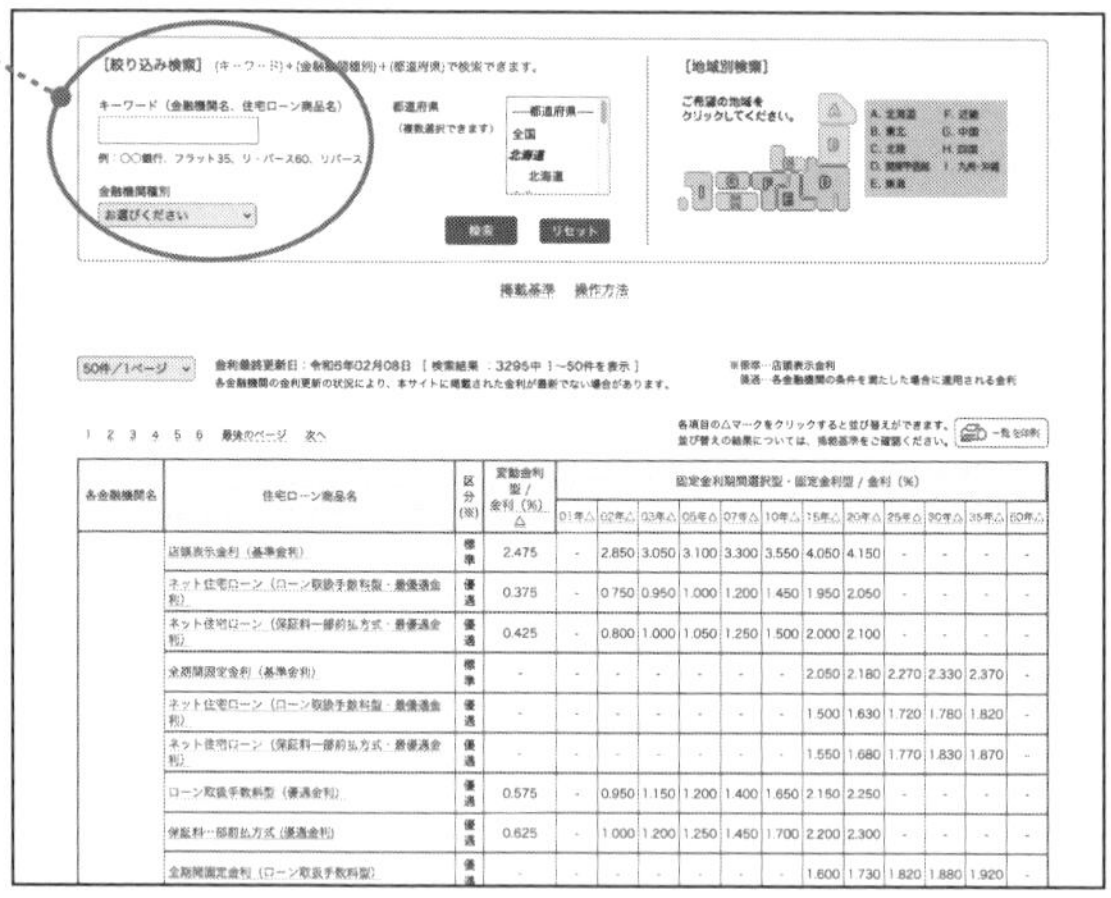

各金融機関名	住宅ローン商品名	区分（※）	変動金利型／金利（%）△	01年△	02年△	03年△	05年△	07年△	10年△	15年△	20年△	25年△	30年△	35年△	50年△
	店頭表示金利（基準金利）	標準	2.475	-	2.850	3.050	3.100	3.300	3.550	4.050	4.150	-	-	-	-
	ネット住宅ローン（ローン取扱手数料型・最優遇金利）	優遇	0.375	-	0.750	0.950	1.000	1.200	1.450	1.950	2.050	-	-	-	-
	ネット住宅ローン（保証料一部前払方式・最優遇金利）	優遇	0.425	-	0.800	1.000	1.050	1.250	1.500	2.000	2.100	-	-	-	-
	全期間固定金利（基準金利）	標準	-	-	-	-	-	-	-	2.050	2.180	2.270	2.330	2.370	-
	ネット住宅ローン（ローン取扱手数料型・最優遇金利）	優遇	-	-	-	-	-	-	-	1.500	1.630	1.720	1.780	1.820	-
	ネット住宅ローン（保証料一部前払方式・最優遇金利）	優遇	-	-	-	-	-	-	-	1.550	1.680	1.770	1.830	1.870	-
	ローン取扱手数料型（優遇金利）	優遇	0.575	-	0.950	1.150	1.200	1.400	1.650	2.150	2.250	-	-	-	-
	保証料一部前払方式（優遇金利）	優遇	0.625	-	1.000	1.200	1.250	1.450	1.700	2.200	2.300	-	-	-	-
	全期間固定金利（ローン取扱手数料型）	優遇	-	-	-	-	-	-	-	1.600	1.730	1.820	1.880	1.920	-

金利の引き下げは自分で交渉してもいい

あなたが借りたい住宅ローン商品に適当な優遇条件が示されていない場合は、金利の引き下げを金融機関にみずから交渉する方法もあります。

百戦錬磨の金融のプロに、素人がお金の交渉をするなんて無謀とも思える「作戦」ですが、これは必ずしも的外れなテクニックではありません。金融機関はたくさんのお客さんにお金を貸すことで利益を出すわけですから、**お客さんがほかの金融機関に流れそうなら金利を多少引き下げてでも引き止めようとすることがあります。**あなたが「ほかの金融機関の住宅ローンも同時に検討している」と伝えれば、先方もそれ相当の対応をするものです。「もう少し金利を下げられませんか」とお願いしてみましょう。必ずしも成功するわけではありませんから、ダメモトでの挑戦です（ただし、あなたが自営業者だったり、自己資金が少なかったり、個人信用情報に問題があったりすれば、交渉のテーブルにすらつけない可能性が高くなりますのでご注意を）。

なお、窓口で対応する担当者の多くは、独断で金利の

勇気を出して金利の引き下げ交渉をしてみよう

金利引き下げのお願いは決して恥ずかしいことではありません（でも、ちょっとこわいですよね）。あらかじめ金融機関のホームページで最優遇金利をチェックしておくなどして、交渉に必要な材料を集めておきましょう。

注

その金融機関しか審査に通らなかった人は概して成功率が低くなります。「当行では対応いたしかねますので、ほかの金融機関をおあたりください」と、丁重に断わられてしまうかもしれません

引き下げを決定する権限がほぼありません。その場では答えが出ず、上席または支店長クラスの決裁権限をもつ人に相談してもらうという段取りを経るため、引き下げが可能かどうかの回答には少し時間がかかることがあります。ちなみに、最初からフラット35の最優遇金利を提示されている場合は、その金融機関と住宅金融支援機構との関係から、それ以上有利な条件は引き出せません。

交渉するならいつがよい？

金利の交渉をするなら、**金融機関の決算月や半期決算月が狙い目**になります。というのも、金融機関の各支店は決算までに住宅ローンの売上げノルマを達成したいと考えますから、もしその時点で未達の場合は、少しでもノルマを稼ごうと特別な条件を提示してもらえることがあるからです。ただ、決算月に当て込んで住宅の購入時期をずらすというのも本末転倒な話ですから、このあたりは運次第ということになるかもしれません。

金利引き下げの交渉は、返済が始まったあとからでも有効です。その際は交渉をより有利に進めるためにも、毎月確実に返済して、返済遅れだけは絶対にしないようにしておきましょう。

TECH 5

諸費用をなるべく安く抑える

融資事務手数料は最大50万円減
火災保険料は約100万円安くできる

目標金額
50万円〜200万円

諸費用は、依頼先・商品選びに左右される

「諸費用」というお金の存在は、住宅購入を検討し始めるまでは知らない人がほとんどですから、この費用を安く抑えるという発想も、なくて当然です。しかし、諸費用は住宅購入費全体のうち、実に大きな割合を占めますので「58頁参照」、費用削減の努力をするのとしないのとでは資金計画が大きく変わってきます。

諸費用の減額方法としては、金利のように直接交渉するほかに、**支払い先の会社や商品を変更する**という方法があります。これで、10万〜100万円を引き下げられる可能性があります。諸費用を安くするために住宅ローン商品を変更したり、不動産会社を変更するというのは本末転倒のようですが、実際にそれだけの減額効果が期待で

登記関係費用
（支払先：司法書士）

△

【参考価格】
各登記で1回あたり8〜20万円程度
【ポイント】
8万円程度で受けてくれる司法書士を探す

収入印紙
（支払先：税務署）

✕

【参考価格】
土地の売買契約
1〜4.5万円
工事請負契約
1〜1.5万円
金銭消費貸借契約
1〜6万円程度

そのほかの諸費用でコストダウンできるものは？

家づくりの計画次第では、ここに挙げていない諸費用がかさむ場合もあります。たとえば、建替えなら仮住まいの家賃と2回分の引越し費用に加え、既存の住宅を解体する費用もかかります。いずれも複数の業者に見積りをとり、安い会社を選べば支払い負担は減ります。その一方、地鎮祭などの費用は「縁起物なので値切らない」など、メリハリのある資金計画としたいものです。

費用対効果の高い「諸費用の減額」はどれ？

家づくりや住宅ローンの利用に伴う諸費用を以下に挙げてみました。手間と効果のバランスを考慮しながら減額に挑戦してみましょう。

融資事務手数料（支払先：金融機関）	保証料（支払先：保証会社）	つなぎ融資費用（支払先：金融機関）	火災保険料（支払先：保険会社）	仲介手数料（支払先：不動産会社）
○	○	○	△	△
				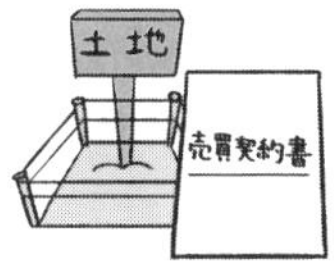
【参考価格】 定額型は3～5万円、定率型は融資額の2.1％程度（2,500万円の場合なら52万5,000円） 【ポイント】 最安で数万円程度まで下げられる	【参考価格】 一括前払いの場合は融資額の1～6％。後払いの場合は金利上乗せで融資額の0.2～0.3％ 【ポイント】 支払い方法を選んで数十万円減	【参考価格】 つなぎ融資事務手数料11万円＋利息分40万円 【ポイント】 つなぎ融資を使わない商品を選んだり、借りる日数を減らしたりする	【参考価格】 パッケージ一式で60～100万円 【ポイント】 期間・内容を絞って3～30万円の減	【参考価格】 物件価格の約3%強 【ポイント】 安い会社に依頼して半額～無料

きるのが、諸費用の〝魅力〟です。

金融機関の諸費用は「差し引きいくら」で考える

住宅ローンを借りる際に必ず発生する「融資事務手数料」は、金融機関ごとに価格設定が異なるため、これが安い金融機関を選べば諸費用全体を削減できます。融資事務手数料には一括で支払う「定額型」と、借入額をベースに算出する「定率型」の2種類があります。

借り手が住宅ローンを返済できなくなる場合に備えて保証会社に保証を依頼するために支払う「保証料」も、融資契約時に全額を支払う「前払い（一括方式）」と、毎月の返済額に分割して載せる「後払い（外枠方式）」の2種類があります。

いずれも、**手元に現金がなければ、毎月の返済額から差し引かれる後払いしか選択肢はありません**が、その場合は金利が上乗せされて割高になりがちです。一括で支払える現金があれば、自分の借入条件に合わせて安いほうを選ぶとよいでしょう。

なお、「保証料無料」を謳い文句にしている住宅ローンは、それ以外の何かが割高になっていることが多いの

火災保険は、自分に必要な補償を吟味してコストダウン

一般的な火災保険は、さまざまな損害に対する補償があらかじめパッケージ化されています。購入する住宅がマンションの高層階なら水災（水害）の補償は外して、その代わり水漏れの補償をつけるというように、自分でカスタマイズすると毎月の負担を大きく減らせます。

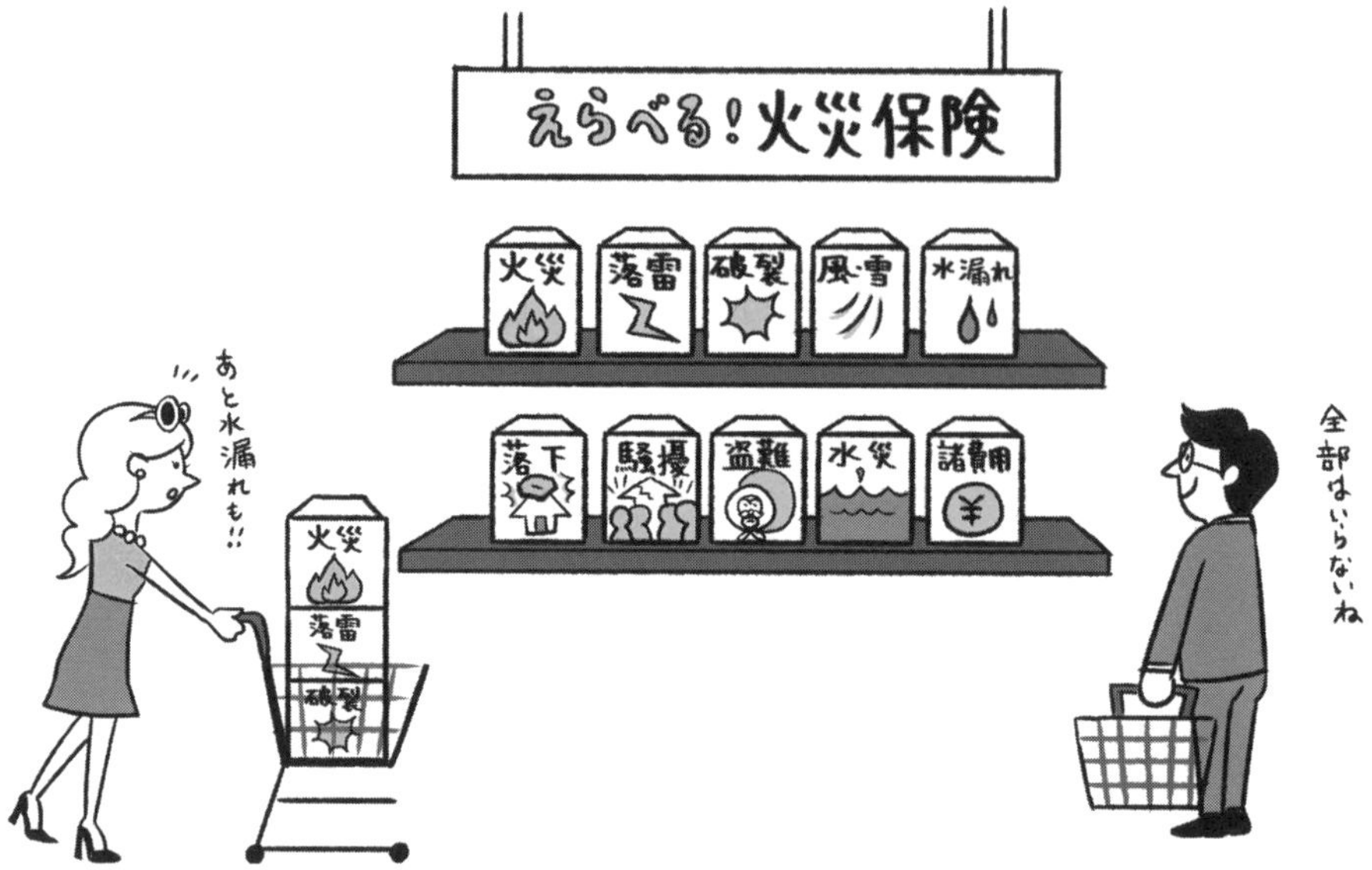

で注意してください。同様に、融資事務手数料や保証料が安い金融機関は、そのほかの費用や金利が高い場合があるので「差し引きいくら」で考えることが重要です。

損害保険はポイントを絞る

住宅ローンの契約と同時に申し込む各種の「損害保険」も検討の余地があります。なかでも「火災保険料」は、「減額が可能になる諸費用」の上位にランクされます。一般的には金融機関から火災保険商品の提案がありますが、必ずしもその保険が〝絶対〟ではありません。住宅会社から提案される「団体割引が付く保険」のほうが安かったり、自分がインターネットで見つけた保険のほうが安ければ、そちらに変更しても構いません。

また、建設地が高台であれば水害の補償は対象から外すなど、保険の対象範囲を絞るのも一策です。あるいは、保険期間を短めに設定すると、当初支払う保険料を安くできるので手元の現金が少ない場合には有効です。

仲介手数料、登記費用、つなぎ融資は？

不動産の購入時に発生する「仲介手数料」は、設定が

不動産を対象にした保証・保険は任意で選ぶ

保証や保険を何もかも切り捨てるコストダウンには賛成できません。特に注文住宅の場合は、若干お金をかけてでも、万一に備えた対策をしっかりとっておくことが、最終的には安上がりだったりします。

地盤保証

施工会社の加入が義務付けられている瑕疵担保保険は、建物に関する瑕疵についてはカバーしていますが、軟弱地盤による損害は保証の対象外となります。地盤については、別途保険をつけるのがおすすめです。会社により保証内容もさまざまなので、コストパフォーマンスのよいものを選びましょう。

完成保証

建築中に施工会社が倒産するなどして工事が継続できなくなっても、建物の完成を金銭的または役務的に保証する制度です。完成保証をつけない場合は工事請負代金を出来高で払うなどの管理が必要になります。その場合は、値引きをするからといわれても、出来高以上に支払うのはやめましょう。

地震補償保険

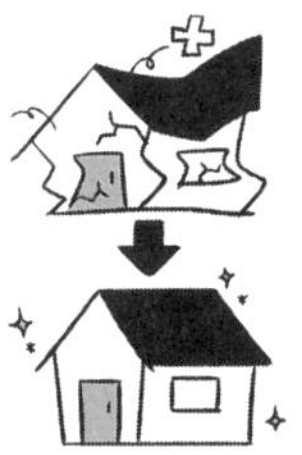

「地震保険」は生活の再建を目的とする保険なので、地震発生後に全壊した家を同じように建て直すほどの保険料はおりません。短期型の地震補償保険なら、その分をカバーできます。最大900万円まで。

家財保険

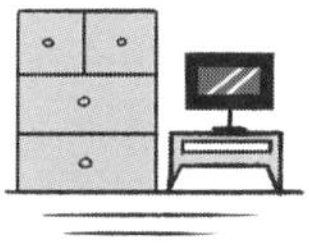

火災や盗難、地震などによる家財の損害を補償する保険です。火災保険とセットになっている場合の補償範囲は、元の火災保険のタイプによって決まります。家財保険単体で加入できるものもあります。地震によって家財に損害を受けた場合は、家財保険に地震保険をセットしていないと補償されません。

安い不動産会社に仲介をお願いすればそれだけお得になります。希望する物件を販売している会社の手数料が高い場合は、安い会社を見つけて、そこに「私が希望している物件を取り扱ってもらえませんか」と頼んでみるという手もあります。

　建物表題登記は土地家屋調査士、所有権移転登記・所有権保存登記・抵当権設定登記は司法書士に依頼します。司法書士は金融機関から担当者を指定されることが多いのですが、指定がなければ報酬の安い事務所を自分で探して、金融機関側にそちらに委託してもよいか相談するというのもアリです。

　つなぎ融資は、日ごとに利息が発生するので、**借入れを1日でも短くする対策が有効**です。とはいえ、工事期間がどれくらいの長さになるかは分からないので、契約時に決済の時期を少し遅らせておくとよいでしょう。土地を購入してすぐに着工できれば、融資の期間が短くなり、利息が安くなります。なお、手元に土地代分の現金があればつなぎ融資は不要です。

　そのほか、引越しや解体工事などを依頼する際は相見積りを取るのが原則です。こうして一つひとつ対策をとっていくことが、最終的に大きな諸費用削減につながるのです。

TECH 6

「団信」への加入の仕方を考える

目標金額

平均で **80** 万円以上

「団信」と一般的な生命保険の違い

団体信用生命保険と民間の生命保険の内容は重なり合うので、住宅ローンを申し込むならいずれかに一本化すべきです。どちらが良い・悪いというのではなく、自分に適するほうを選びましょう。

団体信用生命保険		一般の生命保険
●住宅ローンの金利に含まれる ●保険料見直しの可能性がある ●保険料率は年齢に関係なく一定（おおむね40歳以上だと団信のほうが割安になりやすい）	保険料	●当初決定額から変わらない ●月払い、年払いから選べる ●保険料は見直されない ●年齢に応じて増減する（40歳以下なら団信より安いかも） ●保険会社により各種割引あり
申請から１カ月前後（その間に返済日がきたら返済が必要）	保険料の支払い	申請から10日前後
対象外	生命保険料控除	対象（ただし5万円まで）
●口座からの自動引き落とし ●毎月の返済額に含まれる	支払い	●口座からの自動引き落とし ●クレジットカード払い

ローンの残金が支払われる「団信」
工事の未払い金が支払われる「ぽけっと団信」

団信と生命保険のダブりをなくす

団体信用生命保険（以下、団信）は、加入者が住宅ローンの返済中に死亡または高度障害状態になった場合に、生命保険金により住宅ローンの残金が返済されるという仕組みの保険です。**団信への加入は、「新規に生命保険に入る」ことと同じ**ですから、現在契約中の生命保険と保障内容が重なっていたら保険料を無駄に支払うようなものです。団信に加入する場合は、すでに契約している生命保険を解約したほうがいい場合もあります。

団信は「加入が必須条件」ではない

団信は、必ずしも加入しなければならないものではあ

団信などの保障にはいろいろなタイプがある

団信		住宅ローンの返済途中で加入者が死亡・高度障害状態になった場合、生命保険会社が本人に代わって住宅ローンの残金を支払ってくれる
特約付き団信	３大疾病保障	がん・心筋梗塞・脳卒中の３大疾病保障特約付き団体信用生命保険。死亡・高度障害保障のほか、３大疾病になった場合も生命保険会社から住宅ローンの返済金相当額が支払われて残高がゼロになる。３大疾病に高血圧性疾患・糖尿病・慢性腎不全・肝硬変・慢性膵炎という５つの重度慢性疾患を加えた８大疾病を保障するものもある。一般の団信より保険料は高くなる
	がん保障	がん保障特約付き団体信用生命保険。死亡・高度障害保障のほか、がんになった場合、生命保険会社から住宅ローンの返済金相当額が支払われて残高がゼロになる。リビングニーズ特約により、医師から余命６カ月以内と診断された場合に保険金が支払われるものもある
ワイド団信		健康上の加入条件が緩和された団体信用生命保険。通常の団信に通らない糖尿病、高血圧症、肝機能障害などを発症している場合でも、加入できる可能性がある。ただし、保険料は割高になる。住宅ローンの金利に上乗せされ、通常よりも0.2～0.3%高くなる
ぽけっと団信 他		工事着工から引渡しまでの最長１年間に、加入者が交通事故や病気により死亡・高度障害状態になった場合、生命保険会社から土地代金・工事未払い金の合計金額で最大5,000万円まで支払われる
失業保障付き保険		勤務先の倒産やリストラなどで失業した際、雇用保険の手当てと給与の差額を保険金として受け取れるものなどで、生計の安定を図り、住宅ローンの返済が滞らないようにすることが目的。なお、加入者が死亡したり、退職して雇用保険の一般被保険者から外れたりした場合は、契約が自動的に終了する

りません。民間金融機関の住宅ローンのほとんどは、団信への加入を絶対条件としていますが、**フラット35の場合は原則事項という扱いのため、生命保険を代用することができます**。また、団信の保険料率は年齢に関係なく一定ですが、生命保険の保険料は若いほど安くなります。生命保険には、タバコを吸わない、メタボ予備軍ではないなど、健康な人ほど保険料が安くなるというメリットもあります。

建築中のリスクを解決する団信もある

団信は融資実行（引渡し）後の保障になるため、工事着工から竣工までの建築中は保障の対象になりません。そのため、万一この期間に建て主（住宅ローンの借り手）が死亡・高度障害状態になった場合は融資が実行されません。そうなると、遺族の負担で工事を続けるか、所有権を放棄するか、完成させて転売するかなど、難しい対応を迫られます。

こうした事態に備える保険が、融資実行前団体信用生命保険「ぽけっと団信」です。この保険で未払い金5000万円までは賄えますので、不安な人は加入しておくことをお勧めします。

Column

晴れて完済したら「抵当権」は自分で外す

住宅ローンの返済が終わったら、あなたの土地や建物に設定されている抵当権を外します。義務ではありませんが、放置しておくと後々トラブルを招きかねませんので、早めに外しておきましょう。

住宅ローンで買った家には「抵当権」がつく

住宅ローンの融資が実行され、関係各社への支払いが終わると、ようやく自分の家を手に入れたという実感が湧いてくるものです。しかし正確にいうと、この段階ではまだ、あなたの家は「あなたのもの」ではありません。確かに、所有権はあなたにあります。しかし、ローンの返済中は、そこに「抵当権」という権利が設定されているのです。

抵当権とは、金融機関が住宅ローンというかたちでお金を貸すとき、そのお金で購入する不動産を担保として確保しておく方法の一つです。「万一、貸したお金を返してもらえないときは、その代わりに担保にしている住宅を差し押さえたり、競売にかけたりします」という主張がかたちを変えたものです。ほとんどの金融機関は融資と同時に抵当権を設定しますが、その費用はお金の借り主であるあなたが支払うことになります。

抵当権が設定されていることを、俗に「銀行の抵当に入っている」といいますが、その間は所有者といえども自由な意思で、担保物件である自分の家を売ったりリフォームすることはできません。リフォームによって床面積が減るなどすると、担保の価値も変わってしまうからです。お金を借りている身ですから当然といえば当然ですが、このような権利は目に見えるものではないので、現実の感覚とは多少ズレがあるかもしれません。

金融機関は抵当権を外してくれない

抵当権は住宅ローンの契約時に設定されます。そして、融資の実行後、契約に立ち会った司法書士により、法務局で「登記簿」に記録されます。これにより、不動産の所有権が住宅ローンの借り主にあること、抵当権が金融機関にあることが、第三者的に認められます。住宅ローンの返済が終われば、もちろん抵当権はその効力を失いますが、問題は抵当権を設定した金融機関は住宅ローン完済後も自分からは抵当権を外してくれないということです。そのままでも直接不利益を被ることはありませんが、問題が起こるとすればそれから数年先です。将来的に、書類の紛失、債務者の死亡、金融機関の合併などが起こるかもしれません。そうなると、抵当権を外さなければならない事態に立ち至っても、揃えなければならない書類が増えたりして、手続きがスピーディーに進まなくなるのです。

抵当権を外す「抹消登記」は難しくない

抵当権を外す手続きを「抹消登記」といいます。これは司法書士に頼むこともできますが、難しい手続きではないので、できれば自分でやりましょう。抹消登記にかかる費用は、登録免許税として1件1000円。不動産の登記状態にもよりますが、一般には土地1筆、建物1筆の2件になるので計2000円です。手続きを司法書士に依頼すると、ここに数万円の報酬が上乗せされます。

住宅ローンを完済すると、抵当権者である金融機関から登記原因証明情報、登記済証または登記識別情報、資格証明書、代理権限証書など抵当権抹消に必要な書類が送られてくるので、資格証明書の有効期限3カ月以内に、作成した申請書とこれらを法務局へ提出し、抹消登記の申請を行います。申請後は約1週間で手続きが完了します。法務局に実印を持って「登記完了証」を受け取りに行けば、あなたの家は晴れてあなたのものになります。

抵当権は自分で外す

その1

まず、管轄となる法務局を探します。インターネットを使えば、法務局のホームページから簡単に探すことができます。

[法務局] → [管轄のご案内]

↓

その2

登記に必要な書類を集めます。

1 抵当権抹消登記申請書（法務局のホームページからダウンロード）
2 登録免許税（法務局で売っている収入印紙で納税）
3 登記原因証明情報（解除証書等）
4 登記済証または登記識別情報
5 資格証明書（金融機関の登記事項証明書や代表者事項証明書）
6 代理権限証書（金融機関の委任状）
※代理人でも申請は可能

↓

その3

不動産を管轄する法務局に抹消登記を申請します。書類の不安なところは鉛筆書きにしておき、法務局の窓口で添削をお願いしながら清書するとよいでしょう。

↓

その4

後日、法務局の窓口に行き、登記完了証を受け取ります。2部もらえるので、1部を金融機関に届ければ手続き完了です。

融資契約書でチェックすべきところ

住宅ローンの契約書は、金融機関によってさまざまです。ここで紹介している例は、表紙が1枚で、そのほかのページが見開きで10枚あるものです。

[1枚目]

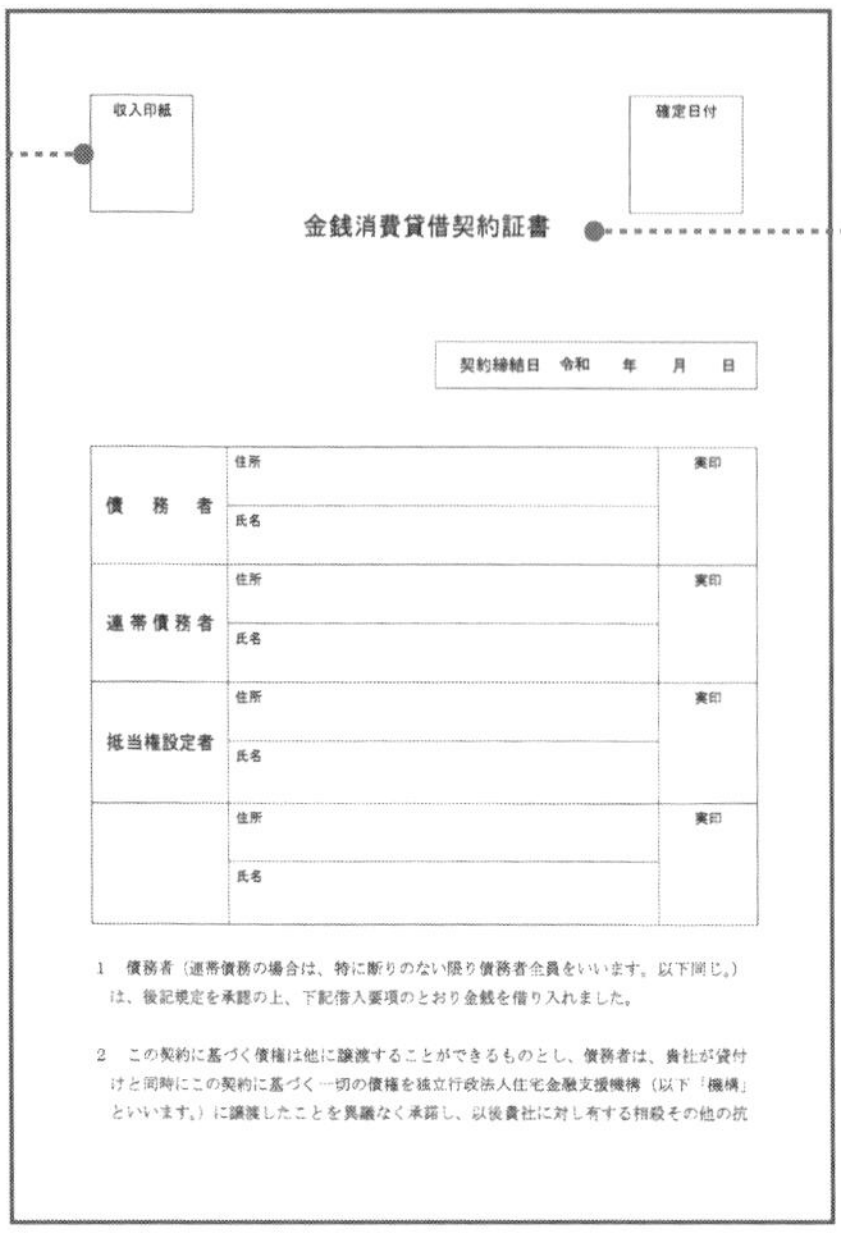

収入印紙

確定日付

金銭消費貸借契約証書

契約締結日　令和　　年　　月　　日

債務者	住所 氏名	実印
連帯債務者	住所 氏名	実印
抵当権設定者	住所 氏名	実印
	住所 氏名	実印

1　債務者（連帯債務の場合は、特に断りのない限り債務者全員をいいます。以下同じ。）は、後記規定を承認の上、下記借入要項のとおり金銭を借り入れました。

2　この契約に基づく債権は他に譲渡することができるものとし、債務者は、貴社が貸付けと同時にこの契約に基づく一切の債権を独立行政法人住宅金融支援機構（以下「機構」といいます。）に譲渡したことを異議なく承諾し、以後貴社に対し有する相殺その他の抗

収入印紙欄
借入額により収入印紙の金額は変わります。割り印を忘れずに

金銭消費貸借契約証書
消費貸借契約とは「借りたものと同額を返す」契約のことです

借入要項
債務者が書き込む欄です。金額、期間、金利、資金使途、返済金額、返済日などを正確に記載しましょう

[2枚目]

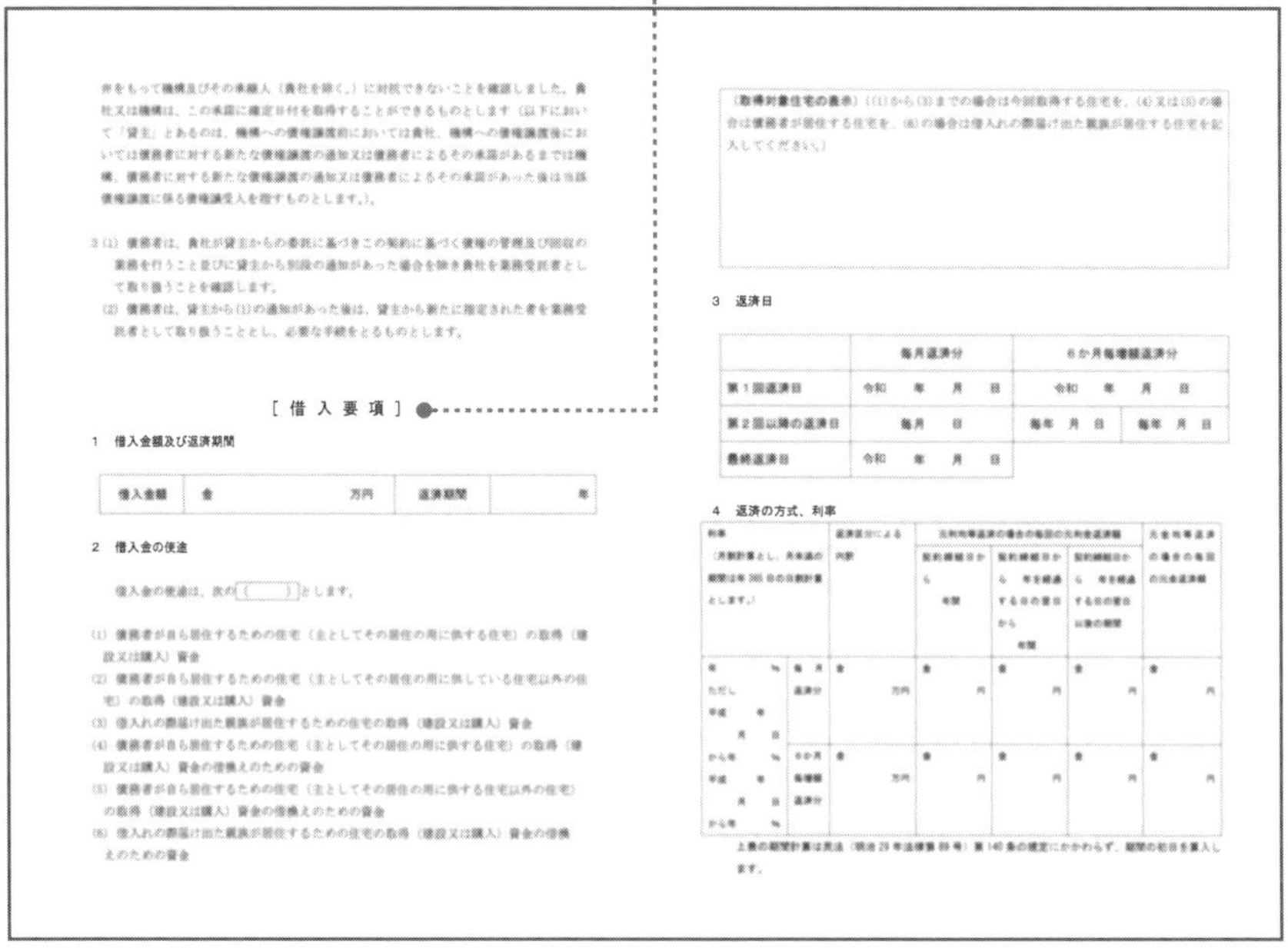

［借入要項］

1　借入金額及び返済期間

借入金額	金　　　万円	返済期間	年

2　借入金の使途

3　返済日

	毎月返済分	6か月毎増額返済分	
第1回返済日	令和　年　月　日	令和　年　月　日	
第2回以降の返済日	毎月　日	毎年　月　日	毎年　月　日
最終返済日	令和　年　月　日		

4　返済の方式、利率

[3枚目]

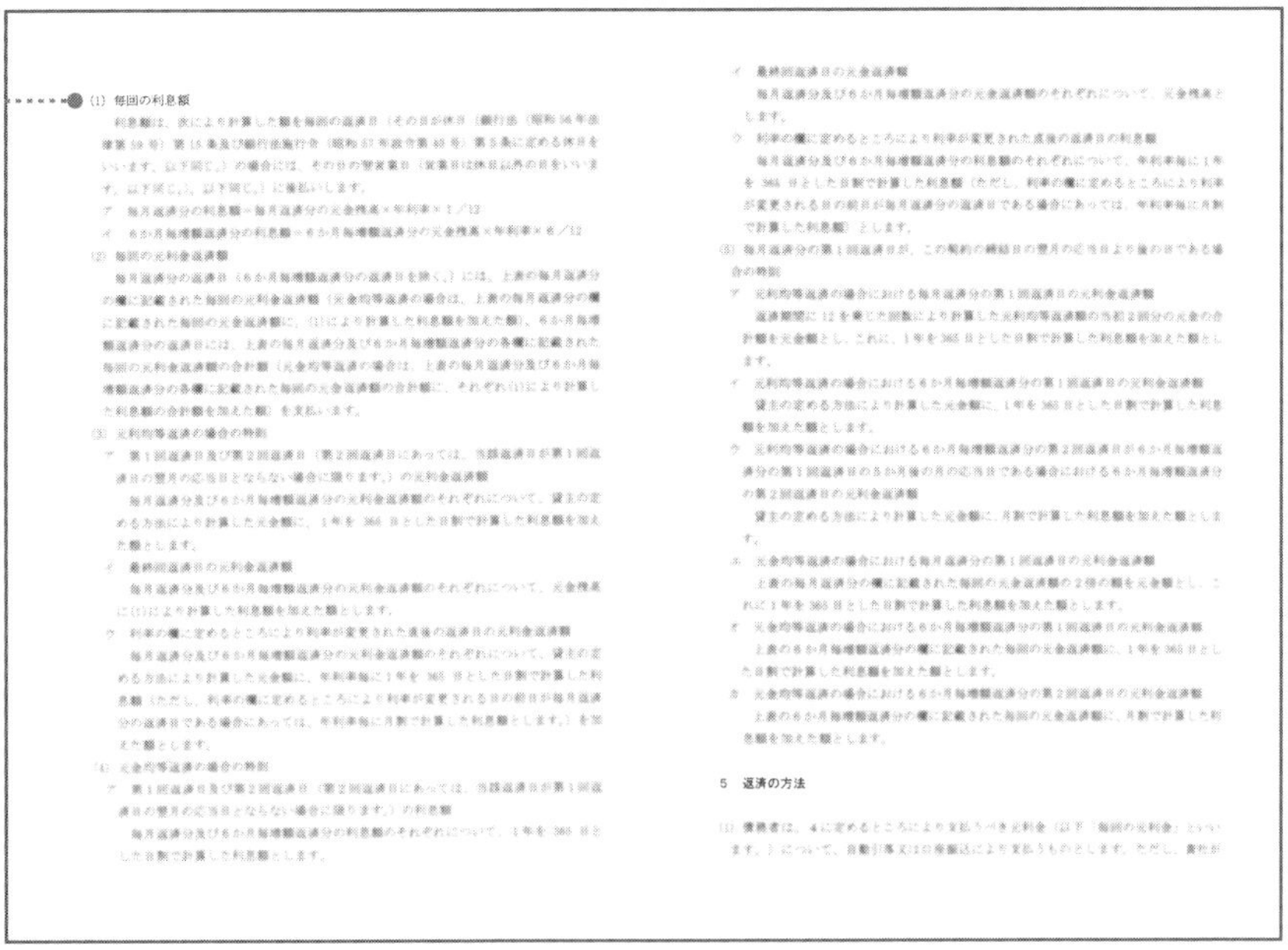

利息の計算方法について

別途発行される返済予定表で実際の返済額を個別に確認しましょう。特に初回の返済日や返済金額は、通常と異なることがよくあります

期限前の全額返済義務

物件を届出以外の目的に使ったり、価値を下げるようなリフォームをすると、期限前に全額返済を要求されることがあります

繰上返済

将来、繰上返済を予定している人は、申込方法や支払いの条件を確認しておきましょう

[4枚目]

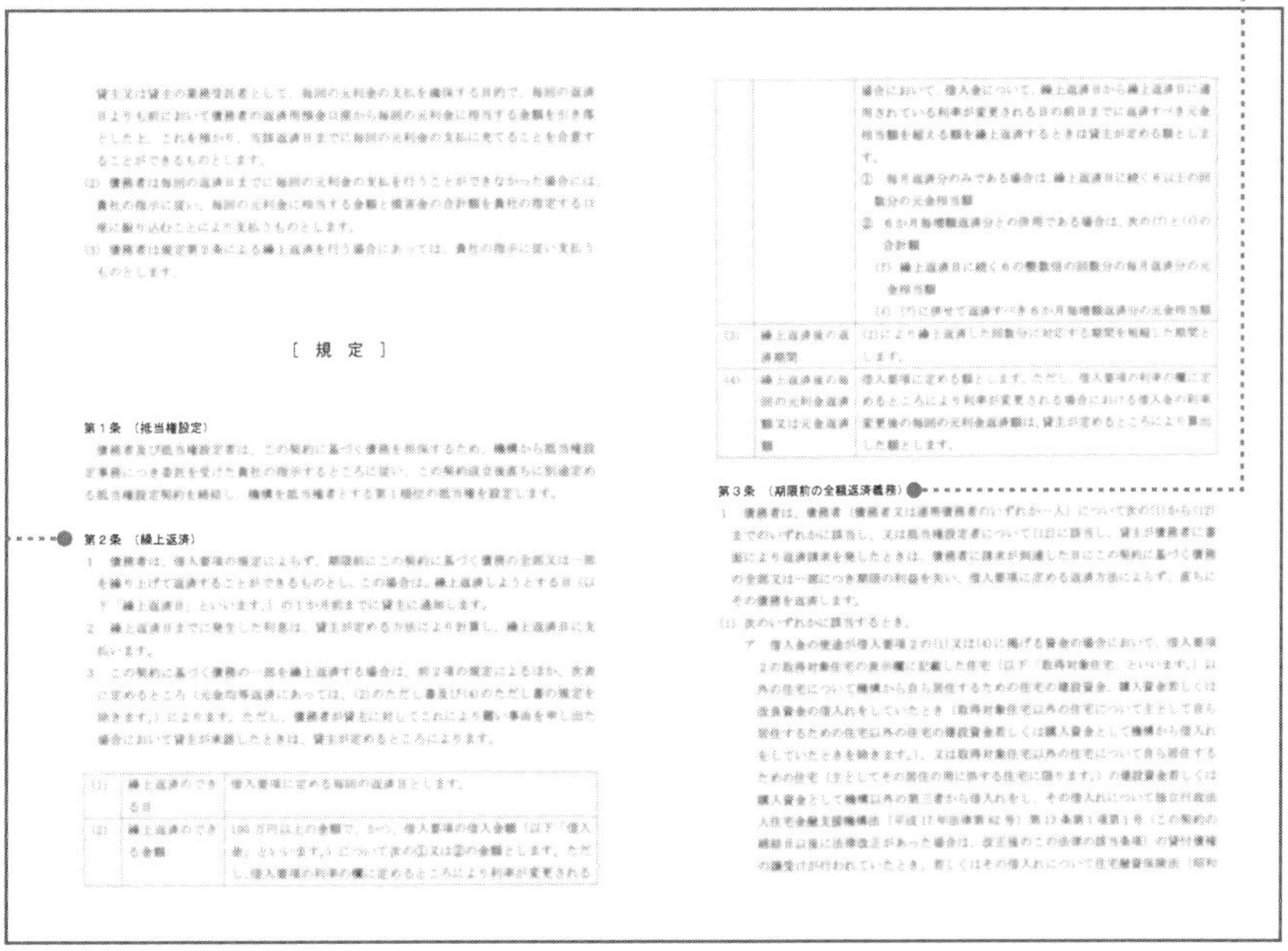

[5枚目]

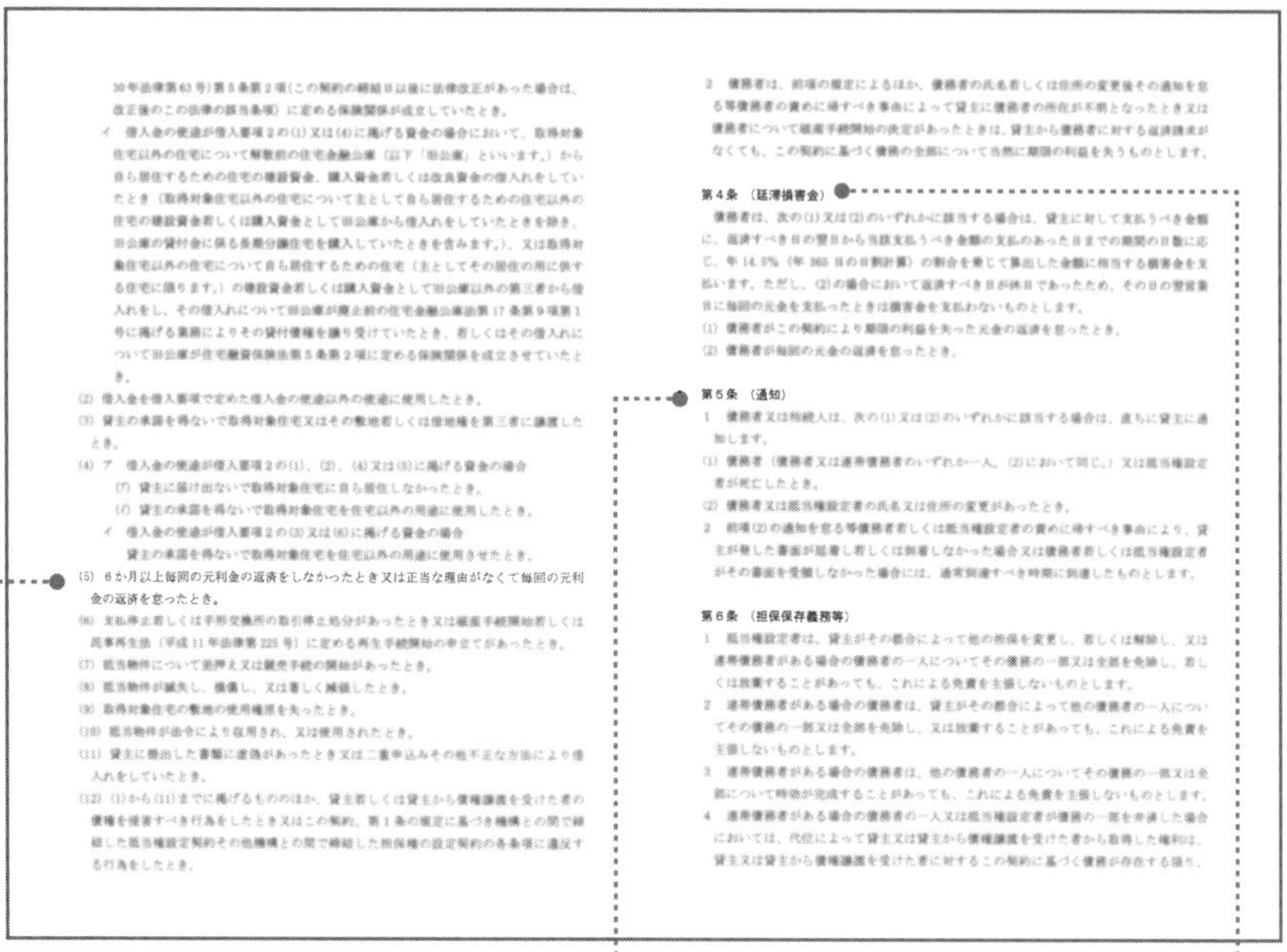

30年法律第63号）第5条第2項（この契約の締結日以後に法律改正があった場合は、改正後のこの法律の該当条項）に定める保険関係が成立していたとき。
イ　借入金の使途が借入要項2の(1)又は(4)に掲げる資金の場合において、取得対象住宅以外の住宅について解散前の住宅金融公庫（以下「旧公庫」といいます。）から自ら居住するための住宅の建設資金、購入資金若しくは改良資金の借入れをしていたとき（取得対象住宅以外の住宅について主として自ら居住するための住宅以外の住宅の建設資金若しくは購入資金として旧公庫から借入れをしていたときを除き、旧公庫の貸付金に係る長期分譲住宅を購入していたときを含みます。）、又は取得対象住宅以外の住宅について自ら居住するための住宅（主としてその居住の用に供する住宅に限ります。）の建設資金若しくは購入資金として旧公庫以外の第三者から借入れをし、その借入れについて旧公庫が廃止前の住宅金融公庫法第17条第9項第1号に掲げる業務によりその貸付債権を譲り受けていたとき、若しくはその借入れについて旧公庫が住宅融資保険法第5条第2項に定める保険関係を成立させていたとき。
(2) 借入金を借入要項で定めた借入金の使途以外の使途に使用したとき。
(3) 貸主の承諾を得ないで取得対象住宅又はその敷地若しくは借地権を第三者に譲渡したとき。
(4) ア　借入金の使途が借入要項2の(1)、(2)、(4)又は(5)に掲げる資金の場合
(ア) 貸主に届け出ないで取得対象住宅に自ら居住しなかったとき。
(イ) 貸主の承諾を得ないで取得対象住宅を住宅以外の用途に使用したとき。
イ　借入金の使途が借入要項2の(3)又は(6)に掲げる資金の場合
貸主の承諾を得ないで取得対象住宅を住宅以外の用途に使用させたとき。
(5) 6か月以上毎回の元利金の返済をしなかったとき又は正当な理由がなくて毎回の元利金の返済を怠ったとき。
(6) 支払停止若しくは手形交換所の取引停止処分があったとき又は破産手続開始若しくは民事再生法（平成11年法律第225号）に定める再生手続開始の申立てがあったとき。
(7) 抵当物件について差押え又は競売手続の開始があったとき。
(8) 抵当物件が滅失し、損傷し、又は著しく減価したとき。
(9) 取得対象住宅の敷地の使用権原を失ったとき。
(10) 抵当物件が法令により収用され、又は使用されたとき。
(11) 貸主に提出した書類に虚偽があったとき又は二重申込みその他不正な方法により借入れをしていたとき。
(12) (1)から(11)までに掲げるもののほか、貸主若しくは貸主から債権譲渡を受けた者の債権を侵害すべき行為をしたとき又はこの契約、第1条の規定に基づき機構との間で締結した抵当権設定契約その他機構との間で締結した担保権の設定契約の各条項に違反する行為をしたとき。

2　債務者は、前項の規定によるほか、債務者の氏名若しくは住所の変更後その通知を怠る等債務者の責めに帰すべき事由によって貸主に債務者の所在が不明となったとき又は債務者について破産手続開始の決定があったときは、貸主から債務者に対する返済請求がなくても、この契約に基づく債務の全額について当然に期限の利益を失うものとします。

第4条（延滞損害金）
債務者は、次の(1)又は(2)のいずれかに該当する場合は、貸主に対して支払うべき金額に、返済すべき日の翌日から当該支払うべき金額の支払のあった日までの期間の日数に応じ、年14.5%（年365日の日割計算）の割合を乗じて算出した金額に相当する損害金を支払います。ただし、(2)の場合において返済すべき日が休日であったため、その日の翌営業日に毎回の元金を支払ったときは損害金を支払わないものとします。
(1) 債務者がこの契約により期限の利益を失った元金の返済を怠ったとき。
(2) 債務者が毎回の元金の返済を怠ったとき。

第5条（通知）
1　債務者又は相続人は、次の(1)又は(2)のいずれかに該当する場合は、直ちに貸主に通知します。
(1) 債務者（債務者又は連帯債務者のいずれか一人。(2)において同じ。）又は抵当権設定者が死亡したとき。
(2) 債務者又は抵当権設定者の氏名又は住所の変更があったとき。
2　前項(2)の通知を怠る等債務者若しくは抵当権設定者の責めに帰すべき事由により、貸主が発した書面が延着し若しくは到着しなかった場合又は債務者若しくは抵当権設定者がその書面を受領しなかった場合には、通常到達すべき時期に到達したものとします。

第6条（担保保存義務等）
1　抵当権設定者は、貸主がその都合によって他の担保を変更し、若しくは解除し、又は連帯債務者がある場合の債務者の一人についてその債務の一部又は全部を免除し、若しくは放棄することがあっても、これによる免責を主張しないものとします。
2　連帯債務者がある場合の債務者は、貸主がその都合によって他の債務者の一人についてその債務の一部又は全部を免除し、又は放棄することがあっても、これによる免責を主張しないものとします。
3　連帯債務者がある場合の債務者は、他の債務者の一人についてその債務の一部又は全部について時効が完成することがあっても、これによる免責を主張しないものとします。
4　連帯債務者がある場合の債務者の一人又は抵当権設定者が債務の一部を弁済した場合においては、代位によって貸主又は貸主から債権譲渡を受けた者から取得した権利は、貸主又は貸主から債権譲渡を受けた者に対するこの契約に基づく債務が存在する限り、

支払いの遅延について

6カ月以上返済が滞ると競売にかけられるリスクがあるとしっかり書かれています。返済が約定通りに行えない場合は、金融機関に相談しましょう

通知

もし、債務者や抵当権設定者（地主や共有者）が死亡した場合や、名前・住所の変更がある場合には速やかに届け出る必要があります

延滞損害金

支払いが遅れたときの延滞損害金の利率が書いてあります。ここでは14.5％と桁違いに高くなっています

調査及び報告

購入した物件について、金融機関が独自に調査したり、報告を求めることがあるので、その要求に応じるようにと書いてあります。なお、債務者と居住予定者は、契約成立後、速やかに所在地に住民登録を行い、住民票を提出することが義務づけられています

個人信用情報機関への登録等

全国銀行個人信用情報センター、日本信用情報機構に登録される旨が記載されています

[6枚目]

返済の充当順序

約束通りの返済ができず、返済額を一部だけ支払う場合の取り決めです。そのお金が元金の返済になるのか、利息や延滞損害金の返済になるのかについては、貸主である金融機関が決めます

公正証書の作成

万一返済が滞った場合には、公正証書の作成手続きが行われると書かれています。裁判などの手続きを経ることなしに、直ちに強制執行されてしまうことを認めるという内容です

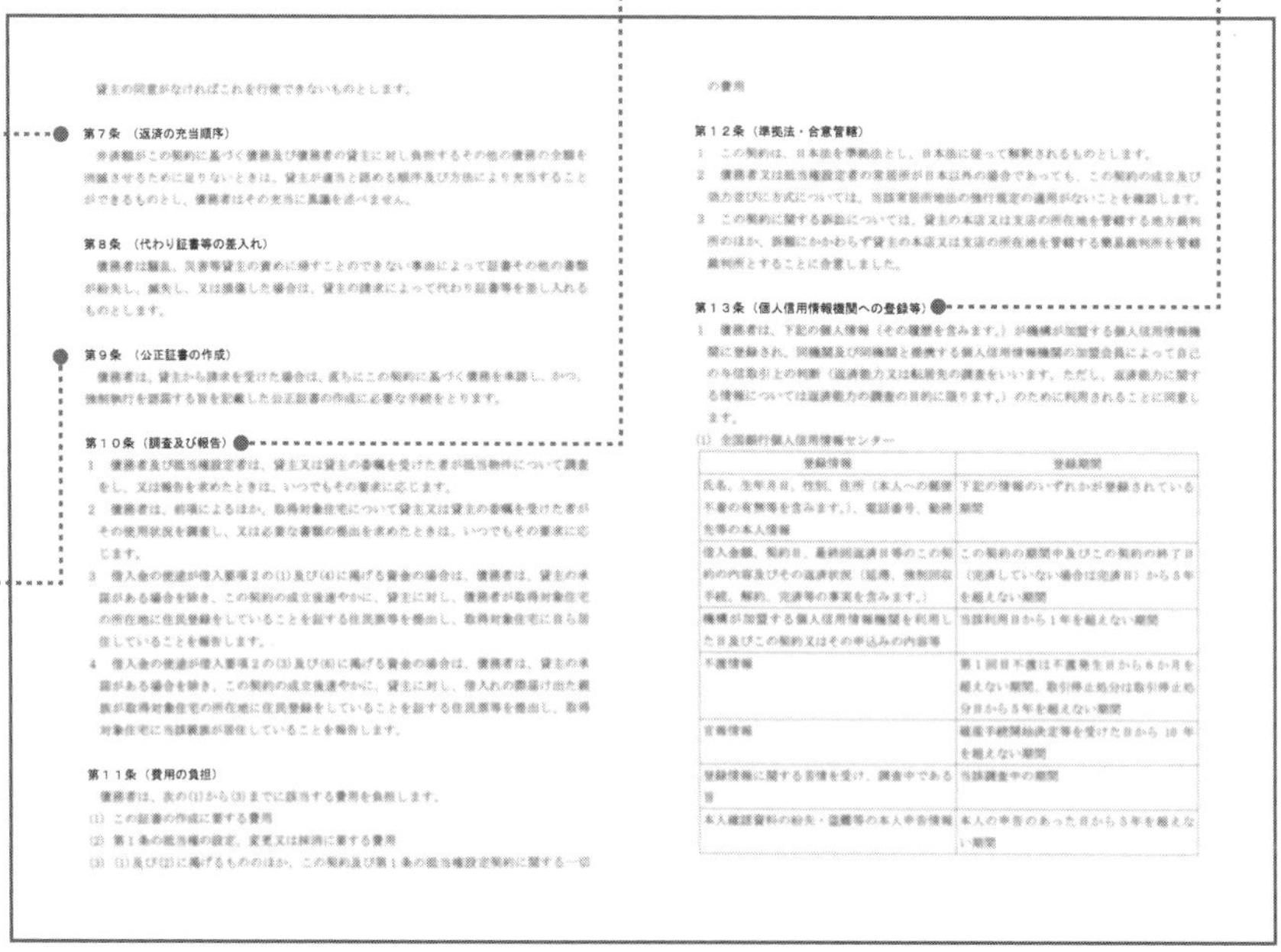

貸主の同意がなければこれを行使できないものとします。

第7条（返済の充当順序）
弁済額がこの契約に基づく債務及び債務者の貸主に対し負担するその他の債務の全額を消滅させるために足りないときは、貸主が適当と認める順序及び方法により充当することができるものとし、債務者はその充当に異議を述べません。

第8条（代わり証書等の差入れ）
債務者は騒乱、災害等貸主の責めに帰すことのできない事由によって証書その他の書類が紛失し、滅失し、又は損傷した場合は、貸主の請求によって代わり証書等を差し入れるものとします。

第9条（公正証書の作成）
債務者は、貸主から請求を受けた場合は、直ちにこの契約に基づく債務を承認し、かつ、強制執行を認諾する旨を記載した公正証書の作成に必要な手続をとります。

第10条（調査及び報告）
1　債務者及び抵当権設定者は、貸主又は貸主の委嘱を受けた者が抵当物件について調査をし、又は報告を求めたときは、いつでもその要求に応じます。
2　債務者は、前項によるほか、取得対象住宅について貸主又は貸主の委嘱を受けた者がその使用状況を調査し、又は必要な書類の提出を求めたときは、いつでもその要求に応じます。
3　借入金の使途が借入要項2の(1)及び(4)に掲げる資金の場合は、債務者は、貸主の承諾がある場合を除き、この契約の成立後速やかに、貸主に対し、債務者が取得対象住宅の所在地に住民登録をしていることを証する住民票等を提出し、取得対象住宅に自ら居住していることを報告します。
4　借入金の使途が借入要項2の(3)及び(6)に掲げる資金の場合は、債務者は、貸主の承諾がある場合を除き、この契約の成立後速やかに、貸主に対し、借入れの際届け出た親族が取得対象住宅の所在地に住民登録をしていることを証する住民票等を提出し、取得対象住宅に当該親族が居住していることを報告します。

第11条（費用の負担）
債務者は、次の(1)から(3)までに該当する費用を負担します。
(1) この証書の作成に要する費用
(2) 第1条の抵当権の設定、変更又は抹消に要する費用
(3) (1)及び(2)に掲げるもののほか、この契約及び第1条の抵当権設定契約に関する一切の費用

第12条（準拠法・合意管轄）
1　この契約は、日本法を準拠法とし、日本法に従って解釈されるものとします。
2　債務者又は抵当権設定者の営業所が日本以外の場合であっても、この契約の成立及び効力並びに方式については、当該営業所所在地法の強行規定の適用がないことを確認します。
3　この契約に関する訴訟については、貸主の本店又は支店の所在地を管轄する地方裁判所のほか、訴額にかかわらず貸主の本店又は支店の所在地を管轄する簡易裁判所を管轄裁判所とすることに合意しました。

第13条（個人信用情報機関への登録等）
1　債務者は、下記の個人情報（その履歴を含みます。）が機構が加盟する個人信用情報機関に登録され、同機関及び同機関と提携する個人信用情報機関の加盟会員によって自己の与信取引上の判断（返済能力又は転居先の調査をいいます。ただし、返済能力に関する情報については返済能力の調査の目的に限ります。）のために利用されることに同意します。
(1) 全国銀行個人信用情報センター

登録情報	登録期間
氏名、生年月日、性別、住所（本人への郵便不着の有無等を含みます。）、電話番号、勤務先等の本人情報	下記の情報のいずれかが登録されている期間
借入金額、契約日、最終回返済日等のこの契約の内容及びその返済状況（延滞、強制回収手続、解約、完済等の事実を含みます。）	この契約の期間中及びこの契約の終了日（完済していない場合は完済日）から5年を超えない期間
機構が加盟する個人信用情報機関を利用した日及びこの契約又はその申込みの内容等	当該利用日から1年を超えない期間
不渡情報	第1回目不渡は不渡発生日から6か月を超えない期間、取引停止処分は取引停止処分日から5年を超えない期間
官報情報	破産手続開始決定等を受けた日から10年を超えない期間
登録情報に関する苦情を受け、調査中である旨	当該調査中の期間
本人確認資料の紛失・盗難等の本人申告情報	本人の申告のあった日から5年を超えない期間

[7枚目]

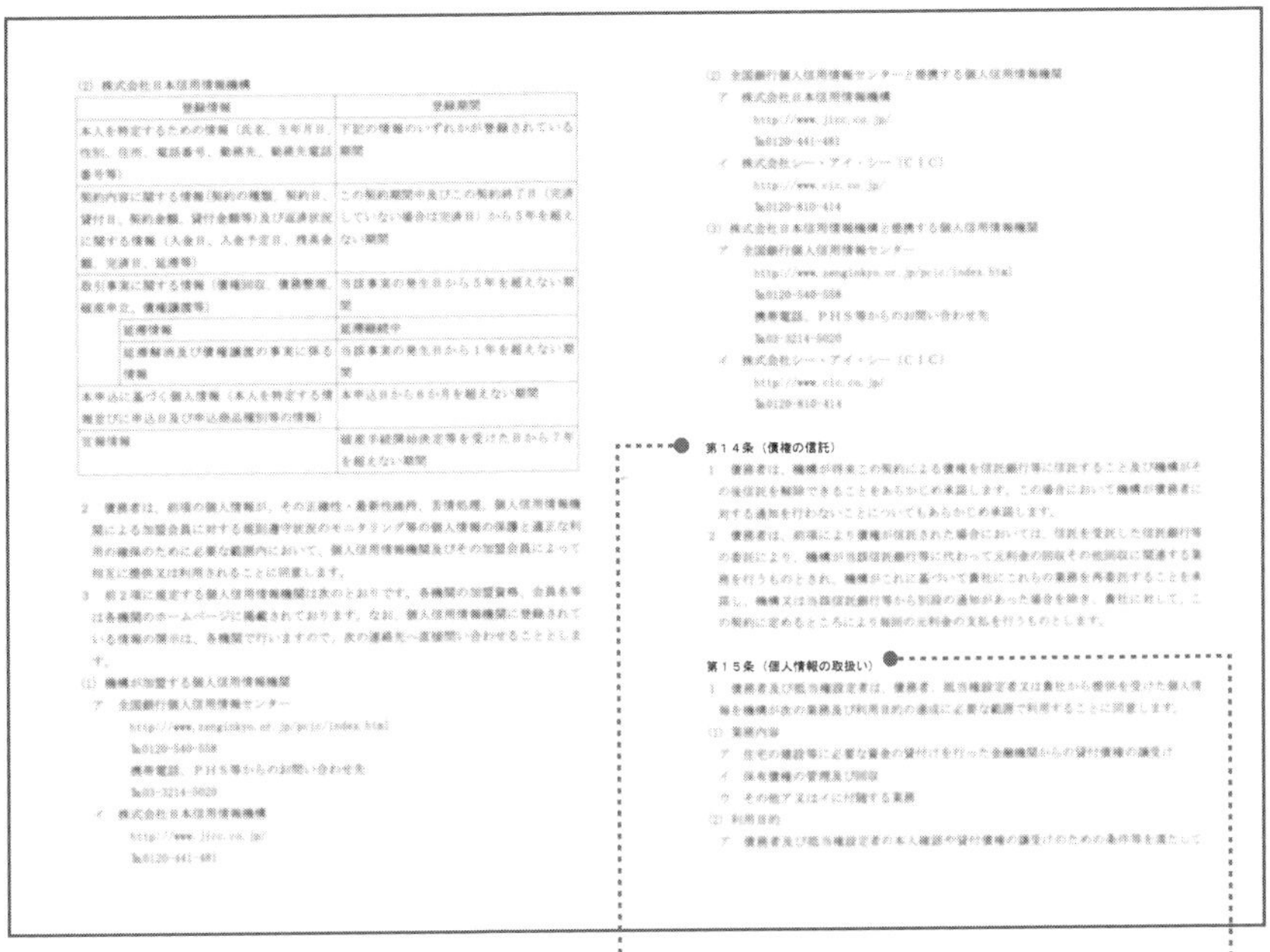

(2) 株式会社日本信用情報機構

登録情報	登録期間
本人を特定するための情報（氏名、生年月日、性別、住所、電話番号、勤務先、勤務先電話番号等）	下記の情報のいずれかが登録されている期間
契約内容に関する情報（契約の種類、契約日、貸付日、契約金額、貸付金額等）及び返済状況に関する情報（入金日、入金予定日、残高金額、完済日、延滞等）	この契約期間中及びこの契約終了日（完済していない場合は完済日）から5年を超えない期間
取引事実に関する情報（債権回収、債務整理、破産申立、債権譲渡等）	当該事実の発生日から5年を超えない期間
延滞情報	延滞継続中
延滞解消及び債権譲渡の事実に係る情報	当該事実の発生日から1年を超えない期間
本申込に基づく個人情報（本人を特定する情報並びに申込日及び申込商品種別等の情報）	本申込日から6か月を超えない期間
官報情報	破産手続開始決定等を受けた日から7年を超えない期間

2　債務者は、前項の個人情報が、その正確性・最新性維持、苦情処理、個人信用情報機関による加盟会員に対する規則遵守状況のモニタリング等の個人情報の保護と適正な利用の確保のために必要な範囲内において、個人信用情報機関及びその加盟会員によって相互に提供又は利用されることに同意します。

3　前2項に規定する個人信用情報機関は次のとおりです。各機関の加盟資格、会員名等は各機関のホームページに掲載されております。なお、個人信用情報機関に登録されている情報の開示は、各機関で行いますので、次の連絡先へ直接問い合わせることとします。

(1) 機構が加盟する個人信用情報機関

ア　全国銀行個人信用情報センター
http://www.zenginkyo.or.jp/pcic/index.html
℡0120-540-558
携帯電話、ＰＨＳ等からのお問い合わせ先
℡03-3214-5020

イ　株式会社日本信用情報機構
http://www.jicc.co.jp/
℡0120-441-481

(2) 全国銀行個人信用情報センターと提携する個人信用情報機関

ア　株式会社日本信用情報機構
http://www.jicc.co.jp/
℡0120-441-481

イ　株式会社シー・アイ・シー（ＣＩＣ）
http://www.cic.co.jp/
℡0120-810-414

(3) 株式会社日本信用情報機構と提携する個人信用情報機関

ア　全国銀行個人信用情報センター
http://www.zenginkyo.or.jp/pcic/index.html
℡0120-540-558
携帯電話、ＰＨＳ等からのお問い合わせ先
℡03-3214-5020

イ　株式会社シー・アイ・シー（ＣＩＣ）
http://www.cic.co.jp/
℡0120-810-414

第１４条（債権の信託）

1　債務者は、機構が将来この契約による債権を信託銀行等に信託すること及び機構がその後信託を解除できることをあらかじめ承諾します。この場合において機構が債務者に対する通知を行わないことについてもあらかじめ承諾します。

2　債務者は、前項により債権が信託された場合においては、信託を受託した信託銀行等の委託により、機構が当該信託銀行等に代わって元利金の回収その他回収に関連する業務を行うものとされ、機構がこれに基づいて貴社にこれらの業務を再委託することを承認し、機構又は当該信託銀行等から別段の通知があった場合を除き、貴社に対して、この契約に定めるところにより毎回の元利金の支払を行うものとします。

第１５条（個人情報の取扱い）

1　債務者及び抵当権設定者は、債務者、抵当権設定者又は貴社から提供を受けた個人情報を機構が次の業務及び利用目的の達成に必要な範囲で利用することに同意します。

(1) 業務内容

ア　住宅の建設等に必要な資金の貸付けを行った金融機関からの貸付債権の譲受け
イ　保有債権の管理及び回収
ウ　その他ア又はイに付随する業務

(2) 利用目的

ア　債務者及び抵当権設定者の本人確認や貸付債権の譲受けのための条件等を満たして

債権の信託
証券化の仕組みを利用し、住宅ローン債権を信託銀行に信託しているという「フラット35」の仕組みについて書いてあります

個人情報の取り扱い
債務者の個人情報について、どんな目的で利用されるかが書かれています。続く下の見開きでは、その提供先のリスト別に提供される個人情報の内容が表になっています

[8枚目]

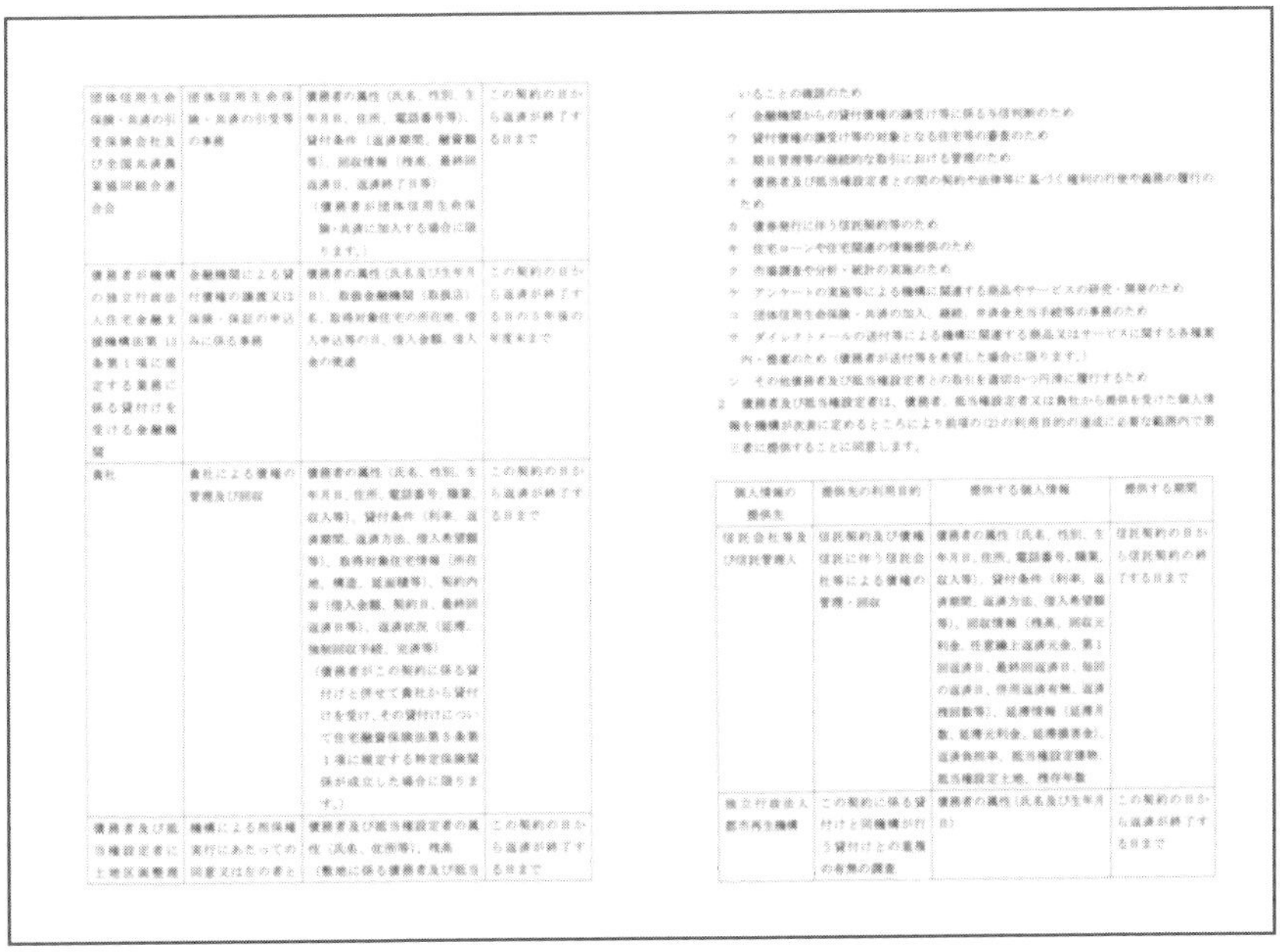

団体信用生命保険・共済の引受保険会社及び全国共済農業協同組合連合会	団体信用生命保険・共済の引受等の事務	債務者の属性（氏名、性別、生年月日、住所、電話番号等）、貸付条件（返済期間、融資額等）、回収情報（残高、最終回返済日、返済終了日等）（債務者が団体信用生命保険・共済に加入する場合に限ります。）	この契約の日から返済が終了する日まで
債務者が機構の独立行政法人住宅金融支援機構法第13条第1項に規定する業務に係る貸付けを受ける金融機関	金融機関による貸付債権の譲渡又は保険・保証の申込みに係る事務	債務者の属性（氏名及び生年月日）、取扱金融機関（取扱店）名、取得対象住宅の所在地、借入申込等の日、借入金額、借入金の償還	この契約の日から返済が終了する日の5年後の年度末まで
貴社	貴社による債権の管理及び回収	債務者の属性（氏名、性別、生年月日、住所、電話番号、職業、収入等）、貸付条件（利率、返済期間、返済方法、借入希望額等）、取得対象住宅情報（所在地、構造、延床面積等）、契約内容（借入金額、契約日、最終回返済日等）、返済状況（延滞、強制回収手続、完済等）（債務者がこの契約に係る貸付けと併せて貴社から貸付けを受け、その貸付けについて住宅融資保険法第3条第1項に規定する特定保険関係が成立した場合に限ります。）	この契約の日から返済が終了する日まで
債務者及び抵当権設定者に上地区画整理	機構による所保権実行にあたっての回避又は引の者と	債務者及び抵当権設定者の属性（氏名、住所等）、残高（敷地に係る債務者及び抵当	この契約の日から返済が終了する日まで

いることの確認のため

イ　金融機関からの貸付債権の譲受け等に係る信用判断のため
ウ　貸付債権の譲受け等の対象となる住宅等の審査のため
エ　期日管理等の継続的な取引における管理のため
オ　債務者及び抵当権設定者との間の契約や法律等に基づく権利の行使や義務の履行のため
カ　債券発行に伴う信託契約等のため
キ　住宅ローンや住宅関連の情報提供のため
ク　市場調査や分析・統計の実施のため
ケ　アンケートの実施等による機構に関連する商品やサービスの研究・開発のため
コ　団体信用生命保険・共済の加入、継続、弁済金充当手続等の審査のため
サ　ダイレクトメールの送付等による機構に関連する商品又はサービスに関する各種案内・提案のため（債務者が送付等を希望した場合に限ります。）
シ　その他債務者及び抵当権設定者との取引を適切かつ円滑に履行するため

2　債務者及び抵当権設定者は、債務者、抵当権設定者又は貴社から提供を受けた個人情報を機構が次表に定めるところにより前項の(2)の利用目的の達成に必要な範囲内で第三者に提供することに同意します。

個人情報の提供先	提供先の利用目的	提供する個人情報	提供する期間
信託会社等及び信託管理人	信託契約及び債権信託に伴う信託会社等による債権の管理・回収	債務者の属性（氏名、性別、生年月日、住所、電話番号、職業、収入等）、貸付条件（利率、返済期間、返済方法、借入希望額等）、回収情報（残高、回収元利金、任意繰上返済元金、第1回返済日、最終回返済日、毎回の返済日、保険返済有無、返済残回数等）、延滞情報（延滞月数、延滞元利金、延滞損害金）、返済負担率、抵当権設定順位、抵当権設定土地、持分年数	信託契約の日から信託契約の終了する日まで
独立行政法人都市再生機構	この契約に係る貸付けと同機構が行う貸付けとの重複の有無の調査	債務者の属性（氏名及び生年月日）	この契約の日から返済が終了する日まで

［9枚目］

事業の保留地予定地又は仮換地を譲渡した施行者（施行者から保留地又は仮換地を譲り受けた民間事業者を含みます。）	債務者及び抵当権設定者との間の譲渡契約の解除を行うための判断	権設定者の所有権の登記が土地区画整理事業の施行等により遅延する場合に限ります。）	
一般社団法人移住・住みかえ支援機構	機構による担保権実行に当たっての同意又は担保権解除に係る事務	債務者及び抵当権設定者の属性（氏名、住所等）、債務者の返済情報（この契約に係る貸付けが、機構住みかえ支援ローンである場合に限ります。）	この契約の日から返済が終了する日まで
適合証明検査機関及び適合証明技術者	この契約の対象となる住宅等の再検査	債務者の属性（氏名、住所、電話番号）、融資住宅情報（所在地、構造、建て方、優良住宅取得支援制度、金利引下区分、建物新築（予定）年月日等）（この契約に関して提出した適合証明書の内容について、住宅等を再度検査する必要があると機構又は貴社が認めた場合に限ります。）	この契約の日から返済が終了する日まで

第１６条 （反社会的勢力の排除）

1　債務者又は抵当権設定者は、暴力団員等（暴力団、暴力団員、暴力団員でなくなった時から５年を経過しない者、暴力団準構成員、暴力団関係企業、総会屋等、社会運動等標ぼうゴロ又は特殊知能暴力集団等その他これらに準ずる者をいう。以下同じ。）に該当しないこと及び次の(1)から(6)までに掲げる関係がないことを表明し、かつ将来にわたっても暴力団員等に該当せず、当該関係をもたないことを確約します。

(1) 暴力団員等が経営を支配していると認められる関係

(2) 暴力団員等が経営に実質的に関与していると認められる関係

(3) 自己、自社若しくは第三者の不正の利益を図る目的又は第三者に損害を加える目的をもってするなど、不当に暴力団員等を利用していると認められる関係

(4) 暴力団員等に対して資金等を提供し、又は便宜を供与する等の関与をしていると認められる関係

(5) 暴力団員等を従事者とする関係

(6) その他暴力団員等との社会的に非難されるべき関係

2　債務者又は抵当権設定者は、自ら又は第三者を利用して次の(1)から(5)までに該当する行為を行わないことを確約します。

(1) 暴力的な要求行為

(2) 法的な責任を超えた不当な要求行為

(3) 脅迫的な言動をし、又は暴力を用いる行為

(4) 風説を流布し、偽計又は威力を用いて貸主の信用を毀損し、又は貸主の業務を妨害する行為

(5) その他(1)から(4)までに掲げる行為に準ずる行為

3　債務者又は抵当権設定者が、暴力団員等に該当し、暴力団員等との第１項(1)から(6)までに規定する関係をもち、若しくは前項の(1)から(5)までのいずれかに該当する行為をし、又は第１項の規定に基づく表明及び確約に関して虚偽の申告をしたことが判明した場合には、債務者は、貸主から返済請求を受けたときは、この契約に基づく債務の全部につき期限の利益を失い、借入要項に定める返済方法によらず、直ちにその債務を返済します。また、このことが原因で債務者又は抵当権設定者に損害が発生したとしても、貸主に対して請求をせず、何ら迷惑をかけません。また、貸主に損害が発生したときは、債務者又は抵当権設定者がその責任を負います。

4　債務者又は抵当権設定者は、この契約に基づく債務に関し、債務者又は抵当権設定者が暴力団員等から第２項(1)から(5)までのいずれかに該当する行為を受け、又は受けるおそれがあるときは、貸主に直ちに報告を行うとともに、警察に通報し、警察の捜査に協力します。

反社会的勢力の排除

借りる人と抵当権を設定する金融機関について、双方とも、暴力団、暴力団員とは無関係であることが求められています

10枚目には特約条項が記載されています

そのほか、融資契約時に署名する書類

抵当権設定契約証書（抵当権設定登記原因証明情報）
何らかの事情で住宅ローンの返済ができないときの担保に、住宅や土地を抵当に入れるという内容の書類

委任状
抵当権設定登記を司法書士に委任するための書類

自動引落に関する同意書、預金口座振替依頼書
住宅ローンの口座から、毎月の支払いを自動引き落としにするための書類

契約内容確認書
借入額、金利、返済期間など、住宅ローン契約の諸条件を確認したことを示す書類

個人情報の取扱いに関する同意書
金融商品やサービスに関し、個人情報を必要な範囲で利用するという決め事が書かれた同意書。返済能力に関する情報は、調査以外の目的に利用・第三者に提供しないといったことも書かれています

申込内容に関する変更願
返済期間や金利など、住宅ローンを借り入れる諸条件を変更した場合に提出する書類

意思確認記録書
契約の意思を念押しする書類

資金の代理受領に関する委任状
施工会社への支払いで「代理受領」という方法をとる場合に金融機関に提出する書類

重要事項説明に関する同意書
住宅ローン商品について、金利の変動リスクなど重要事項の説明を受けたことに対して同意する書類

住所変更届出書
返済予定表などを送付してもらうため新居の住所を届け出る書類

住宅ローンを
賢く借りて無理なく返す32の方法
2024-25

2024年4月1日　初版第1刷発行

著　者　淡河範明
発行者　三輪浩之
発行所　株式会社エクスナレッジ
〒106-0032　東京都港区六本木7-2-26
https://www.xknowledge.co.jp/

[問合せ先]
編集　Tel 03-3403-1381／Fax03-3403-1345
info@xknowledge.co.jp
販売　Tel 03-3403-1321／Fax03-3403-1829